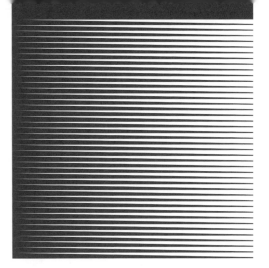

集団的自衛権
限定容認
とは何か
—— 憲法的、批判的分析

浦田一郎
Urata Ichiro
[著]

日本評論社

はしがき

1　本書のタイトルと趣旨

　本書のタイトルは、『集団的自衛権限定容認とは何か——憲法的、批判的分析』である。安保法制には多様で重大な問題が含まれているが、政治的、歴史的、思想的、法的に最も重大な問題は、政府の憲法解釈が「集団的自衛権」否認論から「容認」論に変えられたことである。その容認論は憲法解釈として全面的ではなく、「限定」的なものとされた。その限定は形だけの部分もあるが、安保法制の解釈、運用をしばる手がかりとなる実質もそこには含まれている。

　集団的自衛権限定容認に関する検討は政治的、歴史的、思想的、法的などの多様な面からなされてきたが、「憲法的」検討は重要なものであり、また私にとって専門から取り組みやすい。検討しながら、一歩踏み込んで「分析」したうえで、「批判」すべきものならしたいと私は考えてきた。政府は何を言おうとしているのかをできるだけ正確に、もっと言えば親身になって？　理解しようとしたが、それでも問題があると考えている。どのような問題があるかを明らかにし、その問題をどのように解決すべきかを市民とともに考えたいと思っている。

　本書は書き下ろしの 1 節を除いて、過去に発表した論文を元にしている。しかし、「集団的自衛権限定容認とは何か」を知り、今後の対処を考える素材として、意味があるものになることを願っている。

2　本書の内容

　政府の集団的自衛権限定容認を分析してみて、そこに一定の歴史的、論理的背景があると考えた。例えば、1960 年の安保改定国会において政府は集団的自衛権限定容認を試みたが、失敗した。2014 年 7 月 1 日閣議決定による集団的自衛権限定容認はその試みを引き継ぎ、現在の状況の中で拡大したものと考えられる。

　この集団的自衛権限定容認は、1972 年 10 月 14 日の政府提出資料に見られる「基本的な論理」を維持したうえで、「安全保障環境」の「変容」

に応じて「当てはめ」を変えただけなので、立憲主義に反しないと説明されてきた。そうであれば、その「基本的な論理」・「当てはめ」論を分析する必要がある。

政府や裁判所による有権解釈の中で、武力行使の正当化のための「基本的な論理」は一般的に前半と後半に分かれている。前半で武力行使の根拠、後半で武力行使の範囲が示される。結論として前半で言われていることは、国家の最高・独立性としての国家主権の軍事的実現である。これを私は「抽象的自衛」論と呼んでいる。これは国家主権の理念や目的からその実現手段として武力行使を正当化し、それに合わせて9条の意味を削っている。ここに立憲主義上根本的な問題がある。集団的自衛権限定容認論は、今まで削ってきたから、削りついでにもう少し削ってもよかろうと言っているのだと思われる。

「基本的な論理」の後半で武力行使の範囲を示すために、2014年閣議決定は1972年資料を使った。その1972年資料の「基本的な論理」は、「自衛権発動の三要件」を元にして、個別的自衛権を規定する第1要件を抽象化して作られたものではないかと思われる。2014年閣議決定ではその抽象性が強調され、閣議決定の「基本的な論理」が作られた。しかし閣議決定の中で、その「基本的な論理」と「当てはめ」としての武力行使の3要件は、内容が実際にはほとんど変わらない。即ち「基本的な論理」・「当てはめ」論はイデオロギー＝虚偽表象である。

3　本書の結論

集団的自衛権限定容認の公式の根拠はこのように1972年資料であるが、本来の根拠は1959年12月16日の砂川事件最高裁判決である可能性がある。「基本的な論理」の中で前者には武力行使の範囲に関する限定があるが、後者にはない。高村正彦自由民主党副総裁は、2015年6月11日憲法審査会で、砂川判決を念頭に置いて「最高裁判所は、憲法九条にもかかわらず、必要な自衛の措置はとり得ると言っています」と述べた。高村が判決の解釈として構成しようとした内容は、「憲法九条にもかかわらず、必要な自衛の措置はとり得る」ということである。その基礎にある思考方法は、「憲法にもかかわらず、必要」なことはでき、何が必要かは政治的に

判断されるということになろう。このような考え方は9条を超えて、憲法全般に及ぶ可能性がある。その場合には、SEALDs のコールを借りれば、「非立憲主義って何だ？」、「これだ！」。

この議論は改憲論にも当てはまる。長谷川正安先生が昔こう言われていたのを思い出した。「憲法を守らない奴は、変えても守らない。」当時これを聞いたとき、随分割り切った言いかただと思った。しかし、今はリアルに受け止めている。明文改憲論に向き合うためにも、集団的自衛権限定容認とは何かを知っておくことが必要である。

アメリカの戦争に日本の軍事力を使用するために、集団的自衛権の行使は日本の再軍備の過程で古くから日米政府間では議論されていたが、国民の前に表だって示されることはなかった。アメリカの現実的な要求が日本の基地の使用を超え、さらに日本による後方支援を超えたときに、集団的自衛権行使要求が本格化した。日本も経済活動を海外で展開するようになるとともに、海外における軍事活動の基本的な根拠として集団的自衛権行使を切実に求めるようになっていった。

4 本書の案内

本書の読者対象は、問題関心のある市民、多様な知識人、憲法研究者を含む法律家と考えている。本書の中から一つの論文だけ読んでいただけるとすれば、2章1節の「『基本的な論理』・『当てはめ』論と抽象的自衛論」を読んでいただきたい。最も言いたいことを、結論として書き下ろしたものである。

集団的自衛権とは何かということから考えたいかたは、序章「集団的自衛権論の概要」を読んでいただきたい。「概要」ではあるが、個別的自衛権にせよ集団的自衛権にせよ、自衛権は実際には大国主義の道具になっていることが多いなど、私の考え方も示した。2014年閣議決定による集団的自衛権容認について、その概念、論理、運用などについて細かく知りたいかたは、3章2節「コンメンタール2014年7月1日閣議決定」を事典代わりに使っていただきたい。読者の関心に応じて、集団的自衛権論の歴史、日米同盟、内閣法制局などに関するものにも目を通していただければ幸いである。

収録された元の論文の多くは、2012年12月の第2次安倍晋三内閣発足以降の集団的自衛権容認の動きの中で書かれたものである。そのため、書かれた時期までの資料や考察によるものであり、その後の資料や考察に基づいて収録時から校正時まで相当に加筆、削除、修正を行った。論旨や重複の点から削除しているうちに、なくなってしまい、収録を断念したものもある。重複を避けるように、できるだけ整理した。しかし、それぞれの論文を理解するために、ある程度の重複は残すしかなかった。ご容赦いただきたい。

本書をまとめたいと考えたときに、日本評論社で法学セミナー編集長を務める柴田英輔さんに相談した。柴田さんは強い問題意識を持って、別冊法学セミナーとして森英樹編『集団的自衛権行使容認とその先にあるもの』（2015年4月）と同編『安保関連法総批判』（2015年8月）を送り出していた。私もそこに執筆させていただいていた。柴田さんから本書について、専門書と法学セミナーの中間とすること、読者として法律家以外の知識人を意識することなど、適切なアドバイスをいただいた。本書について多くの点でお世話になった柴田英輔さんに、深く感謝申し上げたい。

　2016年3月

浦田一郎

目次

序章　集団的自衛権論の概要　1

はじめに　1

Ⅰ　国際法における集団的自衛権論　1

 1　自衛権の成立と構造　1

  (1)　自衛権の成立　1／(2)　自衛権の構造　2

 2　集団的自衛権の登場と構造　2

  (1)　集団的自衛権の登場　2／(2)　集団的自衛権の構造　3

 3　集団的自衛権の現実　3

Ⅱ　日本国憲法と政府の平和主義解釈　4

 1　日本国憲法の平和主義　4

 2　政府の憲法9条解釈の変遷　5

 3　自衛力論の構造と機能　6

  (1)　自衛力論の構造　6／(2)　自衛力論の機能　6

Ⅲ　政府の集団的自衛権論の歴史と構造　7

 1　政府の集団的自衛権論の歴史　7

 2　政府の集団的自衛権論の基礎　8

 3　政府の集団的自衛権論の構造と機能　9

  (1)　「実力」をもって阻止する権利　9／(2)　「外国」に対する武力攻撃を阻止する権利　10／(3)　政府の集団的自衛権論の機能　11

おわりに　11

 1　解釈変更の意味　11

 2　明文改憲の意味　12

第1章　集団的自衛権論とその容認論の歴史　14

第1節　集団的自衛権論の展開と市民の役割　14

はじめに　14

Ⅰ　過去の政府答弁　14

 1　論点整理　14

vi　目次

　　2　自衛隊発足時（1953-54年）　15

　　3　安保条約改定時（1959-60年）　17

　　　(1) 地理的限定？　17／(2) 共同防衛のとらえかた　19／(3) 議論の背景　21

　　4　従来型解釈の確立期（1972-81年）　23

　　　(1) 1972年資料　23／(2) 1981年答弁書　25

Ⅱ　砂川事件最高裁判決　25

　　1　問題の所在　25

　　2　憲法9条の解釈　26

　　　(1) 「固有の自衛権」　26／(2) 「自衛のための措置」　27

　　3　旧安保条約の解釈　28

　　　(1) 「集団的自衛権」への言及　28／(2) 「集団的自衛権」の内容　28

　　4　田中耕太郎長官の補足意見　29

　　5　その後の判例の援用　30

　　　(1) 過去の援用　30／(2) 集団的自衛権容認論における援用　31

Ⅲ　集団的自衛権と生活　33

　　1　集団的自衛権の実際　33

　　　(1) 集団的自衛権の実例　33／(2) 説明の問題　34

　　2　集団的自衛権の否認と容認の意味　34

おわりに　35

第2節　集団的自衛権容認論の歴史──「自衛」概念の二重性を中心に　36

はじめに　36

Ⅰ　議論の整理　36

　　1　全面容認論と限定容認論　36

　　2　「自衛」概念の二重性　37

Ⅱ　1972年資料の前　37

　　1　自衛隊発足時（1954年）　37

　　2　安保改定時（1959-60年）　38

Ⅲ　1972年資料　40

　　1　1972年資料の内容　40

　　2　1972年資料の構造　41

　　　(1) 「基本的な論理」の前半　42／(2) 「基本的な論理」の後半　42

Ⅳ　1972 年資料の後　45

　1　集団的自衛権否認の定式化　45

　2　集団的自衛権容認の試み　45

　　⑴　自衛力論の理解　46／⑵　「必要最小限度」の集団的自衛権論　46

Ⅴ　1972 年資料と 2014 年閣議決定　47

　1　「基本的な論理」・「当てはめ」論の内容　47

　　⑴　「基本的な論理」　47／⑵　「当てはめ」　47

　2　「基本的な論理」・「当てはめ」論の問題　48

おわりに　48

第 2 章　集団的自衛権限定容認論の原理　50

第 1 節　「基本的な論理」・「当てはめ」論と抽象的自衛論　50

はじめに　50

　1　「基本的な論理」と「当てはめ」　50

　2　論理的整合性と法的安定性　51

Ⅰ　「基本的な論理」の前半　51

　1　抽象的原理の必然性　51

　　⑴　国家主権論　51／⑵　実現方法　52

　2　武力行使正当化の構造　53

　　⑴　正当化の論理　53／⑵　正当化の帰結　55

　3　抽象的自衛論　56

　　⑴　9 条の非軍事平和主義的解釈　56／⑵　9 条に対する対抗理念　57／⑶　抽象的自衛論の構造　58

Ⅱ　「基本的な論理」の後半　59

　1　武力行使の範囲　59

　2　範囲論の起源　60

　3　第 1 要件の抽象化　61

Ⅲ　「当てはめ」　62

　1　「当てはめ」の対象　62

　2　「当てはめ」の帰結　63

　　⑴　帰結の内容　63／⑵　3 要件の比較　63／⑶　第 1 要件の変化　66

　3　「自国防衛」・「他国防衛」論　67

viii 目次

Ⅳ 「基本的な論理」・「当てはめ」論の問題 68

1 抽象的自衛論の非立憲性 68

2 抽象的自衛論の機能 69

3 抽象的自衛論の今後 70

おわりに 71

第2節 「国の存立」論と「自国防衛」論──「自衛の措置」論を中心に 73

はじめに 73

Ⅰ 「国の存立」論の位置 74

1 安保法制の体系 74

2 「国」と「国民」 74

3 「国民」全体と個々の「国民」 75

Ⅱ 「国の存立」論の歴史 76

1 1954年見解 76

(1) 1954年見解の概要 76／(2) その理解のしかた 77／(3) 「自己防衛」論 78

2 砂川事件最高裁判決 79

3 1972年資料 80

(1) 個別的自衛権と抽象的自衛 80／(2) 1972年資料と2014年閣議決定の関係 81

Ⅲ 「国の存立」論の論理 83

1 「国の存立」論の二重構造 83

2 「自国防衛」論の構造 83

(1) 「自国防衛」の定義 83／(2) 「いわゆる集団的自衛権」論 84／(3) 専守防衛の再定義 85

3 「自国防衛」論の機能 86

(1) 「自国防衛」と「他国防衛」の区別 86／(2) 武力行使の3要件による規定 87

Ⅳ 「自衛の措置」論以外の場合 90

1 安保体制の体系 90

2 現実的問題 90

おわりに 92

ix

第3章　集団的自衛権限定容認の具体化　94

第1節　閣議決定の手法　94

はじめに　94

Ⅰ　閣議決定と立憲主義　94

Ⅱ　閣議決定と国会審議　95

　1　閣議決定による憲法解釈の変更　95

　　⑴　閣議決定のありかたと国民の納得　95／⑵　1972年資料と1954年政府統一
　　見解　96

　2　ガイドラインと国会審議　98

Ⅲ　課題　99

おわりに　100

第2節　コンメンタール2014年7月1日閣議決定
──その集団的自衛権限定容認論の解説　102

はじめに　102

国の存立を全うし、国民を守るための切れ目のない安全保障法制の整備について　102

解説　105

おわりに　123

第3節　集団的自衛権限定容認の根拠論と「武力攻撃事態＋存立危機事態」
対応法制──砂川事件最高裁判決と1972年資料の関係を中心に　124

はじめに　124

Ⅰ　集団的自衛権限定容認根拠論の変化と類型　124

　1　集団的自衛権限定容認根拠論の変化　124

　2　集団的自衛権限定容認根拠論の類型　125

Ⅱ　砂川事件最高裁判決による集団的自衛権限定容認論　126

　1　武力行使正当化の前半　126

　2　武力行使正当化の後半　127

Ⅲ　1972年資料による集団的自衛権限定容認論　128

　1　武力行使正当化の前半　128

　2　武力行使正当化の後半　128

Ⅳ　砂川事件最高裁判決と 1972 年資料の関係　129

　1　関係の変化　129

　2　変化の意味と帰結　130

Ⅴ　「武力攻撃事態＋存立危機事態」対応法制の骨格　131

　1　基本原則　131

　2　武力行使の 3 要件　132

　3　第 3 要件　133

　4　事態の重なり　133

おわりに　134

第 4 章　日米同盟と砂川事件最高裁判決　135

第 1 節　「日米同盟」論の矛盾　135

はじめに　135

Ⅰ　同盟論の成立　136

　1　成立の経緯　136

　　⑴　同盟論の登場　136／⑵　鈴木善幸首相の不満　137

　2　「同盟」の意味　138

　　⑴　本質的問題　138／⑵　法的説明　140

Ⅱ　同盟論の展開　141

　1　1997 年第 2 次ガイドライン　141

　2　2015 年第 3 次ガイドライン　142

おわりに　143

第 2 節　自衛権・戦力・駐屯軍──砂川事件　145

Ⅰ　事実の概要　145

　1　事件　145

　2　一審判決（東京地判昭和 34 年 3 月 30 日判時 180 号 2 頁）　145

Ⅱ　判旨　146

　1　憲法 9 条の解釈　147

　2　司法審査権の範囲　148

　3　具体的判断　149

　4　結論　149

Ⅲ　解説　150

　1　概観　150

　2　戦力　150

　　⑴　9条の趣旨と自衛権　150／⑵　9条2項　151／⑶　9条1項　152

　3　司法審査権　152

　　⑴　本件最高裁判決　152／⑵　その後の判例の展開　153

　4　背景　154

　　⑴　一般的な背景　154／⑵　特殊な背景　154

第3節　米軍駐留と基地——政府見解と判例の交錯　156

はじめに　156

Ⅰ　砂川判決前　156

　1　法制局見解前　157

　　⑴　外国軍による自衛　157／⑵　「戦力」の主体　158

　2　法制局見解　159

　　⑴　法制局見解の内容　159／⑵　「戦力」の総合性　159

　3　法制局見解後　160

　　⑴　「戦力」と「戦力の構成要素」　160／⑵　「戦力」と日米の軍事力　161

Ⅱ　砂川判決　162

　1　一審判決　162

　　⑴　戦力不保持と米軍駐留の関係　162／⑵　自衛戦力論の扱い　162／⑶　米軍駐留と基地の関係　163

　2　最高裁判決　163

　　⑴　戦力不保持と米軍駐留の関係　163／⑵　自衛戦力論の扱い　165／⑶　米軍駐留と基地の関係　167

　3　背景　168

　　⑴　司法審査権論と法制局　168／⑵　砂川判決と法制局　169

Ⅲ　砂川判決後　170

　1　基地提供　170

　2　基地使用の応諾　170

　3　一体化論　171

おわりに　172

xii 目次

第5章 内閣法制局の憲法解釈と役割 173

第1節 内閣法制局『憲法関係答弁例集』（戦争の放棄）の内容と意義 173

はじめに 173

  1 政府解釈の資料 173

  2 『憲法関係答弁例集』 174

Ⅰ 形式的特徴 175

  1 本文の目次 175

  2 本文の構成と資料 176

    (1) 本文の構成 176／(2) 資料の多様性 177

Ⅱ 総論 178

  1 自衛力と9条2項「前項の目的を達するため」 178

  2 敵基地攻撃と兵器 179

    (1) 海外派兵と敵基地攻撃 179／(2) 敵基地攻撃と「攻撃的兵器」 179

Ⅲ 9条1項 180

  1 弾道ミサイル対処関係のまとめ 180

    (1) 問題の位置 180／(2) まとめの本文 181／(3) まとめの注 181

  2 弾道ミサイル対処関係の問題 182

    (1) 日本に対する弾道ミサイル 182／(2) 他国に対する弾道ミサイル 182

Ⅳ 9条2項 184

  1 「戦力」と保有し得る兵器 184

  2 「近代戦争遂行能力」と自衛力 184

    (1) 「対内的実力に関する近代戦争遂行能力論」 184／(2) 「対外的実力に関する近代戦争遂行能力論」 185／(3) 事後的整理 186

Ⅴ その他——集団的自衛権 187

  1 解釈変更論の類型 187

  2 実力によらない集団的自衛権論 187

  3 集団的自衛権保有論 188

  4 「必要最小限度」の集団的自衛権論 188

  5 憲法9条の文理論 189

おわりに 189

第2節　事前の違憲審査と事後の違憲審査の同質性と異質性
　　　　——内閣法制局と最高裁判所の関係を中心にして　191

はじめに　191

I　憲法解釈と違憲審査　192

II　内閣法制局の憲法解釈　193

　1　内閣法制局の歴史、制度、役割　193

　　(1) 内閣法制局の歴史　193／(2) 内閣法制局の制度と役割　194

　2　法令審査の厳密性　195

　　(1) アメリカの審査　195／(2) ドイツの審査　196／(3) フランスの審査　196

　3　憲法解釈の特徴　198

　　(1) 形式性　198／(2) 論理性　198／(3) 無謬性、不変性などと政治性　199

III　最高裁判所の憲法解釈　201

　1　司法消極主義　201

　2　対内的関係　202

　3　対外的関係　203

　4　最高裁判例の性格と変化　205

IV　内閣法制局と最高裁判所の関係　205

　1　二つの考えかた　205

　2　審査の同一性論　206

　3　審査の異質性論　207

おわりに　208

終章　集団的自衛権限定容認論の今後　210

はじめに　210

I　政治の場面　210

II　裁判上の問題　211

　1　裁判の形　211

　2　司法審査の限界論　212

　3　最高裁の判断傾向　212

　4　自衛隊合憲判断の可能性　213

III　改憲論と安保条約改定論　214

おわりに　215

凡例

1 国会の議事録

議事録は衆議院、参議院のホーム・ページから見ることができる。

最初に発言者名が示されている。肩書は議事録における表記による。

次に国会の会期、年月日が書かれている。議事録では元号のみが使われているが、本書では西暦を基本として、括弧の中で元号表示されている。

衆議院と参議院の区別が、「衆」と「参」として示されている。委員会についても、例えば予算委員会は「予算」、憲法審査会は「憲法」のように略して表示されている。

最後に議事録の号数と頁数が表示されている。

2 質問主意書に対する答弁書

これも衆議院、参議院のホーム・ページから見ることができる。

国会の会期、質問議員名、質問の題が示されている。

括弧の中で、答弁書が衆議院または参議院に提出された年月日と、提出先が衆議院か参議院かが表示されている。ここでも、議事録では元号のみが使われているが、本書では西暦を基本として、括弧の中で元号表示されている。

3 判例

通称されている事件名や訴訟名が本文で書かれていないときは、注の中で示されている。例えば、「砂川事件」や「沖縄代理署名訴訟」のようにである。

判断を示した裁判所と判断の形式が略して表記されている。例えば、最高裁判所大法廷の判決は「最大判」である。最高裁判所第一小法廷決定は「最一小決」である。

判断が示された年月日が示されている。ここでも西暦を基本として、括弧の中で元号表示されている。

判例集が通常のやりかたで略して表示されている。例えば、最高裁判所民事判例集は「民集」、最高裁判所刑事判例集は「刑集」、判例時報は「判時」である。

初出一覧

序章　浦田一郎・前田哲男、半田滋『ハンドブック集団的自衛権』（岩波書店、2013年）（「集団的自衛権とは何か──憲法との関係を中心に」2-16頁）

第1章

　第1節　渡辺治・山形英郎・浦田一郎・君島東彦・小沢隆一『集団的自衛権容認を批判する』（日本評論社、2014年）（「集団的自衛権はどのように議論されてきたか──過去の議論と市民の役割」55-76頁）

　第2節　「集団的自衛権容認論の歴史──『自衛』概念の二重性を中心に」民主主義科学者協会法律部会編『改憲を問う──民主主義法学からの視座』（法律時報増刊、2014年）18-23頁

第2章

　第1節　書き下ろし

　第2節　「『国の存立』論と政府の憲法解釈──『自衛の措置』論を中心に」大島和夫・楜澤能生・佐藤岩夫・白藤博行・吉村良一編『民主主義法学と研究者の使命──広渡清吾先生古稀記念論文集』（日本評論社、2015年）193-209頁

第3章

　第1節　「閣議決定の内容と手法」森英樹編『集団的自衛権行使容認とその先にあるもの』（別冊法学セミナー、2015年）20-30頁

　第2節　「コンメンタール閣議決定──集団的自衛権容認2014年7月1日閣議決定の解説」森英樹編『集団的自衛権行使容認とその先にあるもの』（別冊法学セミナー、2015年）169-187頁

　第3節　「集団的自衛権容認の根拠論と自衛隊法・武力攻撃事態法改正案」（「武力攻撃事態＋存立危機事態」対応法制）森英樹編『安保関連法総批判・憲法学からの「平和安全」法制分析』（別冊法学セミナー、2015年）23-34頁

第4章

第1節 「『日米同盟』論の矛盾——政府見解における安保体制論」民主主義科学者協会法律部会編『安保改定50年——軍事同盟のない世界へ』（法律時報増刊、2010年）92-97頁

第2節 「自衛権・戦力・駐留軍——砂川事件」長谷部恭男・石川健治・宍戸常寿編『憲法判例百選Ⅱ〔第6版〕』（別冊ジュリスト、2013年）360-362頁

第3節 「米軍駐留と基地——政府見解と判例の交錯」杉原泰雄・樋口陽一・森英樹編『長谷川正安先生追悼記念・戦後法学と憲法——歴史・現状・展望』（日本評論社、2012年）290-306頁

第5章

第1節 「内閣法制局『憲法関係答弁例集』（戦争の放棄）の内容と意義」清水誠先生追悼論集『日本社会と市民法学』（日本評論社、2013年）679-693頁

第2節 「事前の違憲審査と事後の違憲審査の同質性と異質性——内閣法制局と最高裁判所の関係を中心にして」高橋和之先生古稀記念『現代立憲主義の諸相』上巻（有斐閣、2013年）367-390頁

序章　集団的自衛権論の概要

はじめに

　集団的自衛権限定容認論の前提として、集団的自衛権について憲法との関係を中心にして概要を見ておきたい。第1節の元になった論文は2013年5月に出されており、2014年7月の閣議決定による集団的自衛権限定容認の前に書かれている。そのためここでも集団的自衛権否認の政府解釈を中心的に説明しているが、必要に応じて集団的自衛権限定容認論を付け加えている。限定容認される前の集団的自衛権論を理解することは、集団的自衛権限定容認論を分析、批判する前提として必要で有益だと考える。

I　国際法における集団的自衛権論

1　自衛権の成立と構造

(1)　自衛権の成立

　集団的自衛権とは何かを考えるためには、その前提として自衛権とは何かを知る必要がある。自衛権は憲法の前に国際法の中で問題になってきた[1]。日常生活において自衛権という言葉は漠然とした意味で使われているが、国際法でも19世紀まで意味があまり明確ではなかった。

　20世紀に入りとくに第一次世界大戦の後、戦争が違法化されていった。違法とは法的に認められないということであり、つまり戦争は原則として法的にはしてはならないことになっていった。戦争の違法化はとくに1928年の不戦条約で明確に打ち出され、そのことを前提にして自衛権が違法性阻却事由として成立した。違法性阻却事由という言葉は難しいが、要するに戦争をすることは原則として法的に認められないが、自衛戦争の場合は例外的に認められるということである。このような意味で、自衛権は新しい権利である。

---

1)　自衛権に関する国際法と憲法の関係について、浦田一郎『現代の平和主義と立憲主義』（日本評論社、1995年）140-143頁。

(2) 自衛権の構造

　そこで現在では自衛権は、「外国からの違法な侵害に対し、自国を防衛するため、緊急の必要がある場合、それを反撃するために武力を行使しうる権利」[2]のように定義されている。「武力を行使しうる権利」として、自衛権が戦争あるいは武力行使の違法性阻却事由であることが、この定義によく示されている。この場合の自衛権は、自国が攻められた場合の権利であり、集団的自衛権と区別すれば個別的自衛権ということになる。ただ、この頃は集団的自衛権という言葉もなく、そのような考えかたもはっきりしていなかった。

　ところが、1931年から始まった「満州事変」のように、法的に戦争ではないと主張される行為が行われるようになってきたので、実質的に武力行使である行為を違法としようと考えられるようになっていった。

2　集団的自衛権の登場と構造

(1)　集団的自衛権の登場

　第二次大戦末期の1944年一般的国際機構設立に関するダンバートン・オークス提案がなされ、武力行使禁止の原則が出された。そこで、例外的に地域的紛争を武力行使によって解決するためには、安全保障理事会の許可が必要とされた。ところが、翌45年2月のヤルタ会談において常任理事国に拒否権が認められることになったので、そのために地域紛争処理が機能しなくなる可能性が出てきた。

　同年3月に米州諸国会議のチャプルテペック決議が出された。そこで、米州諸国のどこか一国に対するどのような攻撃も、全ての加盟諸国に対する侵略とみなされ、軍事力の行使を含む対抗措置が執られるとされた。ここに、集団的自衛権の考えかたが登場した。それは、自国が攻められていなくても、集団で武力行使することを認めるものである[3]。

　1945年6月に調印された国際連合憲章において、2条4項で武力行使禁止の原則が採られ、その違反に対して1条1項の集団安全保障（collective

---

2)　田畑茂二郎『国際法I〔新版〕』（有斐閣、1973年）350頁。

3)　米州諸国会議におけるアメリカと他国の関係について検討する必要があるが、ここではそこに立ち入らない。

security）の制度が作られた。すなわち、違法な武力行使に対して国連が集団で対処することとし、そのために 41 条の非軍事的措置や 42 条の軍事的措置が用意された。軍事的措置はいわゆる国連軍によるものであるが、今日まで正式なものはできていない。さらに、集団安全保障の例外として51 条で各国に自衛権が認められ、その中で「個別的自衛権」（right of individual self-defense）と「集団的自衛権」（right of collective self- defense）が定められた。個別的自衛権はそれまでの自衛権のことである。

(2)　集団的自衛権の構造

　集団安全保障と集団的自衛権は言葉がよく似ていて紛らわしく、ときに混同される。わざと区別が曖昧にされる場合もある。集団安全保障は国連によるものであり、国連加盟国内の違反者に対するものなので内向きと説明される。それに対して、集団的自衛権は個別国家によるものであり、集団的自衛権関係の対抗者に対するものなので外向きと説明されている。

　集団的自衛権は、他国が「武力攻撃」（国連憲章 51 条）を受け、自国が受けていないときに、武力行使する権利である。その理解のしかたは、大まかに三つに分けることができる。①個別的自衛権の共同行使、②武力攻撃を受けた国の防衛、③武力攻撃を受けた国に関わる自国の死活的利益の防衛である。①は個別的自衛権で説明がつき、②は集団安全保障を無意味にするので、③が多数説になってきた[4]。この問題は、あとでふれる日本における集団的自衛権論と関係している。

3　集団的自衛権の現実

　集団的自衛権の実際をみると、北大西洋条約機構（NATO）やワルシャワ条約機構のような軍事同盟体制は集団的自衛権によって根拠づけられている。また、当事者が集団的自衛権によって正当化を図った代表的な軍事力行使として、ベトナム戦争におけるアメリカの武力行使（1965 年）、ソ

---

4)　ニカラグア事件（本案）に関する国際司法裁判所の判決（ICJ Reports 1986, p. 14）は②説に近い立場に立ち、そのうえで手続的要件を要求したものと理解されている（浅田正彦「武力不行使原則と集団的自衛権」小寺彰ほか編『国際法判例百選〔第 2 版〕』〔別冊ジュリスト、2011 年〕217 頁）。

連によるアフガニスタン侵攻（1979年）、ニカラグア内戦におけるアメリカの武力行使（1980年代前半）、9・11後のアフガニスタンに対するNATO諸国の武力行使（2001年）などがある。

　自衛権は、武力攻撃を受けた気の毒な小国の防衛の権利というイメージがあるかもしれないが、実際には大国による小国に対する武力行使と政治支配を正当化するために持ち出される場合が少なくない。世界最大の軍事大国アメリカが、国連憲章とは別の慣習国際法上の自衛権、広い先制的自衛権、さらに予防的自衛権など自衛権の拡大を主張している。さきほど当事者が集団的自衛権によって正当化を図った軍事力行使の例を挙げたが、その多くが集団的自衛権の濫用との批判を受けている。集団的自衛権の濫用も集団的自衛権の本質的要素なのであろう[5]。

II　日本国憲法と政府の平和主義解釈

1　日本国憲法の平和主義

　そこで日本に話を移すと、まず日本国憲法における平和主義の意味を考える必要がある。敗戦後の占領下でアメリカの政治的支配を受けながら、日本国憲法の制定が進められた。国際世論の中で天皇制と天皇の戦争責任を問う声が高まっていったが、マッカーサー連合国軍最高司令官は日本の管理や統治のうえで天皇制の存続が有益だと判断した。そこで、主権者天皇制は象徴天皇制に変えられ、日本国憲法に取り入れられた。武装解除を永続化する戦争放棄の平和主義は、アジアや世界の平和のためにその象徴天皇制が戦前のような軍国主義天皇制にならない保証の意味を持った。君主制に対する戦争責任の問いかたが妥協的で自国民の手によらず、特殊なものになった。

　結果として、日本国憲法は三つの部分から成り立っていると考えられる。①3章の人権規定以下の部分は民主化を表現し、憲法による政治としての立憲主義の通常の形になっている。②1章の象徴天皇制は明治憲法のような途上国型の外見的立憲主義の要素を残している。③2章の戦争放棄の平和主義は、軍事力の立憲的統制という通常の立憲主義を超え、新しい立憲

---

5)　自衛権と集団的自衛権の濫用の本質的性格について、浦田一郎『自衛力論の論理と歴史——憲法解釈と憲法改正のあいだ』（日本評論社、2012年）13-14頁。

主義の可能性を持っている[6]。このような日本国憲法は甚大な戦争被害を受けた国民から、日本の平和のために静かに受け容れられた。やがて日本、アジア、世界の平和のために民主主義や平和主義を進める運動に活かされていった。

2　政府の憲法9条解釈の変遷[7]

　9条の解釈について、制憲議会において吉田茂首相は自衛権否認的解釈を行った。「直接ニハ自衛權ヲ否定ハシテ居リマセヌガ、……自衛權ノ發動トシテノ戦争モ……抛棄シタ」[8]。しかしその後占領・安保体制の下でアメリカの要求を受けながら再軍備が進められ、1950年に警察予備隊、52年に陸上保安・海上警備隊、54年に自衛隊が作られていった。これらの実質的な軍事組織を合憲とする政府の説明も、警察予備隊は警察だとする警察論、陸上保安隊・海上警備隊は近代戦争を単独で遂行する能力を備えていないとする近代戦争遂行能力論、自衛隊は自衛のための必要最小限度の実力だとする自衛力論として、基本的に展開してきた。

　「基本的に」と言ったのは、時間のずれが少しずつあるからである。例えば、自衛隊法案と防衛庁設置法案の審議の中で自衛隊は近代戦争遂行能力論によって正当化されて、1954年7月1日に発足した。発足後の同年12月22日の政府統一見解[9]によって自衛力論の原型が定式化された。それ以来政府によって展開されてきた現在の自衛力論によれば、「自衛のための必要最小限度の実力」は憲法9条2項が禁止する「戦力」に当たらず、その保持や行使は合憲だとされている。自衛力を正当化するという結論に合わせて、憲法上の「戦力」の意味を決める議論のしかたには、立憲主義上根本的な問題が含まれているが、ここでは立ち入らない。

---

6)　日本国憲法の構造について、同 5-7 頁。

7)　同 221-332 頁。

8)　吉田茂内閣総理大臣・帝國 90 回 1946（昭和 21）年 6 月 26 日衆・本 6 号 81 頁。

9)　大村清一防衛庁長官 21 回 1954（昭和 29）年 12 月 22 日衆・予算 2 号 1 頁。

6 序章 集団的自衛権論の概要

3 自衛力論の構造と機能[10]

(1) 自衛力論の構造

自衛力論の構造を見ると、まず前提として自衛力論は憲法9条の戦争放棄規定と「固有」の自衛権論の両者を基礎に置いている。「固有」ということは、国家である以上当然であり、すなわち憲法の定めによらないということである。このような議論のしかたには立憲主義の観点から問題があるが、ここではこの問題に立ち入らないことにする。片方にせよ、9条を基礎に置いていることに注意を払う必要がある。

①「自衛のための必要最小限度の実力」の「実力」は、武力とほぼ同視されている。憲法9条が規律の対象としているのは武力行使であり、基地提供、経済的援助、後方支援などはそれ自体武力行使ではないとされ、規律から外れる。すなわち憲法によって禁止されていないとされている。ただし、武力行使でないとされるものも、他国の武力行使と一体化する場合には、認められない。この議論は「一体化」論と呼ばれている。

②「自衛のため」の意味は政府によって必ずしも明確にされてこなかったが、従来は個別的自衛権と理解することができた。すなわち、武力行使は個別的自衛権の場合には認められ得るが、集団安全保障や集団的自衛権の場合には認められないとされてきた。ここで集団的自衛権の問題が出てくる。

③個別的自衛権の場合の武力行使であっても、「必要最小限度」という制限が課され、交戦権、海外派兵、攻撃的武器の保有などは認められない。

(2) 自衛力論の機能

このような自衛力論は、一方で安保体制や自衛隊の軍事的要求と、他方で憲法の平和主義規定、非軍事平和主義の解釈学説、平和と憲法を結合させた市民運動の間の力関係の中で、成立し展開してきた。そのため、安保体制や自衛隊という軍事を正当化する法的論理が、同時に軍事に対する制約を生み出してきた。その制約の中心に集団的自衛権行使の否認があった。正当化と制約の両面機能は法的論理において通常のことであるが、自衛力

---

10) 浦田・前掲注5) 35-44頁。

論において最も鮮やかに表れている。そこから、自衛力論は冷戦下で護憲派から平和主義の趣旨を掘り崩していると批判され、冷戦終結後は改憲派から集団的自衛権行使を否認しているとして非難されてきた。

なお、憲法学界の多数説は非軍事平和主義の立場に立ち、安保体制や自衛隊を違憲と考えていると思われる。判例では、旧安保条約（1952-60年）に基づく米軍駐留について砂川事件における東京地裁判決[11]が、自衛隊について長沼事件に関する札幌地裁判決[12]が、それぞれ違憲とした。最高裁判例を含め他の判例は、安保条約や自衛隊について合憲か違憲かの中身の判断に立ち入らず、そのため裁判所が安保条約や自衛隊について合憲だと判断した例はない。

Ⅲ　政府の集団的自衛権論の歴史と構造

1　政府の集団的自衛権論の歴史[13]

ここでは法的観点から簡単に歴史を整理したい。

(ⅰ)第1期　集団的自衛権論の不在

①集団的自衛権論の不在。当初は集団的自衛権に関する論議はほとんど表面化しなかった。なぜなら、集団的自衛権以前に個別的自衛権の憲法的正当化が中心的問題だったからである。ただし、1954年に集団的自衛権否認の萌芽的答弁がある[14]。

(ⅱ)第2期　集団的自衛権否認論の展開

②集団的自衛権否認論の成立。1960年の安保改定のときに、日本がアメリカのために集団的自衛権を行使することが義務づけられるかが問題になり、集団的自衛権論が登場した。そこで、日本も集団的自衛権を国際法上持っているが、憲法上行使できないと考えられていた。その後の政府見解の元になっている。ただ、その当時の集団的自衛権論は必ずしも確立しておらず、その後の政府答弁と異なる政府答弁も垣間見られた[15]。

---

11)　砂川事件東京地判 1959（昭和 34）年 3 月 30 日判時 180 号 2 頁。

12)　長沼事件札幌地判 1973（昭和 48）年 9 月 7 日判時 712 号 24 頁。

13)　詳しくは、本書 1 章 1 節参照。

14)　下田武三外務省条約局長 19 回 1954（昭和 29）年 6 月 3 日衆・外務 57 号 4-5 頁など。

15)　本書 17-23 頁。

③集団的自衛権否認論の確立。1970 年代を経て、80 年代初頭に政府見解が確立した。それを示す重要な資料が、1972（昭和 47）年 10 月 14 日に「集団的自衛権と憲法との関係」と題して参議院決算委員会に提出されている[16]。1978 年の日米ガイドライン（防衛協力の指針）を経て、シー・レーン防衛との関わりで出された質問に対して答弁書が 1981 年に提出された[17]。それがその後の見解の元になった。

④集団的自衛権論の精緻化。冷戦終結後 1990 年代に武力行使との一体化論などを中心にして論理の精緻化が進んだ。それは集団安全保障関係が中心だったが、集団的自衛権にも及んでいる。

⑤集団的自衛権承認の動き。2000 年代以降、国会衆参の憲法調査会（2000-05 年）などの明文改憲と解釈見直しの動きが、集団的自衛権を中心にして活発化した。

(iii)第 3 期　集団的自衛権限定容認論の成立

⑥集団的自衛権限定容認論の成立。2014 年に集団的自衛権限定容認の閣議決定が行われ、15 年に法制化された[18]。

2　政府の集団的自衛権論の基礎[19]

集団的自衛権に関する政府の説明は、次のようになっていた。「国際法上、国家は、集団的自衛権、すなわち、自国と密接な関係にある外国に対する武力攻撃を、自国が直接攻撃されていないにもかかわらず、実力をもって阻止する権利を有するとされている。わが国は、主権国家である以上、国際法上、当然に集団的自衛権を有しているが、これを行使して、わが国が直接攻撃されていないにもかかわらず他国に加えられた武力攻撃を実力で阻止することは、憲法第九条のもとで許容される実力行使の範囲を超え

---

16)　本書 40-41 頁。浦田一郎『政府の憲法九条解釈――内閣法制局資料と解説』（信山社、2013 年）168 頁、『防衛ハンドブック・平成 27 年版』（朝雲新聞社、2015 年）591-592 頁など。なお、これは 2014 年の閣議決定において集団的自衛権限定容認論に使われた（本書 41-45、47-48、108-111 頁）。

17)　稲葉誠一議員提出「憲法、国際法と集団的自衛権」に関する質問に対する答弁書（94 回 1981〔昭和 56〕年 5 月 29 日衆議院提出）。

18)　本書 102-123、131-134 頁。

19)　浦田・前掲注 5) 120-133 頁。

るものであり、許されないと考えている。」[20]結論的に簡単に言えば、例えばアメリカが武力攻撃を受けても、日本が受けていなければ、日本は武力行使できないということである。

　その内容を見ていくと、まず集団的自衛権を日本は国際法上保有しているが、憲法上行使できないとされている。国際法のところ（本章Ⅰ2）で見たように、集団的自衛権は国際法上義務ではなく権利なので、憲法などによる国内的判断に基づいて行使しないとすることは、国際法上問題はない。

　憲法上行使できない理由については、前述の1972年資料では、憲法9条の戦争放棄のもとで前文の平和的生存権や13条の幸福追求権に基づき認められる「自衛の措置」[21]は、「必要最小限度」などの条件を充たさなければならないとされている。そこから、日本が武力攻撃を受けた場合の個別的自衛権はその条件を充たし得るが、日本が武力攻撃を受けていない集団的自衛権は充たさないとされてきた。後の答弁で、9条の存在を強調しつつ、同趣旨のことを次のように言っている。「9条の文理に照らしますと、我が国による武力の行使は一切できないようにも読める憲法9条のもとでもなお」、個別的自衛権は禁止されていないが、集団的自衛権までは認められないとしている[22]。憲法9条の存在が政府の集団的自衛権論を強く規定していることが分かる。

3　政府の集団的自衛権論の構造と機能

(1)　「実力」をもって阻止する権利

　まず、「実力」をもって阻止する権利とされていることが問題になる。そこから一方で、前線の戦闘に参加することは、「実力」行使になり憲法上認められない。しかし他方で、実質的、軍事的には外国に対する軍事援助と見られるものでも、「実力」行使ではないとして、認められる場合がある。その点で最も大きな問題は、現行1960年安保条約6条に基づく基地提供である。また、1997年のガイドラインに実質的に基づいて作られた周辺事態法において、後方地域支援などの措置は武力行使に当たっては

---

20)　『防衛白書・平成25版』（2013年）101頁。

21)　人権に基づいて軍事力を正当化する議論のしかたの問題について、本書57-58、69頁。

22)　秋山收内閣法制局長官159回2004（平成16）年1月26日衆・予算2号5頁。

ならないとされていた（同法２条２項）。イラク特措法やテロ特措法など海外における軍事活動に関する法律に、同様の武力行使禁止規定が置かれてきたのは、その趣旨である。なお、イラクにおける自衛隊による多国籍軍の武装兵員の輸送について、2008年の名古屋高裁判決[23]は武力行使を禁止したイラク特別措置法２条２項や憲法９条１項などに違反するとした判断を示している。

(2) 「外国」に対する武力攻撃を阻止する権利

　次に、「外国」に対する武力攻撃を阻止する権利とされていることも問題になる。安保条約５条は共同防衛を定めているが、そこには「日本国の施政の下にある領域」という地理的限定がある。そこで、在日米軍基地に対する武力攻撃は日本の領域を侵犯するので、日本に対する武力攻撃にもなると説明されている[24]。領域侵犯によって自動的に自衛権が成立するかは法理論的に問題があるが、ここでは立ち入らないことにする。結論的には、在日米軍基地に対する武力攻撃によって、日米それぞれにとって個別的自衛権が成立するとされている。すなわち、前にふれたように（本章 I 2(2)）、これは個別的自衛権の共同行使であって、集団的自衛権行使ではないと説明されている。

　日本に対する武力攻撃について、アメリカは集団的自衛権を行使することになっている。しかし、日本領域外のアメリカ、典型的にはアメリカ本土に対する武力攻撃は「外国」に対するものなので、その阻止は日本にとって集団的自衛権の行使になり、できないことになっている。すなわち、５条ではアメリカは日本のために集団的自衛権を行使し、日本はアメリカのために集団的自衛権を行使しないので、アンバランスがあることになる。しかし、６条で日本はアメリカに基地を提供するが、アメリカは日本に基地を提供するわけではないので、ここにもアンバランスがある。５条と６条のそれぞれのアンバランスによって、安保条約全体としてはバランスがとれていると、政府は説明している[25]。

---

23) イラク派遣名古屋高判 2008（平成20）年４月17日判時 2056 号 74 頁。

24) たとえば、佐藤榮作内閣総理大臣 59 回 1968（昭和43）年８月10日参・予算２号４頁。

25) 『防衛白書・平成27年版』（2015年）193頁。

現在の政府解釈では、個別的自衛権を行使できる範囲は、日本の領域に限らないとされている。海外派兵は禁止されているが、その海外派兵の中心的意味は「武力行使の目的をもって武装した部隊」を他国の領域に派遣することとされ、意味が限定されている[26]。そこで日本の領域外で自衛隊と米軍が展開することはあり得ることになり、そのときにともに武力攻撃を受ければ、それぞれに個別的自衛権が成立する可能性がある。個別的自衛権の共同行使という議論が、海外にも適用されている。シー・レーン防衛などで、このような問題が生じうる。日本の個別的自衛権に基づく武力行使によって、アメリカが軍事的に救われる結果になっても、それは集団的自衛権の行使ではないとされている[27]。これは「結果理論」と呼ばれている。

(3)　政府の集団的自衛権論の機能

　このような政府の集団的自衛権論は一般の人には理解困難なほど複雑なものに見え、また常識的、実質的に日米共同の軍事活動にほかならないものを集団的自衛権行使ではないとして正当化している。しかし他方で、ある種の体系性も備え、アメリカが行う戦争の前線で自衛隊が戦闘に参加することを阻止してきた。そのアメリカは世界で戦後最も多く戦争してきた「戦争国家」である。すでにみてきたように、アメリカは自衛権を拡大し、集団的自衛権を濫用してきたという批判を受けている。このように、政府の集団的自衛権論は日米の軍事活動に大きなブレーキをかける結果になってきた。そこで、日米による安全保障・軍事支配のために集団的自衛権行使の承認を主張する側から、明文改憲や解釈見直し論が出されてきた。逆に言えば、政府の従来の集団的自衛権論のブレーキの強さが分かる。

おわりに

1　解釈変更の意味

　2014 年 7 月 1 日の閣議決定によって政府解釈が変更され、集団的自衛権が限定容認された。一般的に政府の憲法解釈の変更はできないことでは

---

26)　海外派兵禁止の意味について、本書 118-120 頁。
27)　丸山昂防衛庁防衛局長 75 回 1975（昭和 50）年 6 月 18 日衆・外務 24 号 12 頁。

ないが、立憲主義の面から慎重でなければならない。しかしながら政府の集団的自衛権解釈について言えば、それは政治的に作られたものだから、政治的に変えてよいということもしばしば言われている。

政治性の一つとして、政策的に選択した解釈だと言われることがある。国際関係において日本が集団的自衛権を行使しないことは、確かに政治的選択である。しかし、国内関係において憲法によって不行使を決めたのであれば、不行使は法的、憲法的なものである。国際関係と国内関係を区別する必要がある。

もう一つの政治性として、小さな政治状況によって集団的自衛権不行使の解釈ができたように言われることがある。しかしながら、占領・安保体制の中で戦後の基本的な政治構造としてできている。もし憲法上集団的自衛権が行使できるとされていれば、新旧の安保条約の締結は国会で承認されず、今のような安保体制はできていなかったであろう。

集団的自衛権限定容認は実質的には許されない解釈改憲であり[28]、手続の問題としては閣議決定による解釈変更は改憲に特別多数による国会の発議と国民投票を要求している憲法96条に対する脱法行為とも言える。

2 明文改憲の意味

集団的自衛権限定容認はその批判を今後も受け続け、国民の不信は払拭できない。そのため、明文改憲による集団的自衛権行使の解禁も目指されている。そこでは全面解禁が目標とされており、2012年4月に発表された自由民主党の「日本国憲法改正草案」などで主張されている。これは、日本が集団的自衛権を行使できない「特殊な国家」から、行使できる「普通の国家」になることを目指したものであろう。しかし、最初にふれたように、日本国憲法の三つの部分によって戦後日本はかろうじてバランスがとれてきた（本章Ⅱ1）。集団的自衛権解禁の9条改憲を行うことによって、日本は9条なしに、外見的立憲主義の要素を存続させつつ、安保体制によって対米従属することになる。別の意味で「特殊な国家」になってしまうであろう。これは、アメリカの顔色を窺っていれば、アジアで頭を下げな

---

28) 本書 50-72 頁。

くて済むという国家のありかたである。このような方向に進むことによっ
て、日本の未来が開けるとは思えない。

第1章　集団的自衛権論とその容認論の歴史

　集団的自衛権の歴史を見たうえで、次にその容認論の歴史に焦点を当てたい。

第1節

集団的自衛権論の展開と市民の役割

はじめに

　集団的自衛権は行使できないとされてきた政府の憲法解釈が、2014年7月1日の閣議決定によって、限定的に行使できるとする解釈に変えられた。解釈変更の動きの中で、過去の政府答弁と59年の砂川事件最高裁判決が注目された。そこで、過去の議論[1]を検討し、その中で市民が果たしてきた役割を見てみたい。そのことは、現在私たちが集団的自衛権について考えるときに、参考になると思われる。

I　過去の政府答弁

1　論点整理

　集団的自衛権の行使は憲法上認められないという従来の解釈は、1972年の政府見解[2]以降のことであり、その前は集団的自衛権は必ずしも全面

---

1)　坂口規純「集団的自衛権に関する政府解釈の形成と展開（上）（下）」外交時報1996年7・8月合併号、9月号、本間剛「集団的自衛権に関する現行政府解釈の成立経緯とその影響」東京大学大学院公共政策専修コース研究年報（2002年3月修了）（東京大学のホーム・ページから見ることができる）参照。ただし、これらは政治学の研究論文であり、法学的には問題のある記述も見られる。

的には否定されていなかったのではないかという問題が出されてきた。そうだとすれば、集団的自衛権否認の解釈を必ずしも絶対的なものと考えず、解釈変更の余地も認めてよいのではないかと言われた[3]。そこで、問題にされてきた代表な議論を検討することにしたい。検討の前提として、論点整理を簡単にしておくこととする。

①実力・武力論　実力・武力によるもののほかに、実力・武力によらないものも含めて、集団的自衛権を考えるかという問題がある。実力・武力によらないものとして、従来基地提供、経済的支援、後方支援などが議論されてきた。これは、憲法9条が問題にしているものは武力行使なので、直接にはそれに当たらないものは、9条によって禁止されていないという解釈に基づいている。確立した後の政府の解釈では、集団的自衛権は「実力をもって阻止する権利」と定義され、実力・武力によるものだけが集団的自衛権としてとらえられている。そのため、実力・武力によらないものは、集団的自衛権の否認にふれないことになっている。

②地理的限定論　集団的自衛権の否認に地理的限定があるかどうかという問題もある。地理的限定として、外国の領土への上陸や海外派兵[4]が問題になっている。確立した従来の集団的自衛権解釈には、地理的限定はついていなかった。地理的限定なしにどこでも、集団的自衛権行使は認められないことになっていた。

2　自衛隊発足時（1953-54年）[5]

この時期の議論の前提として、国連憲章51条が個別的・集団的自衛権

---

2)　1972（昭和47）年10月14日に、「集団的自衛権と憲法との関係」と題する資料が参議院決算委員会に提出された。資料の原文について、本書40-41頁、浦田一郎『政府の憲法九条解釈——内閣法制局資料と解説』（信山社、2013年）168頁、『防衛ハンドブック・平成27年版』（朝雲新聞社、2015年）591-592頁など。なお、これは2014年の閣議決定において集団的自衛権限定容認論に使われた（本書41-45、47-48、108-111頁）。

3)　とくに、2015年5月15日に出された『安全保障の法的基盤の再構築に関する報告書』に、このような見解がまとめられている。

4)　本書118-120頁。

5)　この時期の政府の九条論について、浦田一郎『自衛力論の論理と歴史——憲法解釈と憲法改正のあいだ』（日本評論社、2012年）269-332頁。

を認め、51 年の平和条約や旧安保条約などがそれを日本について確認している という問題がある。このことは前述の 72 年資料でも言われている。例えば、平和条約 5 条(c)では次のように言っている。「連合国としては、日本国が主権国として国際連合憲章第五十一条に掲げる個別的又は集団的自衛の固有の権利を有すること及び日本国が集団的安全保障取極を自発的に締結することができることを承認する。」

　自衛隊発足時、その意味が問題になった。それに対して、集団的自衛権を国際法上持っているが、憲法上持っていない、あるいは行使できないという答弁が政府からされた。たとえば以下のような答弁がある。「平和条約でも、日本国の集団的、個別的の固有の自衛権というものは認められておるわけでございますが、しかし日本憲法からの観点から申しますと、憲法が否認してないと解すべきものは、既存の国際法上一般に認められた固有の自衛権、つまり自分の国が攻撃された場合の自衛権であると解すべきである」。外務省条約局で未だ検討の段階だという説明も付け加えられた[6]。今から 60 年前に、従来の解釈の原型が簡単に示されたことになる。

　憲法上行使できない集団的自衛権が、なぜ平和条約に規定されたのかが問題になる。そこにはいくつかの法的説明と政治的背景があるが、ここではそこまでは入らないことにする。また、自衛隊発足時になぜ集団的自衛権が問題になったのかという問題もある。それには MSA（Mutual Security Act, 相互安全保障法）援助との関係などの問題があるが、そこにも入る余裕がない。簡単に結論的に言えば、作られようとしている自衛隊が、アメリカのために集団的自衛権を行使し海外派兵することが求められるのではないかが問題にされた。その疑問を打ち消すため、54 年 6 月 2 日参議院で海外派兵禁止決議が出された。

　このように集団的自衛権は問題にされたが、本格的な議論は行われなかった。自衛隊の前身である陸上保安隊・海上警備隊は警察組織であるという建前が採られていた。政府によって初めて認められた正式の軍事組織として、自衛隊が発足した。このように個別的自衛権が合憲かどうかが中心的な政治的問題であった時期に、アメリカから集団的自衛権行使を求めら

---

6)　下田武三外務省条約局長 19 回 1954（昭和 29）年 6 月 3 日衆・外務 57 号 4-5 頁。

れても、そのことを国民の前で言える状況ではなかった。

3　安保条約改定時（1959-60年）

　51年に締結された旧安保条約は、その1条で米軍駐留・基地提供を定めていたが、アメリカの日本防衛義務を明らかにしていなかった。安倍晋三首相の祖父である岸信介首相は、対等でない条約を対等なものにするために、安保改定を行おうとしたと説明していた。改定後の現行安保条約は、5条でアメリカの日本防衛義務を明らかにし、6条で米軍への基地提供を定めている。それに対して、日米の軍事的関係の強化に反対する市民の運動も展開された。

⑴　地理的限定？

1)　地理的限定的答弁

　この時期には、集団的自衛権は行使できないとする基本的な立場に立ちつつ、前述の論点整理②の地理的限定論として、地理的に限定された一定の集団的自衛権は認められないとする答弁が見られた。地理的限定論として外国の領土論や海外派兵論がある[7]。外国の領土論による答弁として、60年3月31日の参議院予算委員会の答弁がよく挙げられる。

　林修三法制局長官は次のように言っている。「外国まで出て行って外国を守るということは、日本の憲法ではやはり認められていないのじゃないか……。そういう意味の集団的自衛権、これは日本の憲法上はないのではないか」[8]。同様のことを岸首相も述べている。「その国まで出かけて行ってその国を防衛するという意味における私は集団的自衛権は、日本の憲法上は、日本は持っていない」。そのうえで、次のように説明する。「最も典型的な、しこうして最も重要視せられるもの……そういう意味のものは持っておらない」[9]。そこからさらに次のようにも述べている。「そういう意

---

7)　現在の政府解釈では、海外派兵の中心的意味は部隊を「他国の領土、領海、領空」に派遣することに限定されているが（『防衛白書・平成27年版』〔2015年〕137頁）、当時はそうではなかった。

8)　林修三法制局長官34回1960（昭和35）年3月31日参・予算23号24頁。

9)　岸信介内閣総理大臣・同頁。

味において一切の集団的自衛権を持たない、こう憲法上持たないというこ
とは私は言い過ぎだと、かように考えております。」[10]同様の答弁が度々出
されている。

　地理的限定論として海外派兵を言う場合もある。60年4月20日の衆議
院日米安保特別委員会において林長官は次のように言っている。「海外派
兵というようなものは、集団的自衛権の行使ができるという意味において
できない」[11]。

　以上のように、地理的に限定された典型的な集団的自衛権は、行使でき
ないとする答弁が繰り返されている。このような答弁からすれば、地理的
限定から外れた、あるいは典型的でない集団的自衛権は、必ずしも禁止さ
れないと考え得るであろう。つまり、外国の領土に上陸せず、あるいは海
外派兵しないような集団的自衛権である。言い換えると、公海上あるいは
日本の領域内であれば、集団的自衛権を行使できる論理的な可能性がある
ように見える。

　そこで当然のことながら、認められる集団的自衛権とは何かという質疑
が、議員から出される。ところがそれに対して、公海上あるいは日本の領
域内であれば、集団的自衛権を行使できるとする答弁は、後述する例外的
な微妙な答弁を除けば見当たらない。

2) 実力・武力答弁

　さきほど紹介したように、最もよく引用される60年3月31日の参議院
予算委員会において、外国にまで行くような集団的自衛権は認められない
と林長官が答弁した。そこで、「それ以外にどういう集団的自衛権がある
のですか」と、議員が質疑を出す[12]。それに対して、林長官が次のように
答弁している。「これはいろいろの内容として考えられるわけでございま
すが、たとえば現在の安保条約におきまして、米国に対して施設区域を提
供いたしております。あるいは……米国が他の国の侵略を受けた場合に、
これに対してあるいは経済的な援助を与えるというようなこと、こういう
ことを集団的自衛権というような言葉で理解すれば、こういうものを私は

---

10)　同27頁。

11)　林34回1960（昭和35）年4月20日衆・日米安保特別21号28頁。

12)　秋山長造議員34回1960（昭和35）年3月31日参・予算23号24頁。

日本の憲法は否定しておるものとは考えません。」[13]同様の質疑と答弁がどの委員会でも延々と繰り返されている。

　このやり取りには曖昧なところがある。まず②の地理的限定論に関わる質疑が出されているのに、①の実力・武力論による答弁がなされている。質疑と答弁が論理的に対応していない。最近ある国家公務員から、このように聞かれたことに答えない答弁について、霞が関には「木鼻答弁」という言葉があると聞いた。「木で鼻を括ったような答弁」ということであろう。60年の安保改定国会において、典型的な「木鼻答弁」がなされていたということである。また答弁において、認められる集団的自衛権には「いろいろ」あるとか、そのようなものとして「たとえば」基地提供とか経済的援助があるという言い方が繰り返されている。つまり、認められる集団的自衛権は、基地提供と経済的援助に限らないと言おうとしている。

　以上から分かることは一つには、公海上あるいは日本の領域内であれば集団的自衛権を行使できると、政府は言いたかったらしいということである。もう一つは、しかし言わなかったということである。「木鼻答弁」から逆に、言わなかったことが目立つ。内閣法制局が安保改定論議における上記のようなやりとりについてまとめた中で、「実力の行使であっても他国の領域以外でなら許されると述べたものはない」とされている[14]。私が今まで調べた限りでは、この記述は誤っていないように思われる。

　前述の安保法制懇報告書は、地理的に限定されていれば集団的自衛権は行使できると、政府は言わなかったということにふれていない[15]。

(2)　共同防衛のとらえかた
1)　個別的自衛権の共同行使
　この問題に関係して、現行安保条約5条の問題がある。日本の領域における日米共同防衛を定めたものとして、すでにふれた（I 3）。その5条1項は次のように定めている。「各締約国は、日本国の施政の下にある領域

---

13)　林・同頁。
14)　浦田・前掲注2）『政府の憲法九条解釈』164頁。
15)　浦田一郎「集団的自衛権論の展開と安保法制懇報告」奥平康弘・山口二郎編『集団的自衛権の何が問題か——解釈改憲批判』（岩波書店、2014年）109-111頁。

における、いずれか一方に対する武力攻撃が、自国の平和及び安全を危うくするものであることを認め、自国の憲法上の規定及び手続に従つて共通の危険に対処するように行動することを宣言する。」

ここでは、「日本国の施政の下にある領域」すなわち日本の領域という形で、②の地理的限定が付けられている。そのうえで問題になることは、日本の領域内におけるアメリカ、すなわち中心的には駐留米軍基地が武力攻撃されたとき、日本も武力行使することになっている点である。政府によって、これはどのように法的に説明されてきたのであろうか。

駐留米軍基地に対して武力攻撃がなされれば、日本の領域を侵犯することになる。そこで、同じ国から日本もアメリカも武力攻撃を受けたので、日米どちらにも個別的自衛権が成立したことになる。日米の個別的自衛権を共同行使することになるのであって、これは集団的自衛権の問題ではない。なぜなら、集団的自衛権は自国が武力攻撃を受けていない場合であるが、安保条約5条の事態では日本は武力攻撃を受けている[16]。この説明に対して、領域侵犯によって自動的に個別的自衛権が成立するのかなどの批判が、学説から出されてきた。この点にここでは入らないが、現在に至る政府の公式説明はこのようになっている。

60年の安保改定国会において、この点について個別的自衛権で説明できるので、集団的自衛権を持ち出す必要はないという答弁がされている。たとえば岸首相は次のように述べている。「5条の場合におきましては、個別的自衛権で十分に説明のつくことであって、これをあえて議論のある集団的自衛権というものについて、学説上広いとか狭いとかいうもののいずれかをとらなければ説明のできないというものであるならば、われわれとして研究してその結論を出さなければなりませんけれども、そういうものじゃないと思います。」[17]

すなわち、集団的自衛権で説明することは、必要がないと言っており、不可能であるとは言っていない。これは、すでに見たように、②の地理的限定論によって日本の領域内であれば集団的自衛権は行使できると言いたかったらしいが、言わなかったという問題である。

---

16) 例えば、佐藤榮作内閣総理大臣 59 回 1968（昭和 43）年 8 月 10 日参・予算 2 号 4 頁。

17) 岸 34 回 1960（昭和 35）年 4 月 20 日衆・日米安保特別 21 号 36 頁。

2) 「制限された集団的自衛権」？

　さらに、赤城宗徳防衛庁長官は踏み込んだ、微妙な答弁をしている。まず一般論として②の地理的限定論を前提にして、地理的に限定された集団的自衛権を持つと積極的に言っている。「アメリカ本土」へ行くような集団的自衛権は持たない。そのため、「集団的自衛権というものは、日本の憲法の第九条において非常に制限されておる、こういうような形によって日本は集団的自衛権を持っておる」。それを「憲法第九条によって制限された集団的自衛権」と定式化している[18]。

　そのうえで、安保条約5条の解釈として、集団的自衛権を行使できないことはないと述べている。「安保条約の問題からいいますするならば、国内においてこれは集団的自衛権を、憲法の範囲内において制限された範囲内の行使というものは、その面からできないということはないと思います。」

　そこから、集団的自衛権で説明できないことはないと自分は考えるが、政府としてはそのような説明はしないと言っている。「集団的自衛権という観念をもって解釈するようなことはまぎらわしいことで、政府といたしましては個別的自衛権の発動だ、こういうふうに解釈してご説明を申し上げておるわけでありますが、私は制限されておることがはっきりしていることでありますするならば、これは集団的自衛権で解釈もできると思いますが、しかし政府といたしましては、ご承知のように集団的自衛権を援用してこれを解する必要はない、こういうのが政府の見解であります。」従来の研究によれば安保改定国会以後に地理的限定論の答弁はなく、その中でも赤城答弁のような積極的な集団的自衛権論は例外的なもののようである。

(3) 論議の背景

　以上のような安保改定国会における論議に、どのような背景があるのであろうか。まず、集団的自衛権は全面的に行使できないと言わなかったのは、なぜであろうか。言い換えれば、①の実力・武力論や②の地理的限定論によって、何らかの集団的自衛権は行使できるような言いかたをしたかったことに、どのような背景があったのであろうか。アメリカ向けに、軍

---

18)　赤城宗徳防衛庁長官34回1960（昭和35）年5月16日衆・内閣41号3頁。

事的に日本も義務を果たすような形を作りたかったからのようである。その背景にはバンデンバーグ決議がある。これはNATO加盟に当たって1948年に出されたアメリカ上院の決議で、同盟における軍事的義務の相互性を求めている。しかし、ここではそれ以上入ることができない。

つぎに、地理的に限定されれば集団的自衛権は行使できるという赤城長官のような例外的な定式化が一般的に行われなかったのは、なぜであろうか。自衛隊発足時に、集団的自衛権を憲法上行使できないとする答弁がなされていたことは、やはり響いていたであろう。それとともに、先ほどの引用に続いて、赤城長官が次のように述べている点が注目される。「日本の国内法の制限のもとに、外国まで出ていくとかなんとかいうことでないということがはっきりするならば、またはっきり納得してもらえるならば、私は集団的自衛権で説明してもよかろうと思います。」逆に言えば、「納得」が得られないので、集団的自衛権で説明しないと言っていることになる。

「納得」してもらえない理由は、集団的自衛権による説明が「まぎらわしい」ことだとされている。しかし、「納得」の問題には、もっと大きな政治的背景があるのであろう。安保改定に反対する市民によって、大規模な運動が展開されていた。そこでは、軍事的関係の強化によって、アメリカの世界戦略に日本が組み込まれるのではないかと考えられていた。このような市民の運動や世論を前にして、限定的にせよ集団的自衛権を行使できると明言すれば、安保条約の改定も安保体制の展開も不可能になったと思われる。すなわち、①の実力・武力論に基づいて、実力・武力によらなければ集団的自衛権は行使できるとする定式化も、確定的に行われなかった。しかしとくに問題になるのは、②の地理的限定論によって、地理的に限定されれば集団的自衛権は行使できるとする議論である。この展開は、安保改定反対の市民の運動や世論によって封じられたということであろう。政府は限定的集団的自衛権論を言おうとして言わなかったのではなく、正確には言えなかったのであろう。

ところが現在の集団的自衛権容認派は、地理的に限定された集団的自衛権論が、安保改定時に展開されたかのように描いていた。これらの集団的自衛権論の基礎に、個別的自衛権に近い集団的自衛権を認める発想があっ

たととらえているようである。そこから、現在の限定容認論につなげようとしたように見える。

4 従来型解釈の確立期（1972-81 年）

(1) 1972 年資料

1) 資料提出の経緯

　72 年資料によって、集団的自衛権は①の実力・武力論に関して実力・武力によるものととらえられ、②の地理的限定論に関して地理的限定なしに全面的に否認された[19]。水口宏三議員は、同年 5 月 12 日の参議院内閣委員会、18 日の同委員会、9 月 14 日の決算委員会において、政府の集団的自衛権解釈の曖昧さを追及した。72 年資料は、その結果水口議員の求めに応じて出されたものである。

　この資料によって従来の政府解釈の基礎が固まり、逆にそれまでは固まっていなかったとしばしば言われる。そのことに関わって、この水口議員の追及の段階でも政府解釈は不安定であったため、その曖昧さが追及されたと言われることもある。その中で、集団的自衛権と海外派兵を防衛庁は憲法論で、外務省は政策論で否認しているのではないかという問題が出されている。5 月 12 日の参議院内閣委員会において、水口議員はそのように理解したとして、政府を追及している。「先ほど江崎防衛庁長官は、憲法上海外派兵はできないとおっしゃった。……条約局長のほうは政策論としてあくまで海外に派遣しないんだと言っておるんだ。そういうあいまいなことではわれわれ納得できません。」[20]

　それに対して、集団的自衛権・海外派兵の否認は国際関係においては政策的選択であり、国内関係においては憲法に基づくものであるとする答弁が直ぐになされている。高島益郎外務省条約局長は次のように補足説明をしている。「私の午前中の答弁につきまして少し誤解があるのではないかと思いますので、ちょっと訂正させていただきますけれども、私は、自衛権というものを、日本についての説明としてではなく、一般的な説明がどういうものかというお話でございましたので、集団的自衛権……は国際法

---

19)　この資料の内容上の問題については、本書 41-45、47-48 頁。

20)　水口宏三議員 68 回 1972（昭和 47）年 5 月 12 日参・内閣 11 号 17 頁。

上すべての国が持っている……ただ日本につきましては、憲法上の制約が
あるためにこの権利を行使することができないというふうに申し上げたつ
もりでございます。」[21]

　5月から9月に至る水口議員による追及の中で、以上のことは始めから
明らかであるように私には思われる。すなわち、集団的自衛権の否認は国
際関係においては政策的選択であり、国内関係においては憲法に基づくも
のとされている。この点について、水口議員の誤解？　恐らく政治的曲解
に基づいて、政府内部に不統一があるように見るのは、政府の憲法解釈を
過度に不安定に描くものである。現在の集団的自衛権容認論においても、
国際関係における政策的否定と国内関係における憲法的禁止の問題を区別
しない議論が時々見られるので、少し紹介した。

2)　資料提出の背景

　水口議員によるこの集団的自衛権論争の具体的な問題は、69年11月21
日の日米共同声明における韓国条項である。韓国条項と言われているのは、
その声明の中で「韓国の安全は日本自身の安全にとって緊要である」とさ
れたことである。そこで、韓国条項に基づき日本は集団的自衛権を行使す
るのかと、水口議員は質疑を出している。すなわち、韓国で武力紛争が発
生すれば、日本は武力攻撃を受けていなくても、参戦するのかという問題
である。「どこかの国の軍隊が、韓国を軍事攻撃し、韓国を占領する……
そういう場合であっても、集団的自衛権の行使は行わない、そう解釈して
よろしいんですか。」[22]「これに対処する日本の行為としましては、集団的
自衛権は行使できない」と答弁された[23]。

　このような議論を経て、72資料を提出するに至る。その一般的背景と
してベトナム戦争（60？-75年）[24]がある。この時期はベトナム戦争末期で
あり、ベトナム戦争批判が高まっていた。集団的自衛権の行使という抽象
的な問題は、ベトナム戦争のような侵略戦争に加担することだと具体的に
意識された。②の地理的限定の問題として、海外派兵に基づく集団的自衛

---

21)　高島益郎外務省条約局長・同20頁。

22)　水口69回1972（昭和47）年9月14日参・決算（閉）5号15頁。

23)　高島・同頁。

24)　ベトナム戦争の開始時期について、学説が分かれている。

権行使が否定されたとすれば、韓国条項に関わる戦争やベトナム戦争の戦闘に直接に参加することはないかもしれない。しかし、それを超えて、地理的に限定されていても何らかの集団的自衛権を憲法上容認することは、ベトナム反戦運動の高まりの中で不可能になっていったのであろう。すなわち、政府はベトナム反戦の市民の運動や世論によって、②の地理的限定なしの集団的自衛権否認の憲法解釈の表明に追い込まれたように思われる。

(2) 1981 年答弁書

　78 年にガイドラインによって、日本の個別的自衛権を基礎にして、日米防衛協力の具体的なあり方が定められた。それを経て 81 年答弁書によって、①の実力・武力による集団的自衛権のとらえ方を前提にして、そのような集団的自衛権を②の地理的限定なしに否認する解釈が定式化された[25]。その後この解釈を前提にして、実力・武力行使ではないとされる後方支援などによって、アメリカとの軍事関係を強化する路線が進められていった。

　過去の政府解釈を全体として見ると、一方で政府は集団的自衛権の余地を残そうとする解釈上の取組みをしてきたが、他方で市民の運動や世論が集団的自衛権の展開を抑えてきたことが分かる。

II　砂川事件最高裁判決

1　問題の所在

　砂川事件に関する 1959 年 12 月 16 日の最高裁判決[26]が、集団的自衛権容認論によって援用されてきた[27]。判決において、「固有の自衛権」や「必要な自衛のための措置」が言われており、これらに集団的自衛権が含まれ得ると指摘されている。そこで砂川事件最高裁判決を検討してみたい。

　砂川事件では旧安保条約や駐留米軍が憲法 9 条に適合するかが問題にな

---

25)　稲葉誠一議員提出「憲法、国際法と集団的自衛権」に関する質問に対する答弁書（94 回1981〔昭和 56〕年 5 月 29 日衆議院提出）。

26)　砂川事件最判 1959（昭和 34）年 12 月 16 日刑集 13 巻 13 号 3225 頁。本書 145-155 頁参照。

27)　援用のしかたの変化について、本書 124-131 頁。

26　第1章　集団的自衛権論とその容認論の歴史

った。59年3月30日東京地裁で駐留米軍違憲の判決[28]が出され、この判決は裁判長の名前から伊達判決と呼ばれている。そこでは、実質的に考察すると、日本が米軍駐留を許容していることは、憲法9条2項の戦力の保持に該当すると判断された。日米両政府は驚愕し、検察側は高裁を経ず最高裁に跳躍上告した。

2　憲法9条の解釈

(1)　「固有の自衛権」

最高裁判決では、安保条約は「主権国としてのわが国の存立の基礎に極めて重大な関係をもつ高度の政治性を有するもの」であり、その憲法適合性の判断は「一見極めて明白に違憲無効であると認められない限りは、司法審査権の範囲外のもの」だとされた。この議論の性格について学説は分かれているが、ここでは変則的な統治行為論としておくこととする。その統治行為論の結論として、安保条約の憲法適合性の判断について司法審査しないとされた。

判決は三つの部分から成り立っている。すなわち、1に司法審査論の前提としての憲法9条解釈、2に司法審査論、3にその具体化である。この判決は統治行為論の形式を採りつつ、実際には内容にわたる多くの判断を示している。

その内容的な判断のうち憲法9条解釈の中で、「わが国が主権国として持つ固有の自衛権は何ら否定されたものではな」いとされている。さらに、憲法前文の平和的生存権を引きつつ、「自国の平和と安全を維持しその存立を全うするために必要な自衛のための措置をとりうることは、国家固有の権能の行使として当然のことといわなければならない」と言われている[29]。

「主権国として持つ固有の自衛権」や「自国の平和と安全を維持しその存立を全うするために必要な自衛のための措置」と言われているように、この「自衛権」や「自衛のための措置」は文言上個別的自衛権を意味して

---

28)　東京地判1959（昭和34）年3月30日判時180号2頁。

29)　平和的生存権という人権の理念・目的からその手段として「自衛のための措置」という公権力を正当化する議論のしかたには、立憲主義の観点から問題がある。本書57-58、68-69頁。

いると理解するのが自然である。個別的自衛権を前提にした自衛力論の原型の定式化は、1954年に政府統一見解として示された[30]。それは、「国が独立国である以上、その国が当然に保有する権利」から出発していた。これらの文言や論理は、1954年見解と砂川事件最高裁判決の間で対応している。

　さらに背景事情を見ると、砂川事件において林法制局長官は、検察側の「上告論旨の作成については、私どももいろいろと助言した」と後に述べている[31]。検察による上告趣意の中で「(二)　自衛のための戦力の保持と憲法前文との関係」の項目において、判決文とほぼ同じ文章が書かれ、その中で「国家に固有の権能として国家存立の前提たる自国の安全を保持する権能」が言われている。法制局—検察—判決の流れの中で判決が個別的自衛権を問題にしていたことは明らかであろう[32]。

(2)　「自衛のための措置」

　そのうえで、その「措置」として具体的にはアメリカ側の軍事力を問題にし、日本側の軍事力は論じない態度が示されている。すなわち一方でアメリカ側について、「憲法九条は、わが国がその平和と安全を維持するために他国に安全保障を求めることを、何ら禁ずるものではない」と述べられている。米軍駐留のことである。他方で日本側について、9条「二項がいわゆる自衛のための戦力の保持をも禁じたものであるか否かは別として」と言われ、日本の軍事力の問題が議論の対象から外されている。その米軍駐留についても、駐留米軍が9条2項の「戦力」に当たるかどうかが論じられ、当たらないと結論づけられている。地裁判決では駐留を「要請」した「わが国政府の行為」が論じられたが、最高裁判決ではこのことにふれられていない。日本の行為を取り上げると、この問題にふれないわけにいかなくなる。

　すなわち最高裁判決では憲法9条解釈としてそもそも日本の行為を論じない態度が徹底しているのであり、日本の集団的自衛権行使が問題にされ

---

30)　大村清一防衛庁長官21回1954（昭和29）年12月22日衆・予算2号1頁。

31)　林修三『法制局長官生活の思い出』（財政経済弘報社、1966年）153頁。

32)　三者の関係について、本書42頁。

28　第1章　集団的自衛権論とその容認論の歴史

ていることはあり得ない。

3　旧安保条約の解釈

(1)　「集団的自衛権」への言及

　しかしそのうえで、判決の二番目の部分である統治行為論の一般論を読むと、統治行為論の展開のために旧安保条約が取り上げられ、その中に「集団的自衛権」という言葉が出てくる。すなわち、米軍駐留の根拠として旧安保条約と、その前文における国連憲章の援用が言及されている。

　旧「安全保障条約の目的とするところは、その前文によれば、……平和条約がわが国に主権国として集団的安全保障取極を締結する権利を有することを承認し、さらに、国際連合憲章がすべての国が個別的および集団的自衛の固有の権利を有することを承認しているのに基づき、……わが国はアメリカ合衆国がわが国内およびその附近にその軍隊を配備する権利を許容する等、わが国の安全と防衛を確保するに必要な事項を定めるにあることは明瞭である。」平和条約や旧安保条約が日本について集団的自衛権を確認していることはすでにふれたが、判決でもこのことが指摘されている。

(2)　「集団的自衛権」の内容

　この集団的自衛権に基づくとされる具体的な内容は、言われていない。論理的に考えると、旧安保条約で規定されていることであり、すなわち米軍駐留になる。この米軍駐留の問題は、アメリカについては「その軍隊を配備する」ことであり、日本についてはその「権利を許容」することである。ここでは日本側の問題が言葉として出てくるが、それ以上に論じられているわけではない。①の実力・武力論によれば、実力・武力でないとされる基地提供の問題である。それを超えて、アメリカのために実力・武力を行使する集団的自衛権は全く想定されていない。いま集団的自衛権容認論によって問題にされている集団的自衛権は、実力・武力によるものである。

　また、検察による上告趣意では、「二　合衆国軍隊の駐留と憲法の精神」の「㈡日米安全保障条約と国際連合憲章との関係」の中で、「集団的自衛権」が論じられている。しかし、これはアメリカの集団的自衛権であって、

日本の集団的自衛権は議論されていない。

さらに、公判調書[33]によれば、59 年 9 月 7 日の「上告趣意の陳述に際して（検察側）」、「弁論要旨（検察側）」、同 18 日の「最終弁論要旨（検事）吉河光貞」などの検察側資料でも、「答弁書　上告趣意書中の第二点に対する答弁（弁護人）林百郎」、「求釈明　被告人七名」、59 年 9 月 18 日の「最終弁論要旨（弁護人）海野晋吉他四五名」などの被告人側資料でも、「集団的自衛権」が論じられている。しかし、その内容はアメリカの集団的自衛権か条約の締結の問題であり、したがって後者は日本にとっては結局基地提供問題に帰着する。日本がアメリカのために武力行使する集団的自衛権の問題は、裁判過程でもやはり全く想定されていない。

4　田中耕太郎長官の補足意見

田中耕太郎長官の補足意見も注目されている。そこでは、「自衛はすなわち『他衛』、他衛はすなわち自衛」と言われている。集団的自衛権容認派から、これは個別的自衛権と集団的自衛権の理念を述べているものとされることがある。

しかし、そのことによって具体的に言おうとしたことは、次のように表現されている。「日米安全保障条約の締結の意図が、…日本の防衛の必要および、世界全体の平和と不可分である極東の平和と安全の維持の必要に出たものである以上、この条約の結果としてアメリカ合衆国が国内に駐留しても、同条（「憲法 9 条」—浦田）の規定に反するものとはいえない。」すなわち米軍の駐留である。

米軍の駐留は極東や世界の平和や安全のための「他衛」だと理念的に説明されている。もう少し具体的には一方でアメリカにとっては、日本の防衛の場合を含めて、基地の使用は集団的自衛権によって説明されることになるのであろう。すなわちアメリカの集団的自衛権のことを言っているのである。他方で日本については基地提供のことを言っていることになるのであろう。そうすると、結局判決と同じ文脈で議論されており、特別のことは言われていないことが分かる。アメリカと密接な連絡を取りつつ裁判

---

33)　公判調書は、伊達判決を活かす会『砂川事件刑事訴訟（公判）記録』（CD）（2011 年）によって読むことができる。

を進めた田中長官[34]でさえ、この補足意見程度の抽象論しか出さなかった。

結論として、集団的自衛権容認論によって問題にされているような日本の集団的自衛権による武力行使は、判決ではやはり全く想定されていない。砂川事件では米軍駐留と旧安保条約の憲法適合性が問題になっていたから、それは当然のことである。

5　その後の判例の援用

(1)　過去の援用

砂川判決が出された約1か月後の60年1月16日に、現行安保条約が調印された。判決は安保改定論議の最中に出されており、判決が集団的自衛権を認めているのであれば、安保改定論議の中で政府は集団的自衛権論を展開できたはずである。しかしすでに見たように、地理的に限定されていれば集団的自衛権は行使できると、政府は言いたくてうずうずしていたらしいのに、言えなかった。判決も安保改定論議も同じ背景に規定されていたのであろう。

その後、恵庭事件で自衛隊法が憲法9条に適合するかどうかが問題になったが、札幌地裁判決は法律解釈によって憲法判断を避けた[35]。この判決がきっかけになって、翌日30日に国会で自衛隊法の憲法適合性が議論された。その中で、砂川事件最高裁判決で「自衛のための措置」と「自衛権」が確認され、「アメリカの駐兵」が問題にされたが、「判決はそれ以上にわたって判断を下しておりません」とする答弁がなされた[36]。

前述の72年資料では、前文の平和的生存権と13条の幸福追求権を引きつつ、「自国の平和と安全を維持しその存立を全うするために必要な自衛のための措置」が正当化されている。この文章と前後の論理から、72年資料は砂川事件最高裁判決を念頭に置いたものと思われる[37]。前述のように最高裁判決では個別的自衛権が問題にされ、72年資料でも「自国の平和と安全を維持しその存立を全うするために必要な自衛の措置」というよ

---

34)　本書154-155、203-205頁。

35)　恵庭事件札幌地判1967（昭和42）年3月29日下刑集9巻3号359頁。

36)　高辻正巳内閣法制局長官55回1967（昭和42）年3月30日参・予算3号30頁。

37)　本書42頁。

うに個別的自衛権のニュアンスが出されていた[38]。

(2)集団的自衛権容認論における援用
1) 歴史的、具体的意味
　既に見てきたように、砂川事件最高裁判決は個別的自衛権を問題にしていたのであり、集団的自衛権として日本が武力行使するようなことは想定していなかったと考えられる。
　ところが安倍首相はそのことを認めたうえで、次のように述べている。砂川事件最高裁判決で「個別的自衛権については引かれて、言わば我が国の自衛権はあるということはこれは最高裁の判例としてあるわけでありますが、その中における集団的自衛権というものについて今世界情勢が変わってきている中において可能となるものがあるかどうかということについての議論がなされているということでございます。」[39]
　つまり判決当時の事実や歴史としての判決の意味の認識ではなく、その後の発展をふまえて現在の実践的な目的のために判例の意味を再解釈すると言っているのである。確かに判例の解釈においてそのようなことはときに行われる。しかし、実践的、発展的解釈において事実的、歴史的な認識は一定の重要性を持つ。事実的、歴史的な認識から離れる解釈は、それを正当化するだけの説得力のある妥当性を示さなければならない。
2) 論理的、抽象的意味
　実践的、発展的解釈のために援用される判決の部分は、すでにふれたと

---

38) ただし、砂川事件最高裁判決も72年資料も、そこに含まれる抽象的な文言と論理が集団的自衛権容認論によって再解釈して利用された。本書42-45頁。

39) 安倍186回2014（平成26）年3月4日参・予算6号32頁。藤田宙靖「覚え書き——集団的自衛権の行使容認を巡る違憲論議について」自治研92巻2号（2016年）18-19頁は、「最高裁の判決文なるものは、当該の具体的事案を離れて、学説のように一般的に妥当する理論ないし命題を定立すること自体を目的として述べられるものではない」ことに注意を喚起している。同『最高裁回想録』（有斐閣、2012年）145頁参照。この注意は、判決では限定なしに「自衛権」と言われているので、そこには集団的自衛権も入るというような、荒い議論には当てはまる。しかし、この判決には、その論理構造から、本文で指摘するような解釈が生まれる要素があるように思われる。さらに言えば、田中耕太郎長官によって書かれた砂川事件最高裁判決は、確かに具体的事案に即しつつ、しかし「一般的に妥当する理論ないし命題を定立すること」を強く意識している。

32 第1章 集団的自衛権論とその容認論の歴史

ころである。すなわち、「わが国が、自国の平和と安全を維持しその存立を全うするために必要な自衛のための措置をとりうることは、国家固有の権能として当然のことといわなければならない。」

　この文章自体は抽象的な自衛の理念を論じていると読むことは不可能ではない。また、具体的な自衛の手段を論ずる前提として、抽象的な自衛の理念を想定することも、論理的には不自然ではない。この抽象的な自衛の理念を実現する手段は政治に委ねられており、現在では集団的自衛権も考え得ると、集団的自衛権容認派は主張している。このことに関する判決の部分は、2点である。

　一つは統治行為論の一般論であり、司法審査の範囲外であれば、国会や内閣などの政治部門に判断が委ねられるということである。そのことは繰り返し答弁されている[40]。判決では具体的には、「内閣およびこれに対して承認権を有する国会の判断に従うべく、終局的には、主権を有する国民の政治的批判に委ねられる」という部分が想定されている[41]。しかしながら判決は、旧安保条約の内容が「違憲なりや否やの法的判断」が終局的には国民の「政治的批判」に委ねられるとしているのであり、単純に政治的判断に委ねているわけではない[42]。政治部門も、政治的に妥当かどうかの前に、合憲・合法かについて真剣に論議しなければならないことになる。

　もう一つは憲法9条解釈に関する部分の最後にあり、「わが国の平和と安全を維持するための安全保障であれば、その目的を達成するにふさわしい方式又は手段である限り、国際情勢に即応して適当と認められるものを選ぶことができる」。こちらは具体的には、地裁判決の集団安全保障論を批判するための文章であるが、論理的には手段の政治的選択論のために援用されうるように思われる。しかし、実際にはあまり援用されていない。

　抽象的な理念・目的からその実現手段の選択が政治に委ねられるとする論法は、立憲主義と緊張関係にある。とくに集団的自衛権による武力行使

---

40)　例えば同189回2015（平成27）年6月26日衆・平和安全特別14号37頁。

41)　寺田学議員・189回2015（平成27）年6月15日衆・平和安全特別10号10頁がその点を指摘し、問題点を出している。

42)　本書168-169頁。典型的な統治行為論を展開したとされる苫米地事件最判1960（昭和35）年6月8日民集14巻7号1206頁でも、この点は同様である。

のような、基本的で重大な権力行使の場合には、立憲主義に根本的に抵触する[43]。このような議論のしかたが許されれば、憲法にどのように規定されていても、政治的に必要だと判断されることが正当化されうる。そこには政治的思い込みも含まれうる。砂川事件最高裁判決に関わって、高村正彦自由民主党副総裁は次のように述べている。「憲法の番人である最高裁判所は、憲法九条にもかかわらず、必要な自衛の措置はとり得ると言っています。[44]」これは立憲主義否定の率直な発言である。

Ⅲ　集団的自衛権と生活

1　集団的自衛権の実際

(1)　集団的自衛権の実例

　集団的自衛権容認派から、自衛艦と並走する米艦に対する武力攻撃などの事例が出され、集団的自衛権の必要性が主張されてきた。しかしこれらは全て想定されたものである。それに対して、実際の事例を見ると、集団的自衛権の名のもとにベトナム戦争やアフガニスタン戦争（2001年-）が行われてきた。これらの戦争に同盟国はアメリカから参戦を求められ、ベトナム戦争では韓国、タイ、フィリピン、オーストラリア、ニュージーランドなど、アフガニスタン戦争ではイギリスやドイツなどとともに韓国、モンゴルも軍隊を送っている。

　これらの国民は深刻な被害と加害を経験してきた。集団的自衛権容認派はこのことに沈黙している。ベトナム戦争やアフガニスタン戦争は世界の平和を脅かしたものであり、これらの戦争に参戦することが世界の平和に役立つとは考えられない[45]。

　集団的自衛権容認派から、アメリカが武力攻撃を受ける例が想定され、助けなくてよいのかという問題が出されてきた。核兵器を持ち、世界の軍事予算の40-50パーセントを支出している突出した軍事大国アメリカが、

---

43)　本書68-71頁。

44)　高村正彦議員189回2015（平成27）年6月11日衆・憲法4号2頁。

45)　国会審議の中で、戦闘に参加することは憲法上できないとの答弁がなされた（本書119-120頁）が、今回の安保法制は参戦に至る一歩であり、参戦が最終的に目指されている。解釈変更後も改憲が主張されているのは、そのためである。

34　第1章　集団的自衛権論とその容認論の歴史

外国から武力攻撃を受けて、文字通り助けてほしいと言った実例は聞いた
ことがない。実際にある例は、アメリカが世界戦略に基づいて行う戦争に、
劣位にある国々に参戦を求めるものである。

(2)　説明の問題

　アメリカが世界戦略に基づいて行う戦争といっても、国際法の規律の下
にあるはずだと言われることがある。しかしアメリカは国連憲章の自衛権
と異なる慣習国際法上の自衛権があるという立場に立っている。その慣習
国際法の中で、国連憲章51条に言う「武力攻撃」がなくても、広い先制
的自衛権や予防的自衛権が認められると主張している。

　さらに、どのような自衛権論でも説明できない行動もしてきた。ベトナ
ム戦争における北爆のきっかけになったトンキン湾事件は、北ベトナ軍が
アメリカの艦船を攻撃したとされていた。しかし、アメリカ海軍による捏
造のあることが、後にアメリカ議会によって明らかにされた。集団安全保
障の関係でとらえられるイラク戦争（2003-2011年）は、イラクの大量破
壊兵器の存在が理由とされた。しかし、大量破壊兵器は見つかっておらず、
大量破壊兵器の存在という理由は偽造されたものであろう。

　法的、形式的には個別的自衛権が基本で、集団的自衛権はその発展とさ
れている。しかし、集団的自衛権体制や軍事同盟体制ができているところ
では、政治的、実質的には集団的自衛権と無関係に個別的自衛権が行使さ
れることは通常考えられない。むしろ個別的自衛権は集団的自衛権行使の
法的、形式的な論理的前提として想定されるものであり、実際の戦争の多
くは集団的自衛権に基づいて行われる。

2　集団的自衛権の否認と容認の意味

　日本は戦後70年戦争をしていない。基地提供、経済的援助、後方支援
などによって実質的に戦争に関わってきたことは大きな問題であるが、前
線の戦闘に参加することはなかった。その背景には政治的要因もあり得る
が、集団的自衛権が憲法解釈によって否認されてきたことは決定的なこと
である。逆に言えば、集団的自衛権を行使できることになれば、戦争が行
われるようになるということである。このように言うことを容認派は嫌が

っているが、それは否定しがたい真実だからであろう。

集団的自衛権否認を中心として、自衛力論に基づく従来の政府の平和主義解釈は、日本社会に対して多様な軍事的制約を課してきた[46]。集団的自衛権の容認が本格化すれば、大規模な国家・社会の軍事的再編成が伴うことになろう。

おわりに

集団的自衛権をめぐる多様な憲法問題のうち、本節では過去の集団的自衛権論を簡単に振り返ってみた。集団的自衛権否認は政府解釈の基本であるが、1972年より前は必ずしも安定していなかった。政府は60年の安保条約改定期には一方で実力・武力によらない集団的自衛権という定式の可能性は指摘しつつ、その採用は避けた。他方で実力・武力による集団的自衛権行使については地理的に限定されれば認められると言いたかったようであるが、言えなかった。砂川事件最高裁判決もこの論議の流れの中にある。

72年には政府は、集団的自衛権は実力・武力によるものに限定しつつ、実力・武力による集団的自衛権行使を地理的限定なしに全面的に否認する解釈を出すことに追い込まれた。

これらの動きの背景となる大きな要因として、安保改定反対運動やベトナム反戦運動という市民の運動の力や世論があった。過去において市民が抽象的な集団的自衛権の問題を具体的な問題と結びつけて議論してきたように、現在私たちはベトナム戦争やアフガニスタン戦争のような戦争への参戦として集団的自衛権の問題を考える必要がある。

46）　本書8-11頁。浦田・前掲注5）41-42頁。

36　第1章　集団的自衛権論とその容認論の歴史

第2節

集団的自衛権容認論の歴史
——「自衛」概念の二重性を中心に

はじめに

　2014年7月1日の閣議決定によって、政府の憲法解釈が集団的自衛権行使否認から容認に変えられた。このような解釈変更には一定の歴史的背景があると考えられるので[1]、本稿ではそれを簡単に見てみたい。閣議決定の憲法解釈の基礎に置かれたとされる「従来の政府見解の基本的な論理」は、1972年10月14日の政府資料にあるとされているので、そこを中心にして歴史的背景を整理することとする。

I　議論の整理

1　全面容認論と限定容認論

　前提問題として、その集団的自衛権行使容認について、全面容認論と限定容認論、後者に関する二つの限定容認論を整理しておきたい。行使容認が限定的なものになることは、統治の側では早くから想定されていた。たとえば2012年7月4日の自由民主党「国家安全保障基本法案」は明確に限定容認論を示していた。2013年8月には、9月からの「安全保障の法的基盤の再構築に関する懇談会」（安保法制懇）の活動開始に向けて、政府・安保法制懇関係者から次々と限定容認論が出された。文字通りの全面容認論は統治の側には存在しなかったように思われる。

　問題は、その限定が憲法解釈によるのか、憲法より下位の法律などの法令や政策によるのかである。安保法制懇の活動などを通して世論を探りつ

　1）　容認論に限らない政府の集団的自衛権論一般の展開について、本書14-35頁。

つ、政府・自由民主党はその仕分けを模索した。そして、2014年5月15日安保法制懇報告書は限定の性格を明示していないが、憲法解釈による全面容認、法律などの法令や政策による限定容認の立場を示したように思われる[2]。同日の政府の「基本的方向性」は憲法解釈による限定容認の方針を採り、限定について憲法解釈によるものと法律などの法令や政策によるものの仕分けを行うこととした。その結果として、7月1日の閣議決定によって、憲法解釈による限定容認の論理を明らかにした。以上のように、集団的自衛権行使容認が憲法解釈によるのか法律などの法令や政策によるのかの違いに注意を払い、その違いは論理的、実際的にどのようなものなのかを究明していく必要がある。

2 「自衛」概念の二重性

　一般的に有権解釈において「自衛」と言う場合、より抽象的な自衛とより具体的な個別的自衛権を意味する場合がある[3]。それは無数に見られる。抽象的自衛は、つきつめれば、国家の最高・独立性を意味する国家主権の軍事的実現に帰着するのであろう[4]。この「自衛」概念の二重性に注意を払っていきたい。

II　1972年資料の前

1　自衛隊発足時（1954年）

　個別的自衛権論が確立していない時期に、集団的自衛権が本格的に論じられることはなかった。1954年7月1日の自衛隊発足前に防衛二法の審議の中で、日本は集団的自衛権を国際法上保有しているが、憲法上行使できないとする政府答弁が出されていた[5]。そこで、集団的自衛権行使否認

---

2) 『防衛白書・平成26年版』（2014年）122頁は、報告書の概要として集団的自衛権に関して「憲法」と「立法政策など」を区別し、憲法解釈による限定があるとする理解を示している。しかしながら、その根拠や趣旨は明らかではない。

3) 「自衛」概念の二重性について、浦田一郎『自衛力論の論理と歴史』（日本評論社、2012年）68-70頁。ただし、砂川事件最高裁判決についてもその事実的、歴史的な認識と実践的、発展的解釈の関係を検討する必要がある（本書26-33頁）。

4) そこに含まれる立憲主義上の問題については、本書68-71頁。

5) 下田武三外務省条約局長19回1954（昭和29）年6月3日衆・外務57号4-5頁など。

38　第1章　集団的自衛権論とその容認論の歴史

の憲法解釈の原型が示されている。

　平和主義に関する現在の政府解釈の基礎は自衛力論にあり、「自衛のための必要最小限度の実力」の保持、行使は憲法に抵触しないとされてきた[6]。その自衛力論の原型が自衛隊発足後政府統一見解として示された[7]。そこでは一方で「自衛権」を承認する。「自衛権は国が独立国である以上、その国が当然に保有する権利である。」他方で憲法による戦争放棄を指摘する。「憲法は戦争を放棄したが、自衛のための抗争は放棄していない。」そこで限定された武力を認める。「従つて自国に対して武力攻撃が加えられた場合に、国土を防衛する手段として武力を行使することは、憲法に違反しない。」そのための「実力部隊」として自衛隊を合憲化する。この見解における「自衛権」は、「自国に対して武力攻撃が加えられた場合」と言うように、歴史的、具体的には個別的自衛権が想定されていたことは明らかである[8]。

2　安保改定時（1959-60年）

　砂川事件最高裁判決[9]は、一方で憲法は「いわゆる戦争を放棄し、いわゆる戦力の保持を禁止している」とする。他方で「主権国として持つ固有の自衛権」と「平和のうちに生存する権利」を確認する。その結果、「自国の平和と安全を維持しその存立を全うするために必要な自衛のための措置をとりうる」と結論づける。この論理は論理構成と文言から前述の54年政府統一見解に沿ったものと見てよいであろう[10]。それに平和的生存権論を付加している。判決における「自衛のための措置」は、論理構造、「自国の平和と安全」の文言、54年見解との関係などから、個別的自衛権

---

6)　『防衛白書・平成25年版』（2013年）101頁。この自衛力論の定式自体は、集団的自衛権容認の閣議決定後の最新の防衛白書である『防衛白書・平成27年版』（2015年）136頁でも一字一句変わっていない。

7)　大村清一防衛庁長官21回1954（昭和29）年12月22日衆・予算2号1頁。

8)　54年見解の「自衛権」論は立憲主義上多様な難点を含んでいる。浦田一郎『現代の平和主義と立憲主義』（日本評論社、1995年）139-144頁。また、論理的、抽象的に抽象的自衛が解釈される可能性は否定しきれないように思われる。本書76-78頁。

9)　砂川事件最大判1959（昭和34）年12月16日刑集13巻13号3225頁。

10)　本書26-28頁。

第2節 集団的自衛権容認論の歴史 *39*

を問題にしていると考えられる。

　ただし、判決は次のように述べている。「わが国が、自国の平和と安全を維持しその存立を全うするために必要な自衛のための措置をとりうることは、国家固有の権能として当然のことといわなければならない。」これは、文言や論理の抽象性から、抽象的自衛の理念を述べていると読まれる論理的可能性はある。その実践的、発展的解釈が集団的自衛権容認論に使われたが、そこには問題が含まれている[11]。

　国会審議の中で、集団的自衛権行使否認に地理的限定を付ける試みがなされた。「特別に密接な関係にある国が武力攻撃をされた場合に、その国まで出かけて行ってその国を防衛するという意味における私は集団的自衛権は、日本の憲法上は、日本は持っていない」[12]。しかし、認められうる集団的自衛権行使として言われていることは、実力によらない「施設区域」の提供や「経済的援助」である。実力によらないものについて集団的自衛権と言うかどうかは、集団的自衛権の言葉の使いかたによるとする[13]。地理的に限定されれば集団的自衛権は行使できると述べた積極的な答弁は、基本的に見られない。政府はそう言いたかったようであるが、言わなかったあるいは言えなかった[14]。

　「その国まで出かけて行ってその国を防衛する」のでない集団的自衛権は、個別的自衛権に近い集団的自衛権と観念しうる。「その国まで出かけて行って」でないのは、海外派兵禁止の問題である[15]。「その国を防衛する」のでない集団的自衛権は、2014年閣議決定に言う「我が国を防衛するためのやむを得ない自衛の措置」に入るのであろう。裏返して、「他国の防衛それ自体を目的とする集団的自衛権の行使を認めるものではない」と言われる[16]。すなわち、政府が60年の安保改定国会で言おうとして言

11）　同 31-33 頁。

12）　岸信介内閣総理大臣 34 回 1960（昭和 35）年 3 月 31 日参・予算 23 号 24 頁など。

13）　林修三法制局長官・同頁など。

14）　本書 17-23 頁。

15）　海外派兵の禁止は集団的自衛権容認の 2014 年閣議決定後も維持されるとされている。例えば、安倍晋三内閣総理大臣 186 回（閉）2014（平成 26）年 7 月 15 日参・予算 1 号 33-34 頁。海外派兵の禁止について、本書 118-120 頁。

16）　安倍 186 回 2014（平成 26）年 7 月 15 日参・予算（閉）1 号 13 頁。

えなかったことを背景にしながら、今回の閣議決定が行われたのであろう。

III 1972年資料

1 1972年資料の内容

　集団的自衛権行使否認解釈の変更を60年安保改定時に政府は試みたが、成功しなかった。そして、1972年10月14日に政府が参議院決算委員会に提出した資料[17]において、集団的自衛権を実力によるものに限定しつつ、そのような集団的自衛権の行使否認解釈が確定した。この資料は分析の前提になるので、やや長いが全文引用しておく。集団的自衛権容認論によるこの資料の読み方を念頭に置いて、便宜のために内容を区分けする[18]。この資料は、このように区分けされる構造になっていると考えられる。その区分けの中の「基本的な論理」は2014年閣議決定における言葉であり、高村正彦自民党副総裁が「法理」と言っているものと同じである。「当てはめ」は閣議決定では言われていないが、政府・与党関係者によって一般的に言われ、高村や安倍首相も使っている[19]。

「集団的自衛権と憲法との関係

　（定義と国際法—浦田）国際法上、国家は、いわゆる集団的自衛権、すなわち、自国と密接な関係にある外国に対する武力攻撃を、自国が直接攻撃されていないにもかかわらず、実力をもって阻止することが正当化されるという地位を有しているものとされており、国際連合憲章第51条、日本国との平和条約第5条(c)、日本国とアメリカ合衆国との間の相互協力及び安全保障条約前文並びに日本国とソヴィエト社会主義共和国連邦との共同宣言3第2段の規定は、この国際法の原則を宣明したものと思われる。そして、わが国が国際法上右の集団的自衛権を有していることは、主権国家である以上、当然といわなければならない。

---

17) 浦田一郎『政府の憲法9条解釈——内閣法制局資料と解説』（信山社、2013年）168頁、『防衛ハンドブック・平成27年版』（朝雲新聞社、2015年）591-592頁など。

18) この区分は多くの答弁の中で示されているが、例えば小西洋之議員提出限定的な集団的自衛権を法理として含む基本的な論理が示されているとする昭和47年9月14日の参議院決算委員会における吉國内閣法制局長官答弁の箇所等に関する質問に対する答弁書（189回2015〔平成27〕年10月6日参議院提出）。

19) 例えば、安倍186回2014（平成26）年7月15日参・予算（閉）1号20頁。

（結論―浦田）ところで、政府は、従来から一貫して、わが国は国際法上いわゆる集団的自衛権を有しているとしても、国権の発動としてこれを行使することは、憲法の容認する自衛の措置の限界をこえるものであって許されないとの立場にたっているが、これは次のような考え方に基づくものである。

（「基本的な論理」の前半―浦田）憲法は、第9条において、同条にいわゆる戦争を放棄し、いわゆる戦力の保持を禁止しているが、前文において『全世界の国民が……平和のうちに生存する権利を有する』ことを確認し、また、第13条において『生命、自由及び幸福追求に対する国民の権利については、…国政の上で、最大の尊重を必要とする』旨を定めていることからも、わが国が自らの存立を全うし国民が平和のうちに生存することまでも放棄していないことは明らかであって、自国の平和と安全を維持しその存立を全うするために必要な自衛の措置をとることを禁じているとはとうてい解されない。（「基本的な論理」の後半―浦田）しかしながら、だからといって、平和主義をその基本原則とする憲法が、右にいう自衛のための措置を無制限に認めているとは解されないのであって、それは、あくまで外国の武力攻撃によって国民の生命、自由及び幸福追求の権利が根底からくつがえされるという急迫、不正の事態に対処し、国民のこれらの権利を守るための止むを得ない措置としてはじめて容認されるものであるから、その措置は、右の事態を排除するためとられるべき必要最小限度の範囲にとどまるべきものである。（「当てはめ」―浦田）そうだとすれば、わが憲法の下で武力行使を行うことが許されるのは、わが国に対する急迫、不正の侵害に対処する場合に限られるのであって、したがって、他国に加えられた武力攻撃を阻止することをその内容とするいわゆる集団的自衛権の行使は、憲法上許されないといわざるを得ない。」

2 1972年資料の構造

一般的に、自衛力論は「基本的な論理」の前半と後半のように前後に分けられる構造を持っている。すなわち、前半で一定の武力行使を正当化し、後半でその武力行使の範囲を規定している[20]。

42 第1章 集団的自衛権論とその容認論の歴史

(1) 「基本的な論理」の前半

　自衛力論の前半では、武力行使を正当化するために、一般的に憲法9条と他の理念を対置する。この1972年資料では一方で9条の戦争放棄・戦力不保持を援用し、他方で前文の平和的生存権と幸福追求権を指摘する。そこから、「必要な自衛の措置」を正当化する。この論理は54年の政府見解と59年の砂川事件最高裁判決の流れの中にある。直接には最高裁判決を基礎に置いたものと見られ、判決に特徴的な「いわゆる」の連発までそのまま引き継いでいる[21]。

　54年の政府見解と砂川事件最高裁判決の流れからも、1972年資料の文言や背景[22]からも、具体的に想定されていたのは個別的自衛権と考えられる。しかしながら、砂川事件最高裁判決でも本資料でも抽象的な論理が使われ、本資料では「自国の平和と安全を維持しその存立を全うするために必要な自衛の措置をとる」と言われている。抽象的な論理としては、国家主権の軍事的実現としての抽象的自衛を意味しうる[23]。

(2) 「基本的な論理」の後半

1)　構造の紹介

　抽象的自衛論を前提にした「基本的な論理」の後半において、「右にいう自衛のための措置」としての武力行使の範囲は、次の3要件によって規定されている。①「あくまで外国の武力攻撃によって国民の生命、自由及び幸福追求の権利が根底からくつがえされるという急迫、不正の事態に対処し」、②「国民のこれらの権利を守るための止むを得ない措置としてはじめて容認されるものであるから」、③「その措置は、右の事態を排除するためとられるべき必要最小限度の範囲にとどまるべきものである。」自衛力論において「必要最小限度」は多様な次元で使われており、この部分

---

20)　本書53頁。

21)　本書166頁。なお、54年見解と59年判決に見られた固有の自衛権論が、72年資料では欠落している。

22)　本書23-25頁。

23)　本節の元になった論文では、「基本的論理」の前半について具体的想定に特化して理解したが、現在は本文のように理解している。

についても 3 要件全体について言われることもあるが、細かく見れば第 3
要件の中で使われている。

　これは従来の「自衛権発動の三要件」を利用したと考えられる。それは
以下のようになっている。「憲法第 9 条の下において認められる自衛権の
発動としての武力の行使については、政府は、従来から、①我が国に対す
る急迫不正の侵害があること②これを排除するために他の適当な手段がな
いこと③必要最小限度の実力行使にとどまるべきことという 3 要件に該当
する場合に限られると解して」いる[24]。

2)　構造の分析

a　抽象的自衛論の論理

　72 年資料の作成者は具体的には個別的自衛権を想定していたと思われ
るが、論理的には「自衛のための措置」自体は個別的自衛権ではなく抽象
的自衛と考えられる。それは、基本的には「基本的な論理」の前半と後半
の論理的関係から来る。すなわち、前半で一定の武力行使を正当化し、後
半でその武力行使の範囲を規定しているからである。範囲を規定する前の
武力行使は、論理的にはより抽象的なものであるはずである。個別的自衛
権に限定されるかどうかの検討は、より抽象的なレベルでしかなされ得な
い。より抽象的なレベルの原理に照らして、より具体的に何が認められる
かの検討がなされるはずだからである。「自衛のための措置」が始めから
個別的自衛権を意味しているとすれば、個別的自衛権しか認められないの
で個別的自衛権しか認められないという循環論法になってしまう。

　72 年資料において武力行使の範囲を規定する 3 要件のうち、第 2、第 3
要件は「自衛権発動の三要件」と基本的に同じである。第 1 要件のみ異な
り、抽象化されている。自衛権発動の第 1 要件は「我が国に対する急迫不
正の侵害があること」であるから、個別的自衛権であることが明らかであ
る。それに対して、72 年資料において武力行使の範囲を規定する第 1 要
件には、「我が国に対する」が存在しない。集団的自衛権容認論において
そのことを指摘して、ここに集団的自衛権を含める解釈に対して、多くの
批判が寄せられてきた。ここに集団的自衛権を含めることを文書作成者が

---

24)　森清議員提出憲法第九条の解釈に関する質問に対する答弁書（102 回 1985〔昭和 60〕年
　9 月 27 日衆議院提出）。

具体的に意図していたとは、確かに考えにくい[25]。しかしながら、論理構造としては、第1要件が抽象化していなければ、すでに指摘したような循環論法になってしまう。「結論のところに至るまでの基本論理としては、そこのところで既にその我が国に対する武力攻撃に限るという前提に立っているならば、これはもう先に結論を述べてしまっている」[26]。

b　抽象的自衛論の文言

　また、72年資料の中で「わが国に対する」という文言がこの第1要件になく、個別的自衛権を導き出した「当てはめ」部分にある。そこから高村は第1要件に集団的自衛権を含める解釈を出していると報道されている[27]。

　さらに、「自衛権発動の三要件」における第1要件では「急迫不正の侵害」とされているのに対して、72年資料における第1要件では「急迫、不正の事態」とされている。また同様に72年資料の中でも、「当てはめ」部分では「急迫、不正の侵害」と言われている。ここでは、「侵害」と「事態」の言葉の使い分けがなされている可能性がある。「急迫、不正の侵害」は狭く個別的自衛権を意味するが、「急迫、不正の事態」は広く個別的自衛権以外のものを論理的には含みうる[28]。

---

25)　72年資料の前提になった同年9月14日おける吉國一郎内閣法制局長官の答弁において、例えば「この国土が他国に侵略をせられまして」(69回1972〔昭和47〕年9月14日参・決算（閉）5号11頁）と述べるなど、答弁は個別的自衛権を前提にしている。そこでは抽象的自衛論は見られないことを政府も認め、「(1) 及び (2) の基本的な論理と (3) の結論とを区別することなく一体として述べている」(注18) と説明している。小西洋之『私たちの平和憲法と解釈改憲のからくり』（八月書館、2015年）16-65頁は、1972年資料について当時の関係者が歴史的、具体的に個別的自衛権を想定していたことを詳細に論じている。歴史的、具体的事情は重要であるが、そのことによって解釈が自動的に決まるわけではない。1972年資料の結論、即ち個別的自衛権は憲法上認められ得るが集団的自衛権は認められないという解釈が、1946年の憲法制定者たちによって歴史的、具体的に想定されていたかどうかも同様に問題になる。

26)　横畠裕介内閣法制局長官189回2015（平成27）年6月11日参・外交防衛21号5頁。同様の問題点の指摘が、解釈変更の前に議員から出されていた。「個別的自衛権に当てはまらないから集団的自衛権は認められないと言っているようにも聞こえる」。「個別的自衛権の三要件を持ち出して集団的自衛権は行使できないと言うことは余り論理的ではないのではないか。」(松本剛明議員186回2014（平成26）年4月11日衆・外務116頁)

27)　しんぶん赤旗2014年6月22日。

「わが国に対する」の有無や「侵害」と「事態」の区別は事後の解釈論的構成の要素があるが、法的論理として 72 年資料の「自衛のための措置」の「自衛」の抽象性の表れと考えられる。

最後に、「当てはめ」として、憲法の下で個別的自衛権が許され、集団的自衛権は許されないと結論づけられている。

Ⅳ　1972 年資料の後

1　集団的自衛権否認の定式化

72 年資料を前提にして、集団的自衛権否認の定式が 1981 年の答弁書[29]で提示され、それが基本的に 2014 年閣議決定の前まで引き継がれてきた。そこでは、集団的自衛権は 1972 年資料と同様に「実力」によるものとされたうえで、国際法上保持、憲法上不行使の定式が簡潔にまとめられた。憲法上「自衛権の行使は、我が国を防衛するため必要最小限度の範囲にとどまるべきものと解しており、集団的自衛権を行使することは、その範囲を超える」とされた。「我が国を防衛するため必要最小限度の範囲」の「実力」は自衛力のことであり、集団的自衛権行使は自衛力を超えるというのである。

2　集団的自衛権容認の試み

集団的自衛権容認の解釈論的試みには、①「実力」概念論、②保持と行使の関係論、③「必要最小限度」論が存在すると整理したことがある[30]。集団的自衛権否認の定式化の後③による集団的自衛権容認の試みが最も多く繰り返され、2014 年閣議決定によって使われたのも③である。

---

28)　小西・前掲 25) 207 頁は、この「事態」と「侵害」の違いはそれぞれ「自衛の措置」と「武力行使」に応じたものと推量している。その基礎には、本文のような論理的可能性があるのではないか。

　朝日新聞 2014 年 6 月 28 日が報道した「集団的自衛権などに関する想定問答」によれば、その問 6 において 72 年見解における「急迫、不正の事態」に「他国に対する武力攻撃」が該当し得るとされている。なお、この想定問答は国家安保保障局がまとめたとされている。

29)　稲葉誠一議員提出「憲法、国際法と集団的自衛権」に関する質問に対する答弁書（94 回 1981〔昭和 56〕年 5 月 29 日衆議院提出）。

30)　浦田・前掲注 3) 61-62 頁。

46 第1章 集団的自衛権論とその容認論の歴史

(1) 自衛力論の理解

既に見てきたように、有権解釈における「自衛」は、抽象的自衛と個別的自衛権を意味する場合がある。自衛力論における「自衛のため」は個別的自衛権を意味すると、私は理解、整理してきた[31]。ところが、「自衛のため」を抽象的自衛と理解し、そこから個別的自衛権と集団的自衛権が論理的に想定され、自衛力論における「必要最小限度」規定によって集団的自衛権が否認されたと見る立場が存在してきた。すなわち自衛力論による集団的自衛権の否認について、私は「自衛のため」でないからと整理してきたが、「必要最小限度」を超えるからと理解するものもある。なお、これらの論議における「必要最小限度」がどのレベルのものか明らかでない。また政府も、「自衛のため」と「必要最小限度」のどちらかについて、明言していなかったように思われる。

(2) 「必要最小限度」の集団的自衛権論

そこで「必要最小限度」論を前提にして、集団的自衛権が全て「必要最小限度」を超えるわけではなく、「必要最小限度」の集団的自衛権は認められ得るのではないかという問題が出されてきた[32]。そこには「必要最小限度」の集団的自衛権として60年の安保改定国会における地理的に限定された集団的自衛権の発想が見られ、実際上しばしば周辺事態における集団的自衛権行使が模索されてきた[33]。

90年代末以降集団的自衛権容認論が本格化する中で[34]、2004年安倍晋三議員は①②③の解釈論を全て使い、③の「必要最小限度」論については「数量的な概念」として解釈変更を迫った。それに対して秋山収内閣法制局長官は、「9条の文理に照らしますと、我が国による武力の行使は一切できないようにも読める憲法9条のもとでもなお」、個別的自衛権は禁止されないが、集団的自衛権は認められないと答弁した[35]。秋山答弁におけ

---

31) 同38-40、70-71頁。

32) 例えば、二見伸明議員104回1986（昭和61）年3月5日衆・予算19号25-26頁など。

33) 浦田・前掲注3) 71-73頁。

34) 渡辺治「安倍政権の改憲・軍事大国化構想の中の集団的自衛権」同ほか『集団的自衛権容認を批判する』（日本評論社、2014年）14-15頁。

る引用部分の内容は非軍事平和主義であり、それを基礎に置いたこの答弁は集団的自衛権否認解釈の再構成を行った重要なものである。この引用部分の論旨は集団的自衛権を容認した 2014 年閣議決定でも、採用されている。

V　1972 年資料と 2014 年閣議決定

1　「基本的な論理」・「当てはめ」論の内容

(1)　「基本的な論理」

　以上のような歴史を背景にして、2014 年 7 月 1 日集団的自衛権容認の閣議決定が出された。集団的自衛権行使批判派を崩すために砂川事件最高裁判決が使われたが、政府解釈の変更のために 1972 年資料の政府解釈が選択された[36]。この 72 年資料の「基本的な論理」を維持したうえで、「安全保障環境の変化」などを理由に「当てはめ」部分を変え、限定された集団的自衛権を認めようとする。

　2014 年閣議決定は 72 年資料の文言を引用、要約している。その中で1972 年資料では、「その措置は、右の事態を排除するためとられるべき必要最小限度の範囲にとどまるべきものである」と、消極的に述べられていた。それに対して 2014 年閣議決定では、「必要最小限度の『武力の行使』は許容される」という積極的な表現に変えられている。以上が「基本的な論理」であると結論づけられている。「必要最小限度の『武力の行使』は許容される」という積極的で抽象的な表現によって、個別的自衛権や集団的自衛権だけではなく、72 年資料では直接に論じられていなかった集団安全保障のための「武力の行使」の可能性も引き出されている。

(2)　「当てはめ」

　その上で、従来「自衛権発動の三要件」とされていたものが、「武力の行使」の 3 要件に置き換えられている。その第 1 要件は、「我が国に対す

---

35)　安倍晋三議員・秋山收内閣法制局長官 159 回 2004（平成 16）年 1 月 26 日衆・予算 2 号 4-6 頁。なお、その中で安倍は 1960 年の安保改定国会における岸答弁（前掲注 12)）を援用している（5 頁）。

36)　両者の関係について、本書 124-131 頁。

る武力攻撃が発生した場合のみならず、我が国と密接な関係にある他国に対する武力攻撃が発生し、これにより我が国の存立が脅かされ、国民の生命、自由及び幸福追求の権利が根底から覆される明白な危険がある場合」とされている。その「我が国の存立が脅かされ」は、72年資料における「わが国がみずからの存立を全うし」を裏返したものであろう。「国民の生命、自由及び幸福追求の権利が根底から覆される」は、72年資料から来ている。これらの要件は72年資料では個別的自衛権に絞り込むためのものであったが、14年閣議決定では「他国に対する武力攻撃」につなげられた。その媒介項として、「明白な危険」が置かれた。

2 「基本的な論理」・「当てはめ」論の問題

72年資料は与党協議も閣議決定も経ていないとされており[37]、また参議院決算委員会に提出されたとされているが議事録では確認できない。「基本的な論理」・「当てはめ」論の基礎に置くものとして、判例と異なり、相当に問題がある。

72年資料の基礎にある自衛力論に立憲主義上の難点があり、平和的生存権や幸福追求権によって集団的自衛権行使を正当化しようとする論理はその難点をさらに拡大している。この「基本的な論理」と「当てはめ」の仕分けは「自衛」概念の二重性と抽象性への統一を基礎にしているが、既に見たように問題を含む。さらにここには、「当てはめ」の変更の基礎にある立法事実、権力拡大への変更論、集団的自衛権容認の重大性、限定された集団的自衛権論の不安定性、限定の射程範囲の不明確性、個別的自衛権に近い集団的自衛権論のイデオロギー性などの点で問題が存在する[38]。

おわりに

自衛力論の原型を示した1954年政府統一見解は個別的自衛権論を展開したものであるが、立憲主義上の難点を含む。1959年の砂川事件最高裁判決は1954年見解を引き継ぎ、個別的自衛権を問題にしている。1960年

---

37) 安倍・前掲注15) 18頁。
38) 自衛力論の立憲主義上の難点について注8)、本書68-71頁。集団的自衛権限定容認の各種の問題について本書113-121頁。

第 2 節　集団的自衛権容認論の歴史　**49**

の安保改定国会の審議の中で政府から個別的自衛権に近い集団的自衛権論が示唆されたが、展開されずに終わった。それが 2014 年の集団的自衛権容認の閣議決定につながっている。集団的自衛権否認解釈を確定した 1972 年資料では、当時具体的には個別的自衛権しか想定されていなかったと思われるが、論理的には国家主権の軍事的実現としての抽象的自衛論が読まれ得る。「自衛」概念の二重性は 72 年資料に限らず、有権解釈に広く漠然と見られる。集団的自衛権否認解釈の確定後、「必要最小限度」の集団的自衛権容認の試みがなされてきた。集団的自衛権容認の 2014 年閣議決定は「自衛」概念の二重性を意図的に活用し、「自衛」概念を抽象的自衛に統一解釈したように思われる。そこで 1972 年資料の「基本的な論理」を引き継ぎ「当てはめ」を変えたとしているが、問題が多い。

　集団的自衛権行使容認論の中で個別的自衛権に近い集団的自衛権が正当化され、日本のために活動している米軍が武力攻撃を受けたときに、日本が助けなくてよいのかという問題が出されている。しかし、アメリカが外国から武力攻撃を受け他国に支援を求めた実例は、探すのが難しい[39]。集団的自衛権が援用された普通の実例は、アメリカではなくアメリカの同盟国が武力攻撃を受けたという形式が採られる場合である。それは、アメリカがその世界戦略に沿って集団的自衛権として行う武力行使に、アメリカの他の同盟国を動員するベトナム戦争のような戦争である。このような集団的自衛権行使に、個別的自衛権に近い集団的自衛権論はどこまで対応し対応していないかを分析する必要がある。そのことを含めて、集団的自衛権容認の 2014 年閣議決定の内容について検討する必要がある[40]。

---

39)　安倍首相は、米艦護衛は「何十年に一回かもしれない」と述べている（186 回 2014〔平成 26〕年 7 月 14 日衆・予算 18 号（閉）10 頁）。

40)　本書 50-72、102-123 頁。

第2章　集団的自衛権限定容認論の原理

本章は集団的自衛権限定容認論の原理的な問題を扱い、本章の中で第1節は容認の論理構造を問題にし、第2節は容認の理念を分析する。

第1節

「基本的な論理」・「当てはめ」論と抽象的自衛論

はじめに

1　「基本的な論理」と「当てはめ」

政府の憲法解釈が集団的自衛権違憲論から合憲論に変更されたことに対して、立憲主義に反するとの批判がなされてきた。限定されているとしても、集団的自衛権違憲論から合憲論への変更は非常に重大であり、また権力を拡大している。これらの点から憲法による権力の拘束を核とする立憲主義上問題があり、このような変更は原則として許されないと考えられる。それに対して政府・与党から、従来の政府解釈の「基本的な論理」を維持したうえで、「当てはめ」を変えただけなので、立憲主義に反しないとの反論が出されてきた。したがって、この「基本的な論理」・「当てはめ」論を分析する必要がある。

「基本的な論理」は2014年7月1日の閣議決定において使われている言葉であり、「基本的な論理は、憲法第9条の下では今後とも維持されなければならない」と言われている。高村正彦自由民主党副総裁が「法理」と言うのは、この「基本的な論理」と同じことであろう。法的世界では「法理」のほうが一般的によく使われている。

「当てはめ」という言葉は閣議決定には出てこないが、政府・与党関係

者によって一般的に言われ、高村や安倍晋三首相もよく使っている。例え
ば、安倍は次のように言っている。武力行使の「3要件」は、「憲法第9
条の解釈の基本的な論理を何ら変更することなく、国民の命と平和な暮ら
しを守り抜くために合理的な当てはめの結果として導き出されたものであ
ります[1]。」閣議決定によれば「根本的に変容」した「安全保障環境」に、
「基本的な論理」を「当てはめ」た結果、政府解釈を変更したとされる。

2　論理的整合性と法的安定性

　閣議決定では「基本的な論理」について次のように言われている。「政
府の憲法解釈には論理的整合性と法的安定性が求められる。したがって、
従来の政府見解[2]における憲法第9条の解釈の基本的な論理の枠内で、国
民の命と平和な暮らしを守り抜くための論理的な帰結を導く必要がある。」
この議論は「従来の政府見解」が合憲なものであることを前提にして、そ
の「基本的な論理の枠内」における解釈変更なら、それも合憲だと考えら
れている。しかし、「従来の政府見解」に憲法上の問題が含まれていれば、
変更後の解釈に憲法との「論理的整合性」や憲法に基づく「法的安定性」
が得られるとは限らない。そこで、従来の政府見解から検討する必要があ
る。

　分析と批判を分け、前者を「基本的な論理」と「当てはめ」を分けて順
に見ていくこととする。「基本的な論理」は、後述するような理由から、
前半と後半に分けて検討したい。

I　「基本的な論理」の前半

1　抽象的原理の必然性

(1)　国家主権論

　個別的自衛権や集団的自衛権による武力行使の正当化は、個別的自衛権

---

1)　安倍晋三内閣総理大臣186回2014（平成26）年7月14日衆・予算18号（閉）3頁。

2)　「従来の政府見解」に関する資料として、浦田一郎編『政府の憲法9条解釈——内閣法制
　　局資料と解説』（信山社、2013年）。その特徴的な内容について、本書175-192頁。政府見
　　解の基本的な枠組みは、「自衛力」＝「自衛のための必要最小限度の実力」合憲論である。
　　その解釈変更前のものについて、同『自衛力論の論理と歴史』（日本評論社、2012年）。

や集団的自衛権より上位の抽象的な論理を前提にしている。そのような論理に照らして、個別的自衛権や集団的自衛権は認められ、あるいは認められないということになる。もしそのような論理の前提がなければ、個別的自衛権や集団的自衛権は認められるから認められる、あるいは認められないから認められないという循環論法になる。実際にはそのような循環論法に近い議論が行われているが、あるべき規範論理としては循環論法であってはならないはずである。

　そのような前提となる論理は、通常国家主権である。この国家主権は国家の最高・独立性という意味である。一般的に憲法は国家主権を前提にしていると言ってよく、日本国憲法の場合には前文3項によく表れている。「われらは、いづれの国家も、自国のことのみに専念して他国を無視してはならないのであつて、政治道徳の法則は、普遍的なものであり、この法則に従ふことは、自国の主権を維持し、他国と対等関係に立とうとする各国の責務であると信じる。」

(2) 実現方法

　日本国憲法はこの国家主権を実現するために、その手段として9条の戦争放棄を規定した。憲法制定議会において吉田茂首相は9条について非軍事平和主義の解釈を行い、自衛権否認的答弁を行った。「直接ニハ自衛権ヲ否定ハシテ居リマセヌガ、第九条第二項ニ於テ一切ノ軍備ト國ノ交戦権ヲ認メナイ結果、自衛権ノ發動トシテノ戦争モ、又交戦権モ抛棄シタ」[3]。この答弁から政府の憲法9条解釈が始まり、実質的な再軍備の過程においても警察予備隊（1950-52年）や陸上保安隊・海上警備隊（1952-54）年は武力ではない建前が採られていた[4]。その建前は警察予備隊は警察力として、陸上保安隊・海上警備隊は近代戦争遂行能力を有していないとして説明された。政府が国家主権を実現する手段として武力を正式に認めるようになったのは、1954年7月の自衛隊の発足後のことである。

　国家主権の実現方法に関する政府見解を簡単に図表化すれば、次のよう

3）　吉田茂内閣総理大臣・帝國90回1946（昭和21）年6月26日衆・本6号81頁。

4）　ただし、対外的実力を事実上認める答弁は、1953年7月頃から登場していた（浦田・前掲注2）『自衛力論の論理と歴史』274-277頁）。

になる。

	国家主権の実現方法
1946-54 年	非軍事平和主義
1950-52 年	（警察力論）
1952-54 年	（近代戦争遂行能力論）
1954 年-	武力行使

2 武力行使正当化の構造

(1) 正当化の論理

a 論理構造

　従来の憲法解釈でも 2014 年閣議決定による変更後の憲法解釈でも、武力行使を正当化する政府や裁判所による有権解釈では、その正当化は前半と後半に一般的に分けられる。前半で武力行使の根拠、後半で武力行使の範囲が示される。きれいに前半と後半に分けられるとは限らないが、基本的にこの二つの要素から成り立っている。そこで、その「基本的な論理」も前半と後半に分けて検討したい。「基本的な論理」・「当てはめ」論とされる場合には、「当てはめ」として武力行使の要件が示される。

　有権解釈におけるこのような武力行使論を図式化すると、次のようになる。

武力行使論	
「基本的な論理」	武力行使の正当化
前半	武力行使の根拠
後半	武力行使の範囲
「当てはめ」	武力行使の要件

　検討の基礎となる基本的な対象は、自衛隊合憲に関する 1954 年の政府統一見解[5]、1959 年砂川事件における 59 年の最高裁判決[6]、「集団的自衛権と憲法との関係」に関する 72 年の政府提出資料[7]、2014 年の閣議決定

---

　5) 大村清一防衛庁長官 21 回 1954（昭和 29）年 12 月 22 日衆・予算 2 号 1 頁。

　6) 最大判 1959（昭和 34）年 12 月 16 日刑集 13 巻 13 号 3225 頁。

54　第2章　集団的自衛権限定容認論の原理

である。前の3者の間には一定の流れがある[8]。2014年閣議決定において、「基本的な論理」は72年の政府提出資料に明確に示されていると述べられている。すなわちこの4者は一つの流れに属し、その流れの中で代表的で重要なものである。

b　9条と他の理念の対置

　武力行使の根拠論は同じ形になっている。すなわち一方に9条、他方に他の理念が対置される。

　1954年見解では、「憲法は自衛権を否定していない。自衛権は国が独立国である以上、その国が当然に保有する権利である」と言われている。「憲法」と言っても9条のことであり、それと自衛権が対置されている。

　1959年砂川判決では次のように言われている。「同条（憲法9条—浦田）は、同条にいわゆる戦争を放棄し、いわゆる戦力の保持を禁止しているのであるが、しかしもちろんこれによりわが国が主権国として持つ固有の自衛権は何ら否定されたものではなく、……平和のうちに生存する権利を有する」。憲法9条と自衛権、平和的生存権が対置されている。

　1972年資料では次のように述べられている。「憲法は、第9条において、同条にいわゆる戦争を放棄し、いわゆる戦力の保持を禁止しているが、前文において『全世界の国民が……平和のうちに生存する権利を有する』ことを確認し、また、第13条において『生命、自由及び幸福追求に対する国民の権利については、……国政の上で、最大の尊重を必要とする』旨を定めている」。憲法9条と平和的生存権、幸福追求権が対置されている。

　2014年閣議決定は次のように言っている。「憲法第9条はその文言からすると、国際関係における『武力の行使』を一切禁じているように見えるが、憲法前文で確認している『国民の平和的生存権』や憲法第13条が『生命、自由及び幸福追求に対する国民の権利』は国政の上で最大の尊重を必要とする旨定めている」。ここでも、憲法9条と平和的生存権、幸福追求権が対置されている。

　武力行使の正当化のために9条に対置されるものは、以下のようになる。

---

7)　本書40-41頁に全文を掲載している。浦田・前掲注2)『政府の憲法9条解釈』168頁、『防衛ハンドブック・平成27年版』（朝雲新聞社、2015年）591-592頁など。

8)　本書42頁。

	9条に対置されるもの
1954 年見解	自衛権
1959 年砂川判決	自衛権、平和的生存権
1972 年資料	平和的生存権、幸福追求権
2014 年閣議決定	平和的生存権、幸福追求権

(2) 正当化の帰結

　このような対置から、一定の武力行使が正当化される。

　1954 年見解では、9 条 1 項の解釈をしたうえで、次のように言われる。「従つて自国に対して武力攻撃が加えられた場合に、国土を防衛する手段として武力を行使することは、憲法に違反しない。」「自国に対して武力攻撃が加えられた場合」という武力行使の範囲論に半ばふみこみながら、「国土を防衛する手段として武力を行使すること」が正当化されている。

　1959 年砂川判決では前述の対置論に続いて、「しからば、わが国が、自国の平和と安全を維持しその存立を全うするために必要な自衛のための措置をとりうることは、国家固有の権能の行使として当然のことといわなければならない」とされている。「自衛のための措置」が帰結されているが、前後の文脈から武力行使を意味していることは明らかである。

　1972 年資料では前述の対置論の後は次のようになっている。「わが国がみずからの存立を全うし国民が平和のうちに生存することまでも放棄していないことは明らかであって、自国の平和と安全を維持しその存立を全うするために必要な自衛の措置をとることを禁じているとはとうてい解されない。」「自衛の措置」は砂川判決の「自衛のための措置」を引き継いだものであることは文章上も明らかであり、武力行使を意味している。

　2014 年閣議決定は対置論に次いで述べている。「憲法第 9 条が、我が国が自国の平和と安全を維持し、その存立を全うするために必要な自衛の措置を採ることを禁じているとはとうてい解されない。」これは 1972 年資料を要約したものであり、この「自衛の措置」も同じ趣旨である。

　正当化される武力行使は、次のように示されている。

	正当化される武力行使
1954 年見解	「国土を防衛する手段として武力を行使すること」
1959 年砂川判決	「自衛のための措置」
1972 年資料	「自衛の措置」
2014 年閣議決定	「自衛の措置」

3 抽象的自衛論

(1) 9条の非軍事平和主義的解釈

　4者のうち前3者は歴史的、具体的には個別的自衛権を想定していたことは明らかであり、とくに1954年見解はその要素が強い。しかし、論理的、抽象的には個別的自衛権より抽象的な論理を含んでいると解釈され得る。文言、表現自体は抽象的である。また前述のように、個別的自衛権について論ずる前提として、論理的、抽象的に個別的自衛権より抽象的な論理を持っているはずだからである[9]。

　その抽象的論理の内容を見ていくこととする。既にふれたように、9条と他の原理の対置が行われ、その帰結として一定の武力行使が正当化されている。逆に言えば、他の原理が対置される前の9条は、論理的には非軍事平和主義によって理解されているはずである。9条は軍事を否定しているが、他の原理もあるので、一定の武力行使が正当化されると言っていることになるからである。9条が一定の武力行使を認めていると解釈されていれば、他の原理を対置する必要がない。

　そのことは政府自身によって意識されており、とくに前述の2014年閣議決定において明らかである。すなわち、「憲法第9条はその文言からすると、国際関係における『武力の行使』を一切禁じているように見える」と言われている[10]。「その文言からすると」「ように見える」という括弧で括られているが、その中身は「憲法第9条は……国際関係における『武力

---

9)　歴史的、具体的な個別的自衛権論と論理的、抽象的な抽象的自衛論の関係について、1954年見解に関して本書76-78頁、1959年砂川判決に関して本書26-33頁、1972年資料に関して本書41-45頁。

10)　この定式の背景について、本書107-108頁。

の行使』を一切禁じている」である。「その文言からすると」「ように見える」ということによって、論理的にはその中身は経過の論理であって最終的な論理ではないことが示され、心理的にはオブラートに包まれているのであろう。

(2)　9条に対する対抗理念

a　自衛権

　9条に対する対抗理念は、既に見たように、自衛権、平和的生存権、幸福追求権である。これらは実現手段を示す具体的な規範ではない。ここにおける自衛権は武力行使の違法性阻却事由としての個別的自衛権や集団的自衛権ではない。平和的生存権や幸福追求権も具体的な内容を持った規範として言われているわけではない。これらは目的を示す抽象的な理念として言われ、そこからその目的を実現するための手段を正当化する役割が果たさせられている。

　その理念の中で、自衛権は国家固有のものとされている。すなわち1954年見解では「自衛権は国が独立国である以上、その国が当然に保有する権利」とされ、1959年砂川判決では「国が主権国として持つ固有の自衛権」と言われている。固有、すなわち国家である以上当然ということは、憲法の規定と無関係ということである。憲法がどう規定しようと、否定できないと言われていることになる。すなわち、憲法外のものである。

b　平和的生存権、幸福追求権

　それに対して平和的生存権や幸福追求権については日本国憲法前文や13条が引かれ、憲法内のものとする形式が採られている。しかしそれらはそこから手段が正当化される目的を示す抽象的な理念として持ち出されているのであって、憲法における具体的な規範内容が問題にされているわけではない。憲法内の実質はない。

　自衛権は国家の権限であり、平和的生存権や幸福追求権は国民の人権である。両者はどのような関係にあるのであろうか。2014年閣議決定の表題では、「国の存立を全うし、国民を守る」と言われている。また後述するように、「基本的な論理」を受けた「当てはめ」として、閣議決定において武力行使の3要件が示されている。その第1要件後半において、「我

が国の存立が脅かされ、国民の生命、自由及び幸福追求の権利が根底から覆される明白な危険」が規定されている。これらは、「基本的な論理」の前半における自衛権と平和的生存権や幸福追求権の関係に対応している。すなわち一般化すれば、ここで国家と国民の関係が問題になっている。この問題について武力行使の第1要件後半に関して、「国家と国民は表裏一体」のものとする答弁がなされ、国民に独自の意味がないことが明らかにされている[11]。

　すなわち、平和的生存権や幸福追求権は国民の人権としてプラスのイメージを与えているかもしれないが、ここではレトリックであって中身はない。

(3)　抽象的自衛論の構造

　ここで言われている自衛権は、国家の独立を守るには武力が必要だとする考え方を表現しているのであろう。またこの場合の平和的生存権や幸福追求権は、国民の人権を守るためには武力が必要だということを言っているのであろう。表現は少し違っても、要するに国家の最高・独立性としての国家主権を実現するためには、武力が必要だという考え方を示していると思われる。私はこのような国家主権の軍事的実現という議論のしかたを「抽象的自衛」と呼んできた。有権解釈において「自衛」と言われる場合、個別的自衛権と抽象的自衛の両方の意味で使われてきた[12]。抽象的自衛の例は、今取り上げている4者について論理的、抽象的に解釈される可能性があり、他にも無数にある。今出されている自衛権、平和的生存権、幸福追求権は抽象的自衛の変形あるいは表現なのであろう。

　国家主権の軍事的実現としての抽象的自衛は既に見たように本質的に憲法外のものであり、憲法上の根拠が示されていない。なぜ自衛権、平和的生存権、幸福追求権のために武力行使が認められるのかについて、憲法による説明がなされていない。憲法に9条があるので、だからこそ憲法外のものとして自衛権などが対置されている。また、抽象的自衛論によれば、

---

11)　本書115頁。

12)　浦田・前掲注2)『自衛力論の論理と歴史』68-70頁。ただし、そこでは十分に整理されていない。

国家主権の実現のために個別的自衛権、集団的自衛権、集団安全保障としての武力行使が全て一旦は論理的に想定される。しかし、日本国憲法の下で他方に9条が存在するので、一定の武力行使のみが認められることになる。それは、1954年見解では「国土を防衛する手段として武力を行使する」とやや具体的に言われているが、1959年砂川判決では「必要な自衛のための措置」、1972年資料や2014年閣議決定では「必要な自衛の措置」とされている。

そこで、次にそれをどのような範囲のものとするかが、問題になる。それが「基本的な論理」の後半の問題である。

Ⅱ 「基本的な論理」の後半

1 武力行使の範囲

認められるとされる一定の武力行使は、次のようなものとして示されている。

1954年見解では、「基本的な論理」の前半とした中で既にある程度範囲が示されていたが、次のように言われている。「自衛のための任務を有し、かつその目的のため必要相当な範囲の実力部隊を設けることは、何ら憲法に違反するものではない。」「自衛のため」「必要相当」ということである。これは「自衛力」＝「自衛のための必要最小限度の実力」論の原型となる[13]。

1959年砂川判決には武力行使に関する明確な範囲の指定はない。実体論としては、「わが国の平和と安全を維持するための安全保障であれば、その目的を達するにふさわしい方式又は手段である限り、国際情勢の実情に即応して適当と認められるものを選ぶことができる」とされている[14]。手続的には、旧安保条約の憲法適合性についてであるが、「一見極めて明白に違憲無効であると認められない限りは、裁判所の司法審査権の範囲外のもの」と言われている。実体的にも手続的にも、原則として範囲が限定されないようにされている。

---

13) 「必要相当」から「必要最小限」への展開については、浦田・前掲注2)『自衛力論の論理と歴史』319-322頁。

14) その歴史的、具体的意味については、本書127-128頁。

60 第2章 集団的自衛権限定容認論の原理

　1972年資料では、次の3要件によって武力行使の範囲が規定されている。「①あくまで外国の武力攻撃によって国民の生命、自由及び幸福追求の権利が根底からくつがえされるという急迫、不正の事態に対処し、②国民のこれらの権利を守るための止むを得ない措置としてはじめて容認されるものであるから、③その措置は、右の事態を排除するためとられるべき必要最小限度の範囲にとどまるべきものである」。①、②、③の番号は浦田が便宜的に入れた。一定の範囲指定がなされている。

　2014年閣議決定における範囲指定は、1972年資料とほぼ同じである。「①あくまで外国の武力攻撃によって国民の生命、自由及び幸福追求の権利が根底から覆されるという急迫、不正の事態に対処し、②国民のこれらの権利を守るためのやむを得ない措置として初めて容認されるものであり、③そのための必要最小限度の『武力の行使』は許容される」。ここでも、①、②、③は浦田が入れた。第3要件のみ少し異なる[15]。

　武力行使の範囲指定を表にすると、次のようになる。

	武力行使の範囲
1954年見解	「自衛のため」「必要相当」
1959年砂川判決	限定なし（「実情に即応して適当」、「司法審査権の範囲外」）
1972年資料	3要件
2014年閣議決定	3要件（1972年資料とほぼ同じ）

2　範囲論の起源

　以上のように2014年閣議決定における範囲指定の基礎に置かれた1972年資料の3要件は、どのようにして作られたのであろうか。その歴史的事情は明らかではないが、論理的には従来の「自衛権発動の三要件」に基づいて変形されたものと思われる。「自衛権発動の三要件」は次のようになっている。「憲法第9条の下において認められる自衛権の発動としての武力の行使については、政府は、従来から、①我が国に対する急迫不正の侵害があること②これを排除するために他の適当な手段がないこと③必要最

---

15)　違いの意味について、本書47-48、111頁。

小限度の実力行使にとどまるべきことという3要件に該当する場合に限られると解して」いる[16]。この①、②、③は原文に入っている。第1要件のみやや異なり、第2、第3要件は基本的に異ならない。他の適当な手段がないこととやむを得ないことは、基本的に同じである。

「自衛権発動の三要件」と1972年資料の「基本的な論理」の後半を対置すると、以下のようになる。

	「自衛権発動の三要件」	1972年資料の「基本的な論理」の後半	違い
第1要件	「急迫不正の侵害」	一定の「急迫、不正の事態」	あり
第2要件	「他の適当な手段」の不存在	「やむを得ない措置」	なし
第3要件	「必要最小限度の実力行使」	「必要最小限度の『武力の行使』」	なし

3 第1要件の抽象化

そこで第1要件を見ると、「自衛権発動の三要件」では「我が国に対する急迫不正の侵害があること」とされ、個別的自衛権の要件を示していることが明らかである。それに対して1972年資料では、「急迫不正の侵害」が「急迫、不正の事態」とされ、「自衛権発動の三要件」を元にしつつ変えた可能性がある[17]。完全に同じことを言っているとすれば、個別的自衛権しか認められないので個別的自衛権しか認められないという循環論法を行っていることになるからである。一定の抽象化が行われていると見るべきであろう。個別的自衛権がなぜ認められるべきか、その基礎にある考え方を展開する形が採られたことになる。

「事態」は「侵害」より広く、「侵害」に至らない事態も含んでいるとの指摘がある。これは後から集団的自衛権容認論の中で解釈論として出されてきたが、1972年資料作成の段階で実際に意図された可能性がある。論

---

16) 森清議員提出憲法第九条の解釈に関する質問に対する答弁書（102回1985〔昭和60〕年9月27日衆議院提出）。

17) 本書43-45頁。

理的に一定の抽象化が行われたはずだからである。

　また集団的自衛権容認論のための解釈論として、「自衛権発動の三要件」では「我が国に対する」が入っているが、1972年資料の対応部分にはない。また、後述するように1972年資料における「当てはめ」の部分では、「わが国に対する」が入っている。そこから1972年資料の「基本的な論理」の後半では、「我が国に対する」急迫不正の侵害という個別的自衛権だけではなく、「我が国に対する」急迫不正の侵害でない集団的自衛権も含まれるという解釈論が出されている。「外国の武力攻撃」は「我が国に対する」もの限られず、「我が国に対する」もの以外のものも含まれると言うのである。これは後から出された解釈論の色彩が強く、実際に1972年資料の段階で意図的な言葉の使用がなされていたかは不明である。

　さらに、「外国の武力攻撃によって国民の生命、自由及び幸福追求の権利が根底からくつがえされる」という規定も付け加えられている。これは、1972年資料の「基本的な論理」の前半において「自衛の措置」を帰結するための規定、すなわち「わが国がみずからの存立を全うし国民が平和のうちに生存することまでも放棄していないことは明らかであって、自国の平和と安全を維持しその存立を全うするために必要」から来ているのであろう。「根底からくつがえされる」というのは、「わが国」が「存立を全うする」に対応し、それを幸福追求権に即して転倒させたものと思われる。第1要件に一定の限定を加える性格を持っている。

　以上のようにして、1972年資料の「基本的な論理」の後半の第1要件において、一定の抽象化と限界づけがなされたと考えられる。同じことが2014年閣議決定でも行われたことになる。

Ⅲ　「当てはめ」

1　「当てはめ」の対象

　2014年閣議決定における「当てはめ」の対象は、「根本的に変容」した「安全保障環境」である。1972年資料の段階と2014年閣議決定の段階では、安全保障環境が根本的に変容したので、異なる「当てはめ」がなされるべきだと言う。この安全保障環境の変容の内容に関する認識は、安全保障環境の厳しさを一面的に強調するなど、恣意的で誘導的である[18]。

2 「当てはめ」の帰結

(1) 帰結の内容

　「当てはめ」論によれば、その帰結は 1972 年資料では以下のようになっている。「わが憲法の下で武力行使を行うことが許されるのは、わが国に対する急迫、不正の侵害に対処する場合に限られるのであって、したがって、他国に加えられた武力攻撃を阻止することをその内容とするいわゆる集団的自衛権の行使は、憲法上許されないといわざるを得ない。」すなわち、「わが国に対する急迫、不正の侵害に対処する場合」＝個別的自衛権として武力行使は許され得るが、「集団的自衛権」としては許されない。

　それに対して 2014 年閣議決定では、武力行使の 3 要件が示される[19]。「①我が国に対する武力攻撃が発生した場合のみならず、我が国と密接な関係にある他国に対する武力攻撃が発生し、これにより我が国の存立が脅かされ、国民の生命、自由及び幸福追求の権利が根底から覆される明白な危険がある場合において、②これを排除し、我が国の存立を全うし、国民を守るために他に適当な手段がないときに、③必要最小限度の実力を行使することは、従来の政府見解の基本的な論理に基づく自衛のための措置として、憲法上許容される」。①、②、③は浦田が入れた。武力に関する有権解釈において「必要最小限度」は多様な意味で使われ、武力行使の 3 要件でも全体として「必要最小限度」の武力行使と言われることがある。しかし細かく見れば、「必要最小限度」は第 3 要件として使われている。

(2) 3 要件の比較

a 比較の内容

　2014 年閣議決定の中で、「基本的な論理」の後半における武力行使の範囲の 3 要件と、「当てはめ」におけると武力行使の 3 要件を対置してみると、非常に近いことが分かる。

　第 1 要件について言えば、武力行使の範囲として第 1 に「外国の武力攻撃によって」とされているが、武力行使の要件では前半と後半に分けられている。前半は「我が国に対する武力攻撃が発生した場合」なので、個別

---

18)　本書 112-113 頁。

19)　その意味について、本書 113-120 頁。

的自衛権の問題である。後半は、「他国に対する武力攻撃が発生」した場合なので、集団的自衛権や集団安全保障の問題である。分けられているだけであり、内容的には異ならない。

　第2に、武力行使の範囲では「国民の生命、自由及び幸福追求の権利が根底から覆される」であり、武力行使の要件では「我が国の存立が脅かされ、国民の生命、自由及び幸福追求の権利が根底から覆される」である。武力行使の要件は武力行使の範囲と異なり「我が国の存立が脅かされ」という要件が新たに加えられたように見える。しかしながら既に見たように、武力行使の範囲は「基本的な論理」の前半における「わが国」が「存立を全うする」に対応して、幸福追求権に即して転倒させたものである。基礎にあったものが表に出ただけで、論理的には異ならないことになろう。ただし既に見たように、「我が国の存立が脅かされ」が「国民の生命、自由及び幸福追求の権利が根底から覆される」より実際には基本的な役割が果たさせられている。

　第3に、武力行使の範囲では「急迫、不正の事態」とされている部分が、武力行使の要件では「明白な危険がある」の部分に対応している[20]。既に見たように、「急迫、不正の事態」は「急迫、不正の侵害」より一定の広がりを持っているので、「明白な危険がある」によって、一定の限定がなされていることになる。

　すなわち、武力行使の要件の第1要件は武力行使の範囲の第1要件と基本的に同一であり、その第3要素においてのみ一定の限定がある。

　武力行使の範囲の第1要件と武力行使の要件の第1要件を比較すると、次のようになる。

---

20)　なお、「明白な危険がある」は「我が国の存立が脅かされ」にはかからず、「国民の生命、自由及び幸福追求の権利が根底から覆される」のみにかかるとするような答弁がなされている。本書115-116頁。

	第1要件		
	武力行使の範囲	武力行使の要件	違い
第1要素	「外国の武力攻撃」	「我が国」と「他国」への「武力攻撃」	なし
第2要素	平和的生存権への脅威	「国の存立」と平和的生存権への脅威	なし
第3要素	「急迫、不正の事態」	「明白な危険」	あり

　武力行使の範囲と武力行使の要件を第2要件で比較してみる。武力行使の範囲では、「国民のこれらの権利を守るためのやむを得ない措置として初めて容認される」である。武力行使の要件では、「これを排除し、我が国の存立を全うし、国民を守るために他に適当な手段がないとき」である。両者は基本的に同じである。第3要件について言えば、武力行使の範囲では「そのための必要最小限度の『武力の行使』は許容される」であり、武力行使の要件では「必要最小限度の実力を行使すること」である。両者は基本的に変わらない。

b　3要件の基本的同一性

　そうすると、武力行使の範囲の3要件と武力行使の3要件を全体として比較すると、第1要件の僅かな違いを除いて基本的に変わらない。

　これも表にすると、次のようになる。

	武力行使の範囲の3要件	武力行使の3要件	違い
第1要件	「急迫、不正の事態」	「明白な危険」	あり
第2要件	「やむを得ない措置」	「他に適当な手段がない」	なし
第3要件	「必要最小限度の『武力の行使』」	「必要最小限度の実力を行使」	なし

　すなわち、「基本的な論理」として武力行使の範囲が指定され、その枠内でその「当てはめ」として武力行使の3要件が定められる形式が採られている。しかし要件毎に比較してみると、武力行使の第1要件で僅かな具体化がなされているが、全体として基本的に変わらない。「基本的な論理」と「当てはめ」はほぼ同じものである。すなわち、ほぼ同じことを繰り返

66 第2章 集団的自衛権限定容認論の原理

しているだけであり、抽象的な武力行使の範囲論をほぼそのまま武力行使の3要件としている。武力行使の3要件によって武力行使が厳格に限定されているとされるが、その限定は非常に不安定である[21]。「基本的な論理」と「当てはめ」になっているとは言い難く、「基本的な論理」・「当てはめ」論はイデオロギー＝虚偽表象である。

(3) 第1要件の変化

　変化のある第1要件について、全体の流れを見てみると次のようになる。

　1972年資料の基礎に置かれたと考えられる「自衛権発動の三要件」では、「我が国に対する急迫不正の侵害」である。

　1972年資料の「基本的な論理」の後半としての武力行使の範囲論になると、「外国の武力攻撃によって国民の生命、自由及び幸福追求の権利が根底からくつがえされるという急迫、不正の事態」になり、「急迫、不正の事態」に広げられる。

　2014年閣議決定における「基本的な論理」の後半としての武力行使の範囲論は、「外国の武力攻撃によって国民の生命、自由及び幸福追求の権利が根底から覆されるという急迫、不正の事態」であり、1972年資料と基本的に変わらない。

　2014年閣議決定における「当てはめ」としての武力行使の要件では、「我が国に対する武力攻撃が発生した場合のみならず、我が国と密接な関係にある他国に対する武力攻撃が発生し、これにより我が国の存立が脅かされ、国民の生命、自由及び幸福追求の権利が根底から覆される明白な危険がある場合」とされ、「明白な危険」として一定の限定がなされている。

　まとめると、1972年資料の「基本的な論理」の後半としての武力行使の範囲論において、要件が抽象化され広げられている。2014年閣議決定ではその広さが強調されたうえで、「当てはめ」としての武力行使の要件において一定の限定がなされている。すなわち、意図的に広げられた要件の下で、「明白な危険」という限定が選ばれた。「明白な危険」の部分について当初は「おそれ」が考えられていたが、与党協議によって「明白な危

---

21)　武力行使の3要件の内容を検討してみると、実際にも不安定である。本書113-120頁。

険」に落ち着いた。一定の法的論理の形式が採られているが、同時に政治的作業が行われたことが分かる。

第1要件における以上の流れを表にすると、次のようになる。

第1要件の流れ	
「自衛権発動の三要件」	「急迫不正の侵害」
1972年資料の武力行使の範囲	「急迫、不正の事態」
2014年閣議決定の武力行使の範囲	「急迫、不正の事態」
2014年閣議決定の武力行使の要件	「明白な危険」

3 「自国防衛」・「他国防衛」論

以上のような問題が存在するが、具体的に「当てはめ」論を見てみる。「当てはめ」として、武力行使は1972年資料の段階では個別的自衛権として認められ得るが、集団的自衛権としては認められないとされた。個別的自衛権も全面的に認められるわけではなく、必要最小限度部分のみである[22]。1972年資料では集団的自衛権しか言われていないが、論理的には同様に集団安全保障としても武力行使は認められないとされていた。しかし、2014年閣議決定の段階では武力行使の3要件を充たす「自国防衛」は認められるが、そうでない「他国防衛」は認められないとされた。「自国防衛」は「我が国の存立を全うし、国民を守るための自衛の措置」であり、「他国防衛」は「外国の防衛それ自体を目的とする武力行使」である[23]。「自国防衛」とされれば、そのための個別的自衛権、集団的自衛権、集団安全保障が認められる。

これも表にすれば、以下のようになる。

	認められる武力行使	認められない武力行使
1972年資料の段階	個別的自衛権	集団的自衛権
2014年閣議決定の段階	「自国防衛」	「他国防衛」

「自国防衛」・「他国防衛」論は「国の存立」論を使って解釈論として構

---

22) 浦田・前掲注2)『自衛力論の論理と歴史』40-41、56-57頁。

23) 閣議決定当日の安倍の記者会見（首相官邸のホーム・ページ）。本書105-106頁。

68 第2章 集団的自衛権限定容認論の原理

成されたものであり、当然のことながら「国の存立」論から必然的に出てくるものではない。同じ「国の存立」論の下で、1972年資料の段階では個別的自衛権・集団的自衛権論、2014年閣議決定の段階では「自国防衛」・「他国防衛」論が出てくるとされることから、明らかである[24]。違憲・合憲の線引きが個別的自衛権・集団的自衛権論では日本に対する武力攻撃の有無という客観的な要素によってなされるが、「自国防衛」・「他国防衛」論の場合には日本の「国の存立」目的という主観的な要素によって行われる。その他の問題も合わせて、「自国防衛」・「他国防衛」論は違憲・合憲の線引きとして不安定である[25]。

Ⅳ 「基本的な論理」・「当てはめ」論の問題

1 抽象的自衛論の非立憲性

「基本的な論理」・「当てはめ」論の個別の問題は既に指摘してきたが、根本的な問題は抽象的自衛論にあると思われる。

既に見たように、抽象的自衛論と言っているのは、国家主権の軍事的実現という議論のしかたである。この国家主権は国家の最高・独立性という性格である。自衛権、平和的生存権、幸福追求権は抽象的自衛論の表れである。

国家の最高・独立性という性格から、その最高・独立とされる国家の内容は決まらない。その内容を決めるのは、君主ではなく憲法である。そこに立憲主義の意義がある。その憲法は成文法主義の日本では日本国憲法である。日本国憲法は国家主権の実現方法を9条によって戦争放棄、戦力不保持、交戦権の否認に特定化している。それに対して自衛権、平和的生存権、幸福追求権を対置することは、議論の蒸し返しである。これらを対置することによって、抽象的自衛論が出されている。そのことによって、日本国憲法の外から、論者が望む国家主権の軍事的実現を主張していることになる[26]。日本国憲法が定める方法によって国家主権を実現することは、

---

24) 本書83-84頁。

25) 本書115頁。

26) この問題を武力による自衛権について論じたことがある。浦田一郎『現代の平和主義と立憲主義』(日本評論社、1995年) 143-144頁。

国家の国民に対する約束である。そのことは、「公務員は、この憲法を尊重し擁護する義務を負う」として、「この憲法」に言及している憲法99条の憲法尊重擁護義務に含まれていると見ることができる。

　同じことを、理念や目的と手段の関係から議論することもできる。自衛権、平和的生存権、幸福追求権は理念や目的として出されているが、それを実現する基本的な手段は憲法が決定する[27]。憲法が理念や目的のみを定め、その実現方法が政治に委ねられるとすると、立憲主義の意味はなくなる。憲法上の理念や目的を実現するあらゆる手段が正当化されるとすれば、憲法の役割は制限のみになる。制限に抵触しない限り、あらゆる手段が認められることになる[28]。出されているものが国家の自衛権ではなく、平和的生存権や幸福追求権という国民の人権であっても、問題は同じである。人権を実現する基本的な手段や方法は、憲法によらなければならない。人権論は、人権を実現するためとして、権力を正当化しやすい。その手段を規律するのが憲法の役割であり、その考えかたが立憲主義である。

2　抽象的自衛論の機能

　抽象的自衛論の下で、国家主権の軍事的実現のために一旦は個別的自衛権、集団的自衛権、集団安全保障が全て想定される。憲法9条の存在が前提にあるので、想定されたものに9条に由来する制限が課せられる。制限されない部分が「自衛力」論によって構成され、それに合わせて9条による制限が削られていく。そのことはとくに「戦力」概念に表れている。政府によれば、「戦力」は「自衛力を超える実力」と定義されているからである。

　そのことを私はときどき「禁酒」に例えて説明してきた。「禁酒」を誓ったが、しばらく経つと、「禁」じた「酒」とは何かという「酒」の定義を考え始めた。「酒」とは「日本酒より濃度の高いアルコール」と定義し

---

27)　基本的なものは憲法、そうでないものは法律以下の法令によると考えられる。憲法における基本性について、浦田一郎「憲法・改憲と民主主義法学」民主主義科学者協会法律部会編『改憲を問う』（法律時報増刊、2014年）6-7頁。
28)　この問題を武力によらない自衛権について論じたことがある。浦田・前掲注26) 145-146頁。

直して、ウイスキーやブランディは我慢するが、ビールや日本酒を飲むようなものであろう。

このような論理構造の中で、集団的自衛権限定容認論は「自衛力」の再定義を意味する。

自衛力論の下で、個別的自衛権は認められるが、集団的自衛権は認められないとされてきた。それに対して、「自国防衛」は認められるが、「他国防衛」は認められないに変えようとされている。「禁酒」の例を使えば、ウイスキーでも、日本酒のアルコール濃度に近い水割りなら、許されるとしているのであろうか。水割りに慣れれば、そのうちストレートを求めるようになることが分かっている。

国家主権の軍事的実現のためにかつては集団的自衛権は認められないと考えたが、今は「自国防衛」なら集団的自衛権も認められると言う。これは「基本的な論理」・「当てはめ」の形を採っても、「基本的な論理」があまりに抽象的なので、実質は単純な解釈変更である。立憲主義に反すると批判を受けたのは、当然である。

3 抽象的自衛論の今後

「基本的な論理」・「当てはめ」論という不安定な論理により、「自国防衛」・「他国防衛」という不安定な帰結がなされた。したがって、その解釈をめぐって、議論が繰り返され、さらに展開していくことになろう。その場合、「基本的な論理」を維持する建前の下で、集団的自衛権の容認は限定的なものとされた。実際にも、重大で微妙な例外を伴いつつ、他国の戦争の前線で戦闘に参加したり海外派兵をすることは、憲法上できないとの答弁がなされてきた[29]。これらのことは、武力行使の拡大に対する制約になり得る。

「基本的な論理」・「当てはめ」論によって政府の憲法解釈の変更がなされたということは、同じ「基本的な論理」・「当てはめ」論によってさらに憲法解釈の変更がなされる可能性があるということである。本節の冒頭で引用したように、2014年閣議決定でも、「基本的な論理は、憲法第9条の

---

29) 本書118-120頁。

下では今後とも維持されなければならない」とされているので、「当てはめ」が変わる可能性は想定されていることが分かる。憲法解釈の中で、「基本的な論理」はより上位の規範、「当てはめ」はより下位の規範という二重構造ができたことになる。このような議論のしかたは9条にとどまらず、他の憲法の分野に及ぶ可能性がある。実際には明文改憲への取組みが論じられているので、「当てはめ」を変えることは考えられていないかもしれない。しかし、かりに明文改憲がなされたとしても、改憲された憲法の下で、「基本的な論理」・「当てはめ」論が展開していく可能性がある。立憲主義が全体として不安定になったということである。

　以下の発言は、そのことを象徴しているように思われる。解釈変更に対する憲法研究者による批判に対して、高村が砂川事件最高裁判決によって反論しようとしたものである[30]。「最高裁判所は、憲法9条にもかかわらず、必要な自衛の措置はとり得ると言っています[31]。」「最高裁判所は」「言っています」として、高村が注目した内容は「憲法9条にもかかわらず、必要な自衛の措置はとり得る」ということである。その基礎にある思考方法は、憲法にもかかわらず、必要なことはできるということになろう。抽象的自衛論の非立憲主義的性格を最もよく表現している。このよう考え方は憲法全般に及ぶ可能性がある。

おわりに

　本節の冒頭で述べたように、限定されているとしても、集団的自衛権違憲論から合憲論への変更は非常に重大であり、また権力を拡大している。また見てきたように、「基本的な論理」「当てはめ論」はイデオロギーであり、その帰結の「自国防衛」・「他国防衛」論は合憲・違憲の基準として不安定である。これらの問題はどれも重大な問題であるが、根本的な問題は国家主権の軍事的実現としての抽象的自衛論にあり、これらの問題はそれに基づく具体的な表れである。「自国防衛」論は抽象的自衛論に基づく流

---

30)　その背景について、本書 125-131 頁。

31)　高村正彦議員 189 回 2015（平成 27）年 6 月 11 日憲法 4 号 2 頁。安倍も同旨のことを述べているが（189 回 2015〔平成 27〕年 6 月 18 日予算 19 号 4 頁）、高村のほうが端的に表現している。

れの飛躍であり、「基本的な論理」「当てはめ論」はその飛躍を小さく見せる役割を果たしている。

　抽象的自衛論は本質的に憲法外のものであり、これによれば個別的自衛権、集団的自衛権、集団安全保障としての武力行使が一旦は想定される。そのうえで、憲法9条に由来するとされる憲法的制限が、政治的必要に合わせて構成される。最終的には、憲法の意味が政治的必要に応じて削られていることになる。これはあらゆる憲法論に及ぶ可能性がある[32]。

---

32)　本書の目的は政府の解釈論の分析であって、自分の解釈論を提示することではない。しかし、分析の観点に自分の解釈論が関わっている。私は非軍事平和主義の解釈的立場に立っている。そのことについては浦田・前掲注26)の書物で述べており、ここではその理由をごく簡単にふれておく。

　第1に、2014年閣議決定は、既にふれたように、「憲法第9条はその文言からすると、国際関係における『武力の行使』を一切禁じているように見える」としている。「その文言からすると」、「ように見える」のは、「憲法第9条は……国際関係における『武力の行使』を一切禁じている」と読むのが自然だからである。

　第2に、明治憲法はその11-13条に軍事力の根拠・統制規定を置いているが、日本国憲法にはそのような規定はない。明治憲法は外見的立憲主義憲法であり、日本国憲法は立憲主義憲法と一般的に考えられている。軍事力の根拠・統制規定を持たない日本国憲法の下で何らかの軍事力を認めることは、二つの憲法の全体的な理解と両立し難い。

　第3に、武力を実際に行使した場合、その後どうなるかが言われていない。そのことは軍事信仰なしには理解できない。非軍事平和主義は、多くの民衆が生きていくことに最高の価値、すなわち国家や憲法より上位の価値を置いている。それは憲法9条の下で市民が形成してきた価値観であり、立憲主義の根本的な理念にも合致しているように思われる。

第2節

「国の存立」論と「自国防衛」論
── 「自衛の措置」論を中心に

はじめに

　2014 年 7 月 1 日「国の存立を全うし、国民を守るための切れ目のない安全保障法制の整備について」と題する閣議決定が行われ、それに基づいて 2015 年 3 月 20 日「安全保障法制整備の具体的な方向性」について自由民主党と公明党の間で与党合意した共同文書が発表された[1]。

　この「安全保障法制の整備」を進める基本的な理念は、閣議決定における「国の存立」である。「安全保障法制の整備」は閣議決定では、武力行使によらないとされる「1　武力攻撃に至らない侵害への対処」、「2　国際社会の平和と安定への一層の貢献」と、武力行使による「3　憲法第 9 条の下で許容される自衛の措置」[2]として考えられている。「国の存立」は 1、2、3 全体の理念であるが、3 では「国の存立」に関する「基本的な論理」に基づく「当てはめ」[3]としてしばしば「自国防衛」が論じられている。「自国防衛」は「我が国の存立を全うし、国民を守るための自衛の措置」のことであるが、詳しくは後述する。

　短期的、実際的には 1、2 の重要性を見逃すべきではないが、長期的、憲法的にはやはり 3 が重要である。そこで本稿では、より抽象的な「国の存立」論とより具体的な「自国防衛」論についてその憲法論を分析したい。

---

1)　本節の元になった論文は、これらを踏まえて、2015 年 5 月 15 日に法案の閣議決定される前の 4 月に執筆された。安全保障法制は 9 月 19 日に成立したが、本節の基本的な趣旨を変える必要はないと考えている。

2)　その詳しい検討について、本書 102-123 頁。

3)　「基本的な論理」・「当てはめ」論について、本書 50-72 頁。

74 第2章 集団的自衛権限定容認論の原理

そこでⅠまず、「国の存立」論の位置を確認したうえで、次に「自衛の措置」論における「国の存立」論についてⅡ歴史とⅢ論理を検討し、最後にⅣ「自衛の措置」論以外の場合にふれることとしたい。

Ⅰ 「国の存立」論の位置

1 安保法制の体系

　前述の閣議決定の表題、「国の存立を全うし、国民を守るための切れ目のない安全保障法制の整備について」は、政府による問題のとらえかたをよく表現している。

　「国の存立を全うし、国民を守るための切れ目のない」が、「安全保障法制の整備」[4]に関する理念である。理念のうち、「国の存立を全うし、国民を守る」が目的的で、「切れ目のない」[5]が手段的である。

2 「国」と「国民」

　「国の存立を全う」することと「国民を守る」ことの関係は、どのように説明されているであろうか。閣議決定における「自衛の措置」の中で、武力行使の3要件が示されている。その第1要件後半[6]において、「我が国と密接な関係にある他国に対する武力攻撃が発生し、これにより我が国の存立が脅かされ、国民の生命、自由及び幸福追求の権利が根底から覆される明白な危険がある場合」が扱われている。その中で、「これにより我が国の存立が脅かされ」は「国の存立を全う」するに、「国民の生命、自由及び幸福追求の権利が根底から覆される明白な危険がある」[7]は「国民を守る」に、それぞれ裏から対応しているのであろう。

　両者は別のことではなく、「国家と国民は表裏一体のものであり、我が国の存立が脅かされるということの実質を、国民に着目して記述したもの

---

4) 「安全保障」は「防衛」より広く、また警察の問題から国際問題まで「安全保障」の観点を強調してとらえる効果を生じさせている。「整備」は、解釈改憲をするわけではないと言おうとしていることを示している。

5) 「切れ目のない」の意味について、本書106頁。

6) 前半は「我が国に対する武力攻撃が発生した場合」であり、個別的自衛権の要件である。

7) 「明白な危険がある」が、「これにより我が国の存立が脅かされ」にかかるかという問題がある（本書115頁）。

（加重要件ではない）」と説明されている[8]。この「国民」は個々の国民ではないとされる。「そもそも、その根底から覆るという言葉自体、相当抽象的でございます。すなわち、やはり個々の国民が犠牲になる、被害を受けるということではございません」。そして、選択要件でも加重要件でもないと言われている。そのうえで、この「実質」の記述ということについて、「『貧困に陥り、1日1ドル以下で生活する人々』というのと同様の構文である」との説明もなされている[9]。

3 「国民」全体と個々の「国民」

そこで、「安倍総理が、あの親子を助けるためにこの憲法解釈の変更をしたんだと7月1日の閣議決定後の記者会見でおっしゃっていた邦人避難のケースです。……。あの親子の命はこの国民の要件には当たらないという理解でよろしいですね」という質疑が出された[10]。それに対して、「具体のその当てはめについてお答えする立場にはございませんが、……全体として新3要件に該当するかを認定し、その認定された場合における具体の活動の事例」だとされた[11]。

要するに、「国民を守る」は邦人避難におけるような個々の国民をイメージさせる政治的、イデオロギー的効果を生じさせているが、法的、論理的には無内容だということであろう。そのことは、「国民を守る」がなくても、意味が変わらないことによって明らかであろう。結局「国の存立」が問題である[12]。また、前述の武力行使の第1要件後半に該当する事態は、改正された武力攻撃事態法2条4号において「存立危機事態」とされた[13]。本節が「国の存立」論に焦点を当てたのは、以上のような理由による。

---

8) 「集団的自衛権などに関する想定問答」朝日新聞 2014年6月28日。

9) 横畠裕介内閣法制局長官186回2014（平成26）年7月15日3・予算（閉）1号28頁。

10) 小西洋之議員187回2014（平成26）年10月16日3・外交防衛2号18頁。

11) 横畠同頁。

12) 論理的には、「国の存立」のために邦人避難におけるような個々の国民が犠牲にされる場合も当然想定されよう。

13) 本書131-134頁。

II 「国の存立」論の歴史

　従来の政府の憲法解釈において、自衛力論の原型をなす 1954 年の政府統一見解[14]、砂川事件における 59 年の最高裁判決[15]、「集団的自衛権と憲法との関係」に関する 72 年の政府提出資料[16]の間には、一定の流れがある[17]。そして前述の閣議決定の基礎に 72 年資料が置かれた。武力行使を認める有権解釈論は一般的に、武力行使を正当化する前半と、その範囲を確定する後半に分かれている。

1　1954 年見解

(1)　1954 年見解の概要

　1954 年見解は 9 条の基本的な解釈に関する部分と、それに関わる軍隊や改憲に関する部分に大きく分けることができると思われる。その前半部分の第 1 段落は次のように述べる。「第 1 に、憲法は自衛権を否定していない。自衛権は国が独立国である以上、その国が当然に保有する権利である。従つて現行憲法のもとで、わが国が自衛権を持つていることはきわめて明白である。」

　見解の第 2 段落は次のようになっている。「二、憲法は戦争を放棄したが、自衛のための抗争は放棄していない。一、戦争と武力の威嚇、武力の行使が放棄されるのは、『国際紛争を解決する手段としては』ということである。二、①他国からの武力攻撃があつた場合に、武力攻撃そのものを阻止することは、自己防衛そのものであつて、国際紛争を解決することとは本質が違う。②従つて自国に対して武力攻撃が加えられた場合に、国土を防衛する手段として武力を行使することは、憲法に違反しない。」①②は浦田が入れた。

---

14)　大村清一防衛庁長官 21 回 1954（昭和 29）年 12 月 22 日衆・予算 2 号 1 頁。

15)　最大判 1959（昭和 34）年 12 月 16 日刑集 13 巻 13 号 3225 頁。

16)　本書 43-44 頁に全文を掲載している。浦田一郎編『政府の憲法 9 条解釈——内閣法制局　資料と解説』（信山社、2013 年）168 頁、『防衛ハンドブック・平成 27 年版』（朝雲新聞社、2015 年）591-592 頁など。

17)　本書 42 頁。

第3段落で結論が言われている。「自衛隊は現行憲法違反ではないか。憲法第九条は、独立国としてわが国が自衛権を持つことを認めている。従つて自衛隊のような自衛のための任務を有し、かつその目的のため必要相当な範囲の実力部隊を設けることは、何ら憲法に違反するものではない。」[18]

(2) その理解のしかた

一つの理解では、次のようになる。第1段落で、「自衛権は国が独立国である以上、その国が当然に保有する権利である」とされている。1954年当時政府によって「国が独立国である以上、その国が当然に保有する権利」、すなわち「固有の自衛権」は個別的自衛権と考えられていた[19]。したがって、第2段落はその理由を説明していると考えられ、個別的自衛権論に基づく武力行使について、第3段落でその範囲が「自衛のため……必要相当な範囲の実力」に限定されたことになる。

もう一つの理解として次のようなものが考えられる。第1段落の「自衛権」は国家主権または、国家主権の軍事的実現の意味と理解される。後者のことを私は抽象的自衛[20]と呼んでいる。第2段落の一では、「国際紛争を解決する手段としては」ということが言われているので、侵略戦争のような国際法上違法な武力行使を排除していると考えられる。その結果、集団安全保障、個別的・集団的自衛権が残る。二の前半①は、それを受けて一般的に国際法上違法な武力行使としての「武力攻撃」の「阻止」を述べている。

そのような一般論を前提にして、②では具体的に「自国に対して武力攻撃が加えられた場合」を問題にしているので、個別的自衛権を正当化していることが明らかである。さらに、1972年資料の解釈[21]を念頭に置くと、「他国からの武力攻撃」について①には限定がないが、②では「自国に対

---

18) 「必要相当」から「必要最小限度」への展開について、浦田一郎『自衛力論の論理と歴史』（日本評論社、2012年）319-322頁。

19) 本書38頁。

20) 抽象的自衛について、本書56-59頁。

21) 本書41-45頁。

して」という規定がある。これも、①で一般論が述べられ、②で個別的自衛権が論じられていることを示していることになる。第3段落で自衛隊合憲の結論が述べられていると見られる。

当時の歴史的、具体的に想定されていたものは、第1の理解ではないかと思われる。その色彩は強く出ている。しかし、論理的、抽象的には第2の理解のしかたも不可能とは断定できない。

どちらにしても、以上のようにして、1954年見解は対外的実力の正当化理由を近代戦争遂行能力論から自衛力論に変える役割を果たし、自衛隊を正当化した。したがって、この見解において歴史的、具体的に想定されていたものが個別的自衛権であり、集団的自衛権などを正当化することは現実的でない時代であった。アメリカから集団的自衛権行使を求められても、それを国民の前で言える状況ではなかった。論理的、抽象的に抽象的自衛論は含まれ得るとしても、そこに集団的自衛権などを読み込む解釈には無理があろう。抽象的自衛論を使って、1954年見解から集団的自衛権を正当化する議論はなされていないように思われる[22]。

(3) 「自己防衛」論

「自国防衛」論に近いものを1954年見解について見ると、第2段落二①に「自己防衛」がある。前述のように抽象的自衛論に基づく一つの理解のしかたによって、①は②より抽象論を述べているとすれば、この「自己防衛」は2104年の「自国防衛」の意味に解釈される可能性がある。その場

---

22) しかし、2014年閣議決定以降、『防衛白書・平成26年版』をはじめとして、従来の概念を抽象的自衛論を基礎において「自国防衛」の意味に統一的に読み直す動きが見られる（本書41頁）。また稲葉誠一議員提出「憲法、国際法と集団的自衛権」に関する質問に対する答弁書（94回1981〔昭和56〕年5月29日衆議院提出）は、1972年資料を踏まえて、端的に集団的自衛権を否認したものであり、従来の政府見解の基礎に置かれてきた。72年資料、この81年答弁書、2014年閣議決定の関係について、緒方林太郎議員提出既存の政府見解と閣議決定との関係に関する質問に対する答弁書（189回2015〔平成27〕年2月13日衆議院提出）、同提出集団的自衛権をめぐる歴史的変遷に関する質問に対する答弁書（189回2015〔平成27〕年3月10日衆議院提出）において、3者は「従来の政府見解の基本的な論理を維持」しているとされた。81年答弁書において「基本的な論理」が言われていたわけではないが、論理的にはあったと言っているようである。1954年見解についても同様の動きが出てくるであろうか。

合には、「自己防衛」=「自国防衛」として個別的自衛権だけではなく、集団的自衛権や集団安全保障も正当化され得る。しかし前提になる抽象的自衛論を読み込む解釈に無理があり、そのような解釈論は政府によっても行われておらず、現在「国の存立」論によって言及されることはない。

個別的自衛権を前提とするもう一つの理解のしかたによれば、この「自己防衛」は個別的自衛権を意味し、「自国防衛」とは異なるものである。

2　砂川事件最高裁判決

砂川事件最高裁判決は司法審査権の範囲論の前提として憲法9条解釈を行い、その中で次のように述べている。「わが国が主権国として持つ固有の自衛権は何ら否定されたものではなく、……わが国が、自国の平和と安全を維持しその存立を全うするために必要な自衛のための措置をとりうることは、国家固有の権能として当然のことといわなければならない。」

ここにおける「自衛権」、「自衛のための措置」は文言、1954年見解との関係、駐留米軍事件などの点から、歴史的、具体的には個別的自衛権の問題が想定されていたと考えられる[23]。しかし「自衛のための措置」の具体化を論ずる前提として、論理的、抽象的に抽象的自衛が前提になっていると解釈する可能性はある。砂川判決の全体構造は1954年見解よりそのような可能性が高い。

さらに、自民党は集団的自衛権容認論の中でこの論理の抽象性を強調し、そのうえで集団的自衛権は否定されていないとした。その場合に、「存立を全うするために必要」という文言に着目し、「存立を全うするために必要」な集団的自衛権は容認されると読もうとした。すなわち、「存立を全うする」に集団的自衛権容認の目的と限定の両面機能を果たさせ、限定容認論の根拠とすることを目論んだ[24]。

---

23)　本書26-30頁。

24)　朝日新聞2015年2月27日、3月5日。判決を前提にしつつ判決直後から開かれた安保改定国会において、政府は集団的自衛権の限定容認を試みたが結論として失敗した（本書20-25頁）。2014年における憲法解釈変更において、これがイメージされていたと思われる。安倍晋三首相は安保改定国会における岸信介首相の限定容認論を強く意識してきた（安倍議員159回2004〔平成16〕年1月26日衆・予算2号5-6頁）。

80　第 2 章　集団的自衛権限定容認論の原理

　しかしながら、集団的自衛権を明示的に否定していないからといって、容認の結論を引き出すのは、解釈として弱い。砂川事件最高裁判決を使うことには、多くの問題が含まれていた[25]。また、判決から導かれる集団的自衛権に対する限定は、実体論としては「存立を全うするために」「必要」でない「自衛のための措置」は否定されることである。それ以上の限定の手がかりは判決にはない。手続論としては、「自衛のための措置」の具体化は政治に委ねられ、また原則として司法審査権の範囲外に置かれた[26]。

　なお、司法審査権の範囲論において、「安全保障条約は、その内容において、主権国としてのわが国の平和と安全、ひいてはわが国存立の基礎に極めて重大な関係を有する」とされた。それを受けて、「高度の政治性」有するとして、その憲法適合性判断は「司法裁判所の審査には、原則としてなじまない」と結論づけられている。この司法審査権の範囲論における「わが国存立」論と前述の憲法 9 条解釈論における「わが国」の「存立」論は対応しているのであろう。

　なおこの判決は、1954 年見解における「国が当然に保有する権利」としての「自衛権」論を「主権国として持つ固有の権利」として引き継ぐとともに、「平和のうちに生存する権利」にも言及している。

3　1972 年資料

(1)　個別的自衛権と抽象的自衛

　2014 年閣議決定における政府解釈の変更の基礎として、結局 1972 年資料が政府によって選ばれた。集団的自衛権を憲法上実力・武力によるものに限定しつつ、全面的に否認したものとして、これと 1981 年答弁書[27]は関係者の間では古くから知られていた[28]。このうち前者には一定の理由付けがあり、後者は前者を前提にして結論のみ記述している。政府見解の読み直しによって政府解釈を変更するのに適したものとして、1972 年資料が使われることになった。

　1972 年資料[29]は、その「基本的な論理」（2014 年 7 月 1 日閣議決定）と考

---

25)　本書 31-33 頁。

26)　本書 147-149、151-153 頁。

27)　注 22)。

えられる部分の前半において[30]、武力行使の正当化を図っている。まず砂川判決と同様に憲法9条の戦争放棄・戦力不保持を援用しつつ、対置するものとして判決における「主権国として持つ固有の権利」を落としている。判決から平和的生存権を引き継ぐとともに、新たに幸福追求権を加えている。そのうえで、判決とほぼ同様の表現によって、「自国の平和と安全を維持しその存立を全うするために必要な自衛の措置」は禁じられていないとする。以上の部分は1954年決定からの流れや文言から、歴史的、具体的には個別的自衛権が想定されていたと考えられる。しかし、論理的、抽象的には抽象的自衛論が基礎に置かれていると解釈される可能性があり、資料の全体構造から砂川判決以上にさらにその可能性は大きいと考えられる[31]。

(2) 1972年資料と2014年閣議決定の関係

1972年資料における「基本的な論理」の後半部分では、以下のように武力行使の範囲が確定されている。「自衛のための措置……は、①あくまで外国の武力攻撃によって国民の生命、自由及び幸福追求の権利が根底からくつがえされるという急迫、不正の事態に対処し、②国民のこれらの権利を守るための止むを得ない措置として…③右の事態を排除するためとられるべき必要最小限度の範囲にとどまるべきものである」と言われている。①②③は浦田が入れた。砂川判決と比べて議論が抽象化し、国民がより強調され[32]、①②③の限定論が出されている[33]。

---

28) 1972年資料は、『防衛白書・昭和56年版』（1981年）139-140頁に初めて一度だけ引用されさている。『防衛ハンドブック』では、その最初の版である『防衛ハンドブック・50年版』（朝雲新聞社、1975年）225-226頁から既に収録されており、現在に至っている。1981年答弁書提出の翌年、1981年答弁書が『防衛白書・昭和57年版』（1982年）65-66頁に引用され、その基本的な趣旨は2014年閣議決定前の2013年版まで引き継がれてきた。私はこれらの資料・答弁書を2000年の論文で取り上げ、浦田・前掲注18) 121-122頁に該当箇所を収録している。

29) 1972年資料の構造について、本書41-45頁。

30) 安倍187回2014（平成26）年10月3日衆・予算2号44頁が、（昭和）「47年見解は三段階から成り立っている」と言っているのは、「基本的な論理」前半、後半、「当てはめ」のことである。

31) 本書41-45頁。

82　第 2 章　集団的自衛権限定容認論の原理

　2014 年閣議決定では砂川判決、1972 年資料と異なり、9 条の戦争放棄・戦力不保持の援用が消え、「9 条は……『武力行使』を一切禁じているように見える」に変えられている。そのことによって、判決以来の個別的自衛権論から距離が置かれているように思われる[34]。1972 年資料の「基本的な論理」の前半に当たる部分は、ほぼそのまま要約されている。自衛権論は登場せず、平和的生存権と幸福追求権が援用される。「我が国が…その存立を全うする」ことも記述される。後半に当たる部分も 1972 年資料を要約しているが、微妙な変化もある[35]。

　以上のように、1972 年資料の「基本的な論理」の後半部分における 3 要件、2014 年閣議決定「基本的な論理」の後半部分における 3 要件、閣議決定における武力行使の 3 要件の間に対応関係がある[36]。その中で武力行使の第 1 要件の後半は 1972 年資料の「基本的な論理」の後半部分の第 1 要件、すなわち前述の①に対応しているとの答弁がある。「『他国に対する武力攻撃が発生し、これにより我が国の存立が脅かされ、国民の生命、自由及び幸福追求の権利が根底から覆される明白な危険がある』という部分は、昭和 47 年の政府見解の『外国の武力攻撃によつて国民の生命、自由及び幸福追求の権利が根底からくつがえされるという急迫、不正の事態』に対応する」[37]。以上のように、閣議決定には「わが国の存立が脅かされ」という要件が加えられている。この文言は 1972 年資料の「基本的な論理」の前半部分における「存立を全うする」を論理的に転倒させたものであろう[38]。

---

32)　1972 年資料を基にした公明党と内閣法制局による憲法解釈の変更が実を結ぶうえで、この特徴が注目されたとされている（朝日新聞 2015 年 3 月 21 日）。

33)　この文章における「根底からくつがえされる」への着目は横畠裕介内閣法制局長官によるアイディアであり、公明党の北側一雄が対応したとされている（同 2014 年 10 月 26 日）。砂川判決と 1972 年資料における武力行使の範囲確定のしかたの違いについて、本書 125-129 頁。

34)　その意味について、同 108 頁。

35)　同 110-111 頁。

36)　同 63-67 頁。

37)　横畠 186 回 2014（平成 26）年 7 月 14 日衆・予算 18 号（閉）7 頁。論理的に正確には、1972 年資料の該当部分は個別的自衛権の場合（前掲注 6)）も含んでいる。

38)　しんぶん赤旗 2015 年 1 月 19 日。

第2節 「国の存立」論と「自国防衛」論 *83*

　以上のように、「国の存立」論は砂川事件最高裁判決から由来し、直接には 1972 年資料の再構成に基づいている。

Ⅲ　「国の存立」論の論理

1　「国の存立」論の二重構造

　2014 年閣議決定によれば、その「基本的な論理」の前半において「(我が国の—浦田）存立を全うするために必要な自衛の措置」が認められる。「我が国」の「存立」を全うすることが武力行使の正当化理由として出されている。これは抽象的自衛論である。「基本的な論理」の後半において、1972 年資料を要約しつつ、3 要件の範囲で武力行使が許容されるとする。

　その 3 要件に対応しつつ、変容した安全保障環境に対する当てはめとして、武力行使の 3 要件が規定される。その第 1 要件の後半において、「我が国と密接な関係にある他国に対する武力攻撃が発生し、これにより我が国の存立が脅かされ、国民の生命、自由及び幸福追求の権利が根底から覆される明白な危険がある場合」が挙げられている。すなわち、「我が国の存立」が脅かされることが、武力行使の要件の中で使われている。すなわち、武力行使は「国の存立」を全うする限りで許容されるとされる。

　以上のように、「国の存立」論は、武力行使の抽象的な正当化理由と武力行使の具体的な要件として、二重の意味で使われている。この両者の関係は言うまでもなく論理必然的なものではなく、解釈論として構成されたものである。前者の下で、以前は集団的自衛権が否認され、解釈変更後に後者が「自国防衛」論として表れ、集団的自衛権が限定容認されている。この変化によって、両者の関係が解釈論として構成されたものであることは示されている。

2　「自国防衛」論の構造

(1)　「自国防衛」の定義

　武力行使の具体的な要件としての「国の存立」論から、武力行使は 1972 年資料では個別的自衛権として認められ[39)]、集団的自衛権や集団安全保障としては認められなかった。しかし、2014 年閣議決定では「自国防衛」として認められ、「他国防衛」としては認められないに変えられた。

84 第2章 集団的自衛権限定容認論の原理

2014年閣議決定当日、安倍晋三首相は記者会見で次のように述べた。「日本国憲法が許すのは、あくまで我が国の存立を全うし、国民を守るための自衛の措置だけです。外国の防衛それ自体を目的とする武力行使は今後とも行いません。」[40]前者が「自国防衛」、後者が「他国防衛」と呼ばれている。この用語は公明党によって強調され、政府・自民党では正式の用語とされていないが、実際上使われることも少なくない[41]。

外国と異なり日本で「他国防衛」が認められない理由は、閣議決定では「憲法第9条」の「文言」であるが、安倍首相はとくに9条2項を挙げている[42]。「自国防衛」論が憲法9条の制約を受けたものであることが意識されている。

安全保障法制論の中で武力行使関係において集団安全保障論は積極的に述べられず、「自国防衛」の言葉に入りにくい印象が与えられていた。しかしながら武力行使の第1要件における「他国による武力攻撃」には集団的自衛権と集団安全保障が入るとされ[43]、集団安全保障でも3要件を充たせば武力行使が認められるとされている[44]。したがって、「自国防衛」には個別的自衛権や集団的自衛権だけではなく、集団安全保障も含まれ得る。「国の存立のため」とされれば、個別的自衛権、集団的自衛権、集団安全保障がその限りで正当化される。

(2) 「いわゆる集団的自衛権」論

集団的自衛権について、「自国防衛」と「他国防衛」を合わせたものを「いわゆる集団的自衛権」と呼び、それは1972年資料でも2014年閣議決定でも認められていないとする議論が行われている。北側は次のように述べる。「72年見解は、集団的自衛権という言葉が4回使われていまして、

---

39) 以前から1972年資料でも個別的自衛権も全面的に認められるわけではなく、必要最小限度でのみ認められてきた(浦田・前掲注18) 40-41頁、安倍186回2014〔平成26〕年7月15日参・予算(閉)1号35頁)。

40) 首相官邸ホーム・ページ。

41) 本書105-106頁。

42) 安倍・前掲注39) 14頁。

43) 本書114頁。

44) 安倍189回2015(平成27)年2月16日衆・本6号13頁。

そのうち３回までは、いわゆる集団的自衛権と言っているんです。もう１回が右の集団的自衛権と言っていまして、全て形容詞がついているんです。いわゆる集団的自衛権。」

そのうえで北側は、閣議決定における武力行使の３要件は「いわゆる集団的自衛権」を認めているのかという質疑を出し、それに対して横畠裕介内閣法制局長官は次のように答えている。「昭和47年見解における、御指摘のいわゆる集団的自衛権は、まさに集団的自衛権全般を指しているものと考えます。その意味で、丸ごとの集団的自衛権を認めたものではないという点においては今回も変わっておりません。」「わが国を防衛するためのやむを得ない自衛の措置としての武力の行使」のみが認められる。「しかしながら、それ以外の、自国防衛と重ならない、他国防衛のために武力を行使することができる権利として観念される、……いわゆる集団的自衛権の行使を認めるものではございません。」[45]

他国防衛が認められないという点で連続性のあることが、「いわゆる集団的自衛権」の否認として強調されている。これは論理的、抽象的に解釈論として展開されたものであり、歴史的、具体的に1972年資料において「いわゆる集団的自衛権」でない「自国防衛」的集団的自衛権を想定し認めていたとする根拠は示されていない。

山口那津男公明党代表によれば、「自国防衛」としての集団的自衛権は、個別的自衛権に毛の生えたものとされている[46]。「自国防衛」としての集団的自衛権が重大なものであることは種々の点から明らかであり、毛が生えているとすれば剛毛である。

(3) 専守防衛の再定義

2014年閣議決定後も、専守防衛の堅持が言われている。「今後とも専守防衛を堅持していきます。国の存立を全うし、国民の命と平和な暮らしを、とことん守っていきます」[47]と説明されている。ここでは専守防衛と国の

---

45) 北側、横畠186回2014（平成26）年7月14日衆・予算18号（閉）8頁。

46) 朝日新聞2014年10月30日。

47) 内閣官房「『国の存立を全うし、国民を守るための切れ目のない安全保障法制の整備について』の一問一答」2頁。

存立が結合されている。

　小西洋之議員が閣議決定前後の「専守防衛」の意味の変化について質問し、その中で従来の定義における「相手から武力攻撃を受けたときに初めて防衛力を行使」の部分をとくに問題にした。それに対して答弁書では、閣議決定後の「武力の行使」は「我が国または我が国と密接な関係にある他国に対する武力攻撃の発生が前提であり、また、他国を防衛すること自体を目的とするものではない」とされた。「相手から武力攻撃を受けた」主体が、「我が国又は我が国と密接な関係にある他国」に広げられた。そのうえで「自国防衛」論による枠づけがされた[48]。専守防衛の意味は従来から変化してきており[49]、2014年閣議決定後は「自国防衛」によってとらえられている。すなわち限定的集団的自衛権の行使も認められるように、専守防衛の意味が変えられている。

3　「自国防衛」論の機能

(1)　「自国防衛」と「他国防衛」の区別

　既に見たように、「わが国の存立を全う」するための「自衛の措置」＝武力行使が「自国防衛」であり、「外国の防衛それ自体を目的とする武力行使」が「他国防衛」である。従来重視された個別的自衛権と集団的自衛権について、「区別するメルクマールとしては、自国に対する武力攻撃が発生しているか、そうでない場合か」ということが論じられてきた。すなわち客観的な行為が問題になっている。それに対して「自国防衛」、「他国防衛」については、「目的が自国防衛であるか他国防衛であるという目的で分けているもの」[50]である。主観的な目的が問題にされている。その分区別はより不明確なものになっている。

　「他国防衛」は「外国の防衛それ自体を目的とする武力行使」ととらえ

---

48)　小西洋之議員提出安倍内閣における「専守防衛」の定義に関する質問に対する答弁書（189回2015〔平成27〕年3月24日参議院提出）。

49)　浦田・前掲注18) 81-97頁。さらに2013年12月17日に閣議決定された「国家安全保障戦略」では、「積極的平和主義」とともに「専守防衛」に徹することが「基本理念」として掲げられている（『防衛ハンドブック』・前掲注16) 22-23頁）。

50)　横畠186回2014（平成26）年7月14日衆・予算18号（閉）31頁。

られているので、自国と他国の両者を防衛する目的を持つものは定義上
「自国防衛」に入る。また、自国の防衛を目的として、他国の防衛を手段
とした場合も、「自国防衛」になる。「他国を守ることは目的としていない
ということは明確。それを手段としているのと目的というのはこれまた大
分違う」[51]。そうだとすると、「自国防衛」の目的が全くなく、「外国の防
衛それ自体を目的とする武力行使」は、どのようにどれだけ存在するであ
ろうか[52]。逆に言えば、ほとんど全ての武力行使を「自国防衛」と説明す
ることも可能なのではないであろうか。

　とくに、2014年閣議決定前文では、「もはや、どの国も一国のみで平和
を守ることはでき」ないとする認識が示されている。そのうえで、①国の
存立、②日米同盟の強化、③国際貢献が列挙されている。ここに見られる
ある種のグローバリゼーション論の下では、三つの列挙のうちの①でも、
「外国の防衛それ自体を目的とする」「他国防衛」は根本的には存在しない
ことになっていく可能性もある。

　反対に、「自国防衛」に該当する実例は、今まで存在しないとの答弁が
ある[53]。

　「自国防衛」・「他国防衛」論によって、論理的に可能なもののうち、政
治的判断にもとづいて一定のものを該当するとし、別のものを該当しない
と説明できる可能性がある。その場合には、線引きは政治的に動いていく
ことになる。すなわち、政治的論議に法的論理の形式を与えている可能性
がある。

(2)　武力行使の3要件による規定

　以上のような基本的な問題を抱えているが、武力行使の3要件によって

---

51)　安倍・同26頁。

52)　「他国の防衛それ自体を目的とする集団的自衛権の行使を認めるものでもありません。し
　たがって、外国を守るために日本が戦争に巻き込まれるということは決してありません」
　（同187回2014〔平成26〕年10月1日衆・本3号18頁）と言われている。これは形式的な
　循環論法である。「自国防衛」とくに自国と他国を防衛する建前で「日本が戦争に巻き込ま
　れる」ことは形式的には否定されておらず、実質的には目指されているのであろう。

53)　岸田文雄外務大臣189回2015（平成27）年6月19日衆・平和安全特別12号19頁。本
　書117-118頁。

88 第 2 章　集団的自衛権限定容認論の原理

「自国防衛」が限定される形式が採られている[54]。しかし、実質的に何によって限定されているのであろうか。

1)　第 1 要件

　第 1 要件として、「我が国と密接な関係にある他国に対する武力攻撃が発生し」たときについては、「これにより我が国の存立が脅かされ、国民の生命、自由及び幸福追求の権利が根底から覆される明白な危険がある場合」とされている。この要件の基本的要素は「自国防衛」論そのものである。この要件について、多様な「要素を総合的に考慮し、我が国に戦禍が及ぶ蓋然性、国民がこうむることとなる犠牲の深刻性、重大性などから客観的、合理的に判断する」とされている[55]。

　ここに、日本に対する武力攻撃に至る可能性だけではなく、ホルムズ海峡における機雷の設置に由来するような経済危機も含まれ得るとする答弁が、安倍によって繰り返されてきた。その点について、横畠による以下のような答弁もある。「センカのカが火という字を書く場合と禍という字を書く場合がございます。火と書く場合には、まさに我が国が砲撃を受けたり、あるいはミサイルが着弾をするといったようなことがイメージされるわけでございますけれども、禍という場合については、必ずしもそのような砲火を浴びるというような状況ではないものも含まれる場合でございます。」[56]

　「国の存立の基盤は経済」[57]とされているので、機雷の例に限らず、要件を充たす経済危機は広がるであろう。また「日米同盟、我が国の平和と安全を維持する上で死活的に重要である」[58]とも言われている。すなわち危機は軍事的なものに限られず、広く経済的、政治的、社会的なものに及ぶということである。そのなかで要件を充たすものは、「国民に、我が国が武力攻撃を受けた場合と同様な深刻、重大な被害が及ぶことが明らかな状

---

54)　3 要件の意味について、本書 113-120 頁。

55)　横畠 186 回 2014（平成 26）年 7 月 14 日衆・予算 18 号（閉）8 頁など。

56)　同 187 回 2014（平成 26）年 11 月 6 日参・外交防衛 6 号 10 頁。

57)　安倍 2014（平成 26）年 7 月 14 日衆・予算 18 号（閉）39 頁。

58)　岸田 2014（平成 26）年 7 月 14 日衆・予算 18 号（閉）22 頁。ただし、「単に日米同盟が揺らぐおそれがあるということが直ちにこれ（3 要件—浦田）にあたるとは考えられません」（横畠 2014〔平成 26〕年 10 月 16 日参・外交防衛 2 号 18 頁）とされている。

況」だと簡単には説明されている[59]。「同様」は同じでないものについて言われる。「同様」かどうかも、結局「国の存立」をどう考えるかに依拠しているのではないであろうか。

2) 第2要件

第2要件は、「これを排除し、我が国の存立を全うし、国民を守るために他に適当な手段がないとき」である。ここでは、明確に「国の存立」・「自国防衛」論が判断基準になっている[60]。

3) 第3要件

第3要件は、「必要最小限度の実力を行使する」ことである。この要件との関係で最も問題になってきたことは、海外派兵の禁止である。これは閣議決定後も変わらないとされ、湾岸戦争、イラク戦争、アフガニスタン戦争のような戦争で戦闘しないとされている[61]。しかし、2014年5月27日に政府から出された15事例のうち、集団的自衛権に関する8事例は要件を充たし得るとする答弁がなされている[62]。すなわち、海外派兵禁止の意味が今変わりつつあり、今認めらないとされているものが「海外派兵」と呼ばれているという状況になっている[63]。ここでも、何が「必要最小限度の実力」を超える「海外派兵」なのかは、根本的には「国の存立」をどう考えるかによって決まることになるように思われる。

「国の存立」・「自国防衛」の具体化は武力行使の3要件によって限定される形式が採られているが、結局各要件の肝心の意味は「国の存立」・「自国防衛」の観念に依拠しているのではないであろうか。実質的には、循環論法になっているきらいがある。そのうえ、「国の存立」と結合された武力行使論は、そうでないものより強力なイデオロギー的効果を発揮するであろう。

---

59) 横畠186回2014（平成26）年7月14日衆・予算18号（閉）8頁。

60) この要件に公明党はこだわり、備蓄などの代替策があれば、武力行使できないことを明らかにしようとした（沖縄タイムス2015年3月28日）。この要件は、自民党と公明党の間のやり取りの末、法案に盛り込まれることになった（朝日新聞同年4月17日夕刊）。武力攻撃事態法9条2項1号ロに規定された。

61) 安倍186回2014（平成26）年7月14日衆・予算18号（閉）19頁。本書121頁。

62) 安倍・前掲注61）35頁。

63) 本書118-120頁。

IV 「自衛の措置」論以外の場合

1 安保法制の体系

　最初に述べた「国の存立」論は安全保障法制全体の基本的理念であり、「自衛の措置」とともにそれ以外の部分も規律している。「国の存立」論は全体の理念・目的であると同時に、その中でその要素の大きいものを示す役割も果たしている。それらのことは、政府提出資料の「安全保障法制の整備に関する全体像」（91頁に掲載）が、縦軸として「我が国、国民に関する事項」から「国際社会に関する事項」まで並べているところに[64]、よく表れている。

　本節の最初に援用した「安全保障法制整備の具体的な方向性」の中で、「我が国、国民に関する事項」についての説明が見られる。その一つとして「米軍等の武器等の防護」がある。その要件として、「我が国の防衛に資する活動に現に従事する米軍等」が挙げられている。「米軍以外の他国軍隊」の場合には、「『我が国の防衛に資する活動』として認められるものであること」と、「我が国の防衛義務を負う米軍の武器等と同様な『我が国の防衛力を構成する重要な物的手段』に当たり得る場合であること」が要件とされている（1頁）。ここでは、外国の武器等も「我が国の防衛力を構成する重要な物的手段」に当たり得るとされている。これは「国の存立」論に沿った整理であろう。また、周辺事態法を改正した「重要影響事態安全確保法」が、「我が国の平和と安全に資する活動を行う米軍等の他国軍隊等支援活動」を規定しているが、これも「国の存立」論の要素が強い。

2 現実的問題

　アメリカの要求が強くまず実際に問題になるのは、全体として武力行使を行う「存立危機事態」ではなく、今ふれた「米軍等の武器等の防護」や「重要影響事態」であり、さらに「国際平和支援」であろう。ただし、「存立危機事態」でも機雷の掃海はすぐに問題になる可能性がある[65]。

64）「安全保障法制の整備に関する全体像」内閣官房ほか『安保法制の検討状況』（安全保障法制整備に関する与党協議会19回）（2015年4月14日）2頁。

第2節 「国の存立」論と「自国防衛」論 91

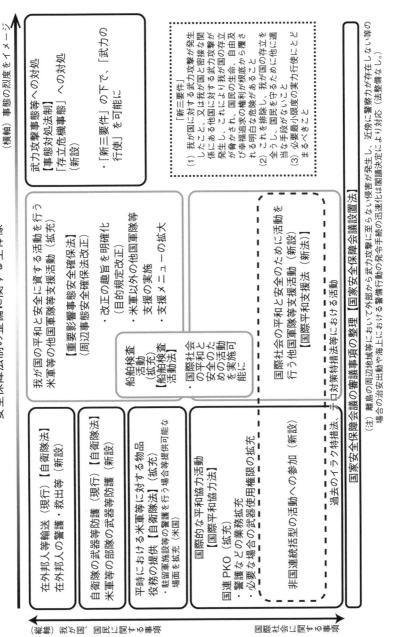

「重要影響事態」や「国際平和支援」で、「他国の『武力の行使』との一体化を防ぐための枠組みを設定すること」（「安全保障法制整備の具体的な方向性について」2頁）が求められているのは、集団的自衛権などの武力行使の容認が限定されたことを論理的基礎に置いている。一体化論は、武力行使が禁止されている場合があることを前提にしているからである。これらの武力行使によらないとされるものは、「切れ目のない」整備によって武力行使に至らないとする建前が採られている。しかし実際には、武力行使ではないとされる対応を行うことによって、「切れ目のない」形で武力行使に導かれる可能性も考えないわけにはいかない。相手側が対応することを、当然予想しなければならないからである。

おわりに

「国の存立を全うし、国民を守る」と言われるが、「国民を守る」は政治的イデオロギーであり、「国の存立」が問題である。その「国の存立」論は砂川事件最高裁判決から由来し、直接には1972年資料の再構成に基づいている。「国の存立」論を基礎に置いて、武力行使について目的が「国の存立」の場合が「自国防衛」、「外国の防衛それ自体」の場合が「他国防衛」とされる。前者が合憲、後者が違憲とされる。目的によるこの区別は不明確であり、武力行使の3要件も「国の存立」観念に依拠している。「自衛の措置」＝武力行使でない場合も、「国の存立」論が目的と要素の両面で重要な役割を果たしている。

「国の存立」論を中心とする安全保障構想の実態は、日米同盟の深化＝対米従属の強化である。アメリカの世界戦略の中で自衛隊をより積極的に活用することが目指されている。2015年4月27日に合意された「新たな日米防衛協力のための指針」＝第3次のガイドラインのポイントとして頻繁に出てくる「同盟調整メカニズム」（Alliance Coordination Mechanism）は、実質的に自衛隊が平時からアメリカの指揮下に入ることを意味するであろう。対米従属の強化を「国の存立」目的によって正当化する議論が選ばれた。

---

65) アメリカが集団的自衛権の具体化として期待するのは、機雷の掃海である（朝日新聞2015年4月28日）。ただし、批判を受けて、実施について答弁は失速した（本書117頁）。

1950 年にアメリカの指令に基づき米軍の武器によって再軍備が始まり、1954 年にこの再軍備による「自衛隊は、わが国の平和と独立を守り、国の安全を守るため」（自衛隊法 3 条 1 項）として表現された。1999 年周辺事態法によるアメリカの戦争に対する後方支援は、「周辺事態」＝「我が国の平和及び安全に重要な影響を与える事態」（周辺事態法 1 条）として描かれた。この流れの延長における飛躍として、「国の存立」論が登場した。そこでは、対米従属によらなければ「国の存立」はないと考えられている。

　これは矛盾に満ち、あまり人から褒められるものではない。憲法 9 条の存在、従来の政府解釈、世論の状況などが考慮されたのであろう。しかし、中国、韓国、アセアンをはじめとしてアジアの国々が力をつけてきた状況は、戦争責任の不明確化と対米従属のセットという固定観念の維持が不可能な時代の到来をまさに示しているように私には思われる。

第3章 集団的自衛権限定容認の具体化

集団的自衛権限定容認の具体化として、2014年7月1日閣議決定のありかた、閣議決定の文言の分析、閣議決定の実施と条文化の問題を扱う。

第1節

閣議決定の手法[1]

はじめに

集団的自衛権限定容認を中心として憲法9条の政府解釈を変更した閣議決定が、2014年7月1日に出された。この閣議決定の憲法適合性について、主としてその手法の面から考察したい。

I 閣議決定と立憲主義

「集団的自衛権などに関する想定問答」[2]によれば、閣議決定による解釈変更は1972年政府資料の見解の「基本的な論理の枠内で導いた論理的な帰結」なので、解釈改憲ではなくまた憲法改正の必要はないとされる。しかしながら、既に見てきたように「基本的な論理」＝「法理」と「当てはめ」の議論に無理があり[3]、この解釈変更は実質的には許されない解釈改

---

1) 元の論文では「閣議決定の内容と手法」と題して、手法だけではなく内容も論じていた。その中で集団的自衛権限定容認の歴史、原理、問題点を指摘していたが、それについては本書39-75頁を参照されたい。また元の論文が執筆されたのは2014年秋であり、与党協議、日米防衛協力ガイドライン、法案審議の前である。執筆以降の問題について適宜加筆、修正を行った。

2) 朝日新聞2014年6月28日。

3) 本書68-71頁。

憲であり、憲法改正手続の脱法行為であろう。

　このような政治手法の背景として、安倍晋三首相の立憲主義観は注目される。憲法による権力の拘束の考えが弱い。「憲法というのは、言わば権力者の手を縛るという…側面もある…が、…自由民主主義、基本的な人権が定着している今日、王制時代とは違う…から、一つの国の理想や形を示す」[4]。権力者の手を縛ることは、今日ではあまり必要がないと考えられている。その場合、「立憲主義とは、主権者たる国民がその意思に基づいて」憲法を定める考えかただとしている。これは通常の立憲主義の説明とも思われるが、国民主権を強調しているようにも見える。これは改憲への取り組みと適合的である。

　安倍首相は、集団的自衛権容認に抵抗する山本庸幸から容認を推進する小松一郎に、内閣法制局長官の首を挿げ替えた。そして憲法解釈に関して最高責任者発言を行った。「先ほど来、法制局長官の答弁を求めていますが、最高の責任者は私です。…政府の答弁に対しても私が責任を持って、…私たちは選挙で国民から審判を受ける…。審判を受けるのは、法制局長官ではない」[5]。行政府における憲法解釈の最高責任者は法的には確かに内閣・首相であるが、安倍首相の発言には立憲主義や法制の専門機関の役割に対する配慮が感じられない。このような強引な言動が行われることは、進めようとしていることが、憲法解釈に収まりにくく政治的な性格を帯びていることを示しているように思われる。

II　閣議決定と国会審議

1　閣議決定による憲法解釈の変更

(1)　閣議決定のありかたと国民の納得

　閣議決定による憲法解釈の変更に対して、国会を軽視して拙速に決定し、国民の納得が得られていないなどの批判が出されてきた。それに対して、安倍首相は十分に議論したとする。1972年資料については与党協議も閣議決定も行っていなかったが、今回は第1次から足かけ7年、実質2年半

---

4)　安倍晋三内閣総理大臣183回2013（平成25）年4月23日参・予算10号36頁。このような憲法観が政治の世界で一定の広がりを持っているように思われる。

5)　同186回2014（平成26）年2月12日衆・予算6号4頁。

の「安全保障の法的基盤の再構築に関する懇談会」（安保法制懇）の議論、提言後11回の与党協議、70名の議員の質問があったと述べている[6]。また、行政権は内閣にあり（憲法65条）、内閣は憲法尊重擁護義務が課されている（99条）。まず解釈を変えないと、憲法との齟齬が出てしまうので、閣議決定を行ったとする[7]。

(2)　1972年資料と1954年政府統一見解

　1972年資料は解釈変更を行っていないので、これとの比較は適切でない。それに対して、今回の解釈変更は1954年の解釈変更と同じ、あるいはより丁寧だとする議論が時々見られる[8]。こちらのほうが注目される。言われていることは、自衛力論の原型によって自衛隊を正当化した政府統一見解[9]のことである。自衛隊の前身である陸上保安隊・海上警備隊（1952-54年）の正当化理由は近代戦争遂行能力論であったが、この自衛力論によって政府は初めて正式に個別的自衛権を認めた。1954年12月20日の政府・与党打合せ会議において、高辻正己法制局第1部長が用意した自衛力論が旧自由党系から支持され、旧改進党系の反対を押し切って、22日に国会で提示された[10]。この経緯だけを見れば、確かに今回のほうが丁寧である。

　しかし1954年政府統一見解の前史を見ると、陸上保安隊・海上警備隊は警察力であるとされていた。それを正当化する近代戦争遂行能力論は、警察力＝対内的実力であっても、近代戦争遂行能力を備えるに至れば、憲

---

6)　同186回2014（平成26）年7月14日衆・予算18号（閉）11頁。

7)　同186回2014（平成26）年7月15日参・予算（閉）1号18、31頁。憲法尊重擁護義務は全公務員に課されているが、解釈の変更は許される範囲内であれば不可能ではない。したがって、変更への取り組みは当然可能であり、そのことで「憲法との齟齬」は生じない。変更については、最高裁の判断が確定するまでは、必要に応じて内閣が原案を提出することがあり、国会が決定する。本文の議論は、内閣の憲法尊重擁護義務を取り出して、国民の世論や国会の審議を軽視する効果を生んでいる。本書106頁。

8)　たとえば、北岡伸一「不戦と自衛」朝雲2014年8月28日。集団的自衛権問題研究会News & Review 1号（2014年）1-2頁が紹介するマイケル・グリーン「日本の集団的自衛権容認に関する10の神話」。

9)　大村清一防衛庁長官21回1954（昭和29）年12月22日衆・予算2号1頁。

10)　浦田一郎『自衛力論の論理と歴史』（日本評論社、2012年）307-312頁。

法で禁止された「戦力」に該当するとするものである[11]。それを私は「対内的実力に関する近代戦争遂行能力論」と呼んでいる[12]。

　ところが、軍事的義務の履行を条件とする MSA（Mutual Security Act、相互安全保障法）援助の論議とともに、1953 年 7 月頃から近代戦争遂行能力論が「対外的実力に関する近代戦争遂行能力論」に変わっていった。すなわち、対外的実力であっても、近代戦争遂行能力を備えるに至らなければ、憲法で禁止された「戦力」に該当しないとするものである。したがって、この頃から政府も対外的実力合憲論を事実上認めるようになっていた。自衛隊の設置を目指す防衛 2 法案の審議が 1954 年 3 月から 6 月にかけて行われたが、そこで自衛隊を正当化する政府の基本的な議論は近代戦争遂行能力論であったが、自衛力論も例外的に登場していた[13]。そのうえで、7 月に自衛隊が発足し、その後 12 月に前述の自衛力政府統一見解が示された。

　1954 年の解釈変更は 1 日で非公開の中で行われたように描かれているが、近代戦争遂行能力論から約 2 年、「対外的実力に関する近代戦争遂行能力論」から約 1 年かけ国会審議を通して行われた。解釈変更の方法を 1954 年の個別的自衛権論と 2014 年の集団的自衛権論の間で比較してみると、前者は国会審議を通して徐々に模索しながら行われたが、後者は内閣主導で一挙に意図的に行われた。後者について安保法制懇や与党協議の公開性が言われるが、公開部分と非公開部分が政治的に選択されてきた。公開部分は公開と同時に、世論の模索と世論向けの宣伝の政治的意味も持ってきた。以上のような意図的取組みが今回行われてきたのは、集団的自衛権の否認から容認への転換に無理があるからであろう。

　以上のような比較は可能であるが、戦争放棄・戦力不保持の規定を持ち軍事力の立憲的根拠・統制の規定を持たない日本国憲法の下で、1954 年と 2014 年の解釈変更はどちらも解釈改憲＝実質的改憲である。どちらも、軍事力によって平和が実現できるという想定を前提にしており、その想定には実質的に軍事力信仰が含まれているように思われる。2014 年の解釈

---

11)　1952 年 11 月 25 日法制局見解（朝日新聞 1952 年 11 月 26 日）によって定式化された。

12)　浦田・前掲注 10) 222-255、とくに 242-248 頁。

13)　同 269-304 頁。

変更に対する国会軽視、拙速な決定、国民不在などの批判は、実質的改憲や軍事力信仰の飛躍という実態に対する市民の不安が背景にあろう。これほど重大な問題が含まれているために、反対や批判が多くなり、そのために進め方が強引になっているのではないかと考えられている。

2　ガイドラインと国会審議

　ところで、日米防衛協力ガイドラインに関する中間報告によれば、「指針の見直しは、この閣議決定の内容を適切に反映」することになっていた[14]。そのことによって、両国が「国際の平和と安全に対し、より広く寄与する」ことが期待されていた。そして、ガイドラインは 2015 年 4 月 27 日に合意された。

　ガイドラインは外交・防衛大臣による「2＋2」委員会（SCC）の政治的認識と意図を示す文書であり、法的文書ではないとされている。憲法の枠内にあり、安保条約には違反しないという建前が採られている。「全ての行動及び活動は、……憲法……に従って行われる。」（ガイドラインⅡC）。「日米安保条約……に基づく権利及び義務並びに日米同盟関係の基本的枠組は、変更されない。」（A）そのうえで、「指針はいずれの政府にも立法上、予算上、行政上またはその他の措置をとることを義務付けるものではなく、また、指針は、いずれの政府にも法的権利または義務を生じさせるものではない」とされている。

　しかしながら、法的意味はなくても、事実上実行が求められている。「努力の結果をおのおのの具体的な政策及び措置に適切な形で反映することが期待される」（D）。さらに、「全ての行動及び活動は…その時々において適用のある（then in effect＝その時点で発効している）国内法令…に従って行われる」（C）とされているのは、立法措置を執る事実上の約束を前提にしているであろう。

　以上のように、ガイドラインは法的文書ではないとされているので、国会審議を経ていない単なる閣議決定に基づくことが可能になっている。ま

14）「指針の見直しは、この閣議決定の内容を適切に反映」することができるように、「閣議決定の内容」について日米間で事前の協議が行われていたと考えられる。それが常識的な判断であろう。

た「条約」として締結について国会の承認を経る（憲法73条3号但書）必要もない。しかし、その実行は事実上あるいは政治的には強力な義務になり得る。1997年ガイドラインを理由に、周辺事態法の成立が強く求められた[15]。今回閣議決定後にガイドラインと法案審議が結合され、閣議決定を反映したガイドラインが作られたことを前提にして、ガイドライン関連法として安保法制の成立が求められた。このプロセスは政府・自民党にとって政治的には動かせないことであり、そのために閣議決定が急がれた。このような手法の背景には、外交は天皇・政府の専権事項（明治憲法13条）と見る戦前以来の内閣中心主義と、法的約束がなくても事実上実行されると想定できる戦後の対米従属の結合がある。

Ⅲ　課題

　外交も統治機構の問題として国民主権を基礎に持っており、このように外交における国民主権を重視する立場は「外交民主主義」と呼ばれ得る。日本国憲法73条3号但書は、外交の基本枠組みをなす条約の締結について国会に承認権を認め、外交に関する最終的決定権を国民代表としての国会（憲法43条1項）に与えている。外交の対外的窓口は「外交関係を処理する」（73条2号）内閣であるが、対内関係の統治機構の問題として内閣は国会による決定を受けつつ外交を「処理」することになっている[16]。したがって国会はガイドラインに含まれる問題点を国民の前に解明する責任を持っている。合意されたガイドラインは法的約束を含まないので、国会は法的に自由にガイドライン関連法案について審議し、問題があれば否決することができる[17]。

　閣議決定は内閣としての意思表示であり、国会を拘束するものではない。

---

15) 1997年ガイドラインと国会の関係について、浦田・前掲注10) 99-101頁。

16) 外交民主主義について、浦田一郎『現代の平和主義と立憲主義』（日本評論社、1995年）194-204頁。

17) 2015年8月11日に小池晃議員が参議院安保法制特別委員会で防衛省統合幕僚監部の内部文書「日米防衛協力のための指針（ガイドライン）及び平和安全法制関連法案について」を暴露した。その中で「同盟調整メカニズム」の中に「軍軍間の調整所」が設置されることが明記されていた。このような事例はあるが、国会審議において全体としてガイドライン関係の問題追究は十分ではなかった。

最高裁判所の憲法判断が確定する（憲法81条）まで、憲法原理として憲法に関する有権解釈は国権の最高機関である国会（41条）が行う。しかし実際には法案審議に伴って、国会議員が内閣に対して法案の前提となる内閣の憲法解釈について質疑、質問を行ってきた。閣議決定を具体化した自衛隊法や武力攻撃事態法の改正案などの審議の中で、閣議決定や法案における憲法解釈の問題点の追及は国会の仕事である。なお、直接に国会が憲法解釈を確定することは、政治的論議と法的論議が混在する中で、議院法制局の位置づけが弱いまま多数決によって決定することになるので、問題が多い。国会は問題点を明らかにし、国民に情報提供することに集中するのが望ましい。

　裁判所による問題解決の可能性は、政治の統制と正当化という裁判所の両面機能、付随的審査制、司法消極主義の下で、かなり限定されている。したがって国民が国会の憲法論議と交流しつつ、果たすべき役割は大きい[18]。

おわりに

　2014年閣議決定によって、「必要最小限度」などの限定のある「自衛の措置」という「基本的な論理」の下で、個別的自衛権＝合憲—集団的自衛権＝違憲から、「自国防衛」＝合憲—「他国防衛」＝違憲に、「あてはめ」が変えられたと説明されている。しかしながら、集団的自衛権違憲から合憲に権力行使を拡大した憲法解釈の変更には、やはり立憲主義上の問題が含まれている。閣議決定による憲法解釈の変更には立憲主義や法制の専門機関の役割に対する配慮が感じられず、集団的自衛権容認の2014年の解釈変更は1954年の個別的自衛権容認の解釈変更と比べても問題がある。閣議決定後のガイドラインと法案審議の結合によって国会審議を事実上抑制することが目指されたが、国会は問題点を追及し国民に提示する責任を負っている。

　基地提供、経済的支援、後方支援など実力によらない軍事協力から、最終的には前線の戦闘における実力行使による軍事参加に、日米同盟＝対米

---

[18]　国会外の市民運動の盛り上がりの中で、国会で憲法解釈を含む多くの問題をめぐる審議が行われた。議事録や答弁書に見られる論議を、可能な範囲で本書に反映するように努めた。

従属のありかたが変えられようとしている。その集団的自衛権行使は「自国防衛」論によっており、「一国平和主義」的である。それは「積極的平和主義」の理念と矛盾するが、認められない集団的自衛権を認めようとする状況に規定された「積極的平和主義」論の過渡的性格には対応している[19]。集団的自衛権に対して「自国防衛」論によって課せられた制約をめぐって、閣議決定の解釈[20]、再度の解釈変更、明文改憲などの点で容認派と批判派の間でまた容認派の中で対抗が日米にまたがって展開していくことになる。

---

19) 浦田一郎「集団的自衛権の容認──『必要最小限度』論と『積極的平和主義』」法と民主主義 487 号 22-23 頁（2014 年）。

20) 閣議決定の用語と論理について、本書 102-123 頁。

第2節

コンメンタール 2014 年 7 月 1 日閣議決定
──その集団的自衛権限定容認論の解説

はじめに

2014 年 7 月 1 日「国の存立を全うし、国民を守るための切れ目のない安全保障法制の整備について」と題する閣議決定が行われた。これによって、集団的自衛権行使の容認を中心として、政府の憲法解釈の変更が行われた。これは憲法の平和主義に関するその時点における政府の解釈を体系的に示したものである。政府の方針に基づき、この閣議決定を日米防衛協力ガイドラインに反映させ、またこの閣議決定を具体化する法案を国会に提出し、法案が成立した。これらに含まれる問題について市民が判断するために、閣議決定を正確に理解することが必要になるが、それは必ずしも容易ではない。その理解のためには、その文言について意味の範囲、その根拠、その問題点などを知ることが有益である。そこで、コンメンタール（注釈）閣議決定を書くこととした。

閣議決定のうち、集団的自衛権行使の容認に直接関わる「3 憲法第9条の下で許容される自衛の措置」の部分を中心的に取り上げる。必要に応じて、必要な部分を事典代わりに使っていただければ幸いである。

国の存立を全うし、国民を守る【解説1】ための切れ目のない【解説2】安全保障法制の整備について

平成 26 年 7 月 1 日

国家安全保障会議決定

閣議決定【解説3】

（略）【解説4】

1 武力攻撃に至らない侵害への対処（略）【解説5】

2 国際社会の平和と安定への一層の貢献（略）【解説6】

3 憲法第9条の下で許容される自衛の措置【解説7】

(1) 【解説8】我が国を取り巻く安全保障環境の変化【解説9】に対応し、いかなる事態においても国民の命と平和な暮らしを守り抜くためには、これまでの憲法解釈のままでは必ずしも十分な対応ができないおそれがあることから、いかなる解釈が適切か検討してきた。その際、政府の憲法解釈には論理的整合性と法的安定性が求められる。したがって、従来の政府見解【解説10】における憲法第9条の解釈の基本的な論理の枠内【解説11】で、国民の命と平和な暮らしを守り抜くための論理的な帰結を導く必要がある。

(2) 【解説12】憲法第9条はその文言からすると、国際関係における「武力の行使」を一切禁じているように見える【解説13】が、憲法前文で確認している「国民の平和的生存権」や憲法第13条が「生命、自由及び幸福追求に対する国民の権利」は国政の上で最大の尊重を必要とする旨定めている趣旨を踏まえて考えると【解説14】、憲法第9条が、我が国が自国の平和と安全を維持し、その存立を全うするために必要な自衛の措置を採ることを禁じているとは到底解されない【解説15】。一方、【解説16】【解説17】この自衛の措置は、あくまで外国の武力攻撃によって国民の生命、自由及び幸福追求の権利が根底から覆されるという急迫、不正【解説18】の事態【解説19】に対処し、【解説20】国民のこれらの権利を守るためのやむを得ない措置として初めて容認されるものであり、【解説21】そのための必要最小限度の「武力の行使」は許容される【解説22】。これが、憲法第9条の下で例外的に許容される「武力の行使」について、従来から政府が一貫して表明してきた【解説23】、見解の根幹、いわば基本的な論理【解説24】であり、昭和47年10月14日に参議院決算委員会に対し政府から提出された資料「集団的自衛権と憲法との関係」【解説25】に明確に示されているところである。

この基本的な論理は、憲法第9条の下では今後とも維持されなければならない【解説26】。

(3) 【解説27】【解説28】これまで政府は、この基本的な論理の下、「武力の行使」が許容されるのは、我が国に対する武力攻撃が発生した場合【解説29】に限られると考えてきた。しかし、冒頭で述べたように【解説30】、パワー

バランスの変化や技術革新の急速な進展、大量破壊兵器などの脅威等により我が国を取り巻く安全保障環境が根本的に変容し、変化し続けている状況【解説31】を踏まえれば、今後他国に対して発生する武力攻撃【解説32】であったとしても、その目的、規模、態様等によっては、我が国の存立を脅かす【解説33】ことも現実に起こり得る【解説34】。

　【解説35】我が国としては、紛争が生じた場合にはこれを平和的に解決するために最大限の外交努力を尽くすとともに、これまでの憲法解釈に基づいて整備されてきた既存の国内法令による対応や当該憲法解釈の枠内で可能な法整備などあらゆる必要な対応を採ることは当然であるが、それでもなお我が国の存立を全うし、国民を守るために万全を期す必要がある【解説36】。

　【解説37】こうした問題意識の下に、現在の安全保障環境【解説38】に照らして慎重に検討した結果、【解説39】【解説40】我が国に対する武力攻撃が発生した場合【解説41】のみならず、我が国と密接な関係にある他国【解説42】に対する武力攻撃が発生し【解説43】、【解説44】これにより我が国の存立が脅かされ、国民の生命、自由及び幸福追求の権利が根底から覆される明白な危険【解説45】がある場合において【解説46】、【解説47】これを排除し、我が国の存立を全うし、国民を守るために【解説48】他に適当な手段がないときに、【解説49】必要最小限度【解説50】の実力【解説51】を行使することは、従来の政府見解の基本的な論理【解説52】に基づく自衛のための措置【解説53】として、憲法上許容されると考えるべきであると判断するに至った。【解説54】

　(4)　【解説55】我が国による「武力の行使」が国際法を遵守して行われる【解説56】ことは当然であるが、国際法上の根拠と憲法解釈は区別して理解する必要がある。憲法上許容される上記の「武力の行使」は、国際法上は、集団的自衛権が根拠となる場合がある【解説57】。この「武力の行使」には、他国に対する武力攻撃が発生した場合を契機とするものが含まれる【解説58】が、憲法上は、あくまでも我が国の存立を全うし、国民を守るため、すなわち、我が国を防衛するためのやむを得ない自衛の措置として初めて許容されるものである【解説59】。

　(5)　【解説60】また、憲法上「武力の行使」が許容されるとしても、それが国民の命と平和な暮らしを守るためのものである以上、民主的統制の確

保が求められることは当然である【解説61】。政府としては、我が国ではなく他国に対して武力攻撃が発生した場合に、憲法上許容される「武力の行使」を行うために自衛隊に出動を命ずるに際しては、現行法令に規定する防衛出動に関する手続【解説62】と同様、原則として事前に国会の承認を求めることを法案に明記することとする。

　4　今後の国内法整備の進め方（略）【解説63】

【解説1】「国の存立を全うし、国民を守る」は、この閣議決定の基本的理念を表現している（その内容について本書73-93頁、その問題について本書71-74頁）。この抽象的表現は個別的自衛権を意味しているわけではなく、個別的自衛権のほか集団的自衛権や集団安全保障もこの理念の下で正当化され得る。逆に言えば、武力行使はこの理念の限りで正当化され、集団的自衛権容認の限定もこの理念によって表現されている。すなわち武力行使の拡大と限定の両面を表している。このことについて、閣議決定当日の安倍晋三首相の記者会見でも次のように言われた。「日本国憲法が許すのは、あくまで我が国の存立を全うし、国民を守るための自衛の措置だけです。外国の防衛それ自体を目的とする武力行使は今後とも行いません。」（首相官邸ホーム・ページ）

　この首相発言の前段は「自国防衛」、後段は「他国防衛」としばしば呼ばれている。この用語は、公明党が武力行使の限定とそのための公明党の貢献を強調する文脈で、積極的に使ってきた。「自国防衛」について公明新聞2014年7月2日など、「他国防衛」について同15日、9月14日など。政府はこの用語を答弁の中で質疑者に対応して使うことはあるが（横畠裕介内閣法制局長官186回2014（平成26）年7月14日衆・予算18号（閉）8、31頁など）、当初は積極的に自己の用語としては用いていなかったように思われる。その後一般的に使うようになった。「存立危機事態」（武力攻撃事態法2条4号）の基礎に「自国防衛」論が置かれている。

　さらに、「国の存立を全うし、国民を守る」は、閣議決定における武力行使の第2要件でも使われている（【解説47、48】）。

　「国の存立を全うし、国民を守る」＝「自国防衛」論は、個別的自衛権、集団的自衛権、集団安全保障という基本的概念の区別を相対化し、また

「自国防衛」と「他国防衛」の区別の可能性、概念の安定性に問題を抱えている（【解説44】）。

【解説2】「切れ目のない」の元になるものとして、「平成23年度以降に係る防衛計画の大綱について」（2010年）Ⅳ1.(1)に「シームレスに対応」がある。「切れ目のない」は本閣議決定においてこの表題を含めて5か所で使われ、自国防衛と国際貢献、有事と平時、自衛隊と米軍という多様な問題について言われ、最後に「あらゆる事態に切れ目のない対応」と述べられている。2015年4月27日に決定された「日米防衛協力のための指針」（ガイドライン）でも、「切れ目のない」（seamless）は5か所出てくる。「切れ目のない」は政策のキーワードの一つである。

　上記のようにそれぞれに慎重に検討すべき問題の区別が、「切れ目のない」によって相対化されている。さらに憲法9条の下で課されてきた軍事力に対する抑制について、「切れ目」と否定的に表現され、抑制の意義に注意を向かわせない効果が生じている。

【解説3】閣議決定は内閣の意思決定として最高のものであり、政治的に一定の重要性を持つが、当然のことながら法的には内閣を拘束しても国会を拘束しない。

　本閣議決定を行ったのは、憲法尊重擁護義務（憲法99条）を課された内閣が、従来の解釈の変更を先に行わないと、法案作成準備に取りかかれないからだと説明されている（安倍晋三内閣総理大臣、高村正彦議員186回2014（平成26）年7月14日衆・予算18号（閉）2頁）。法案作成準備が憲法尊重擁護義務に反するとすれば、閣議決定案の作成準備もそうなるはずである。解釈の変更が可能な場合には、その準備も可能である。にもかかわらず、とくに内閣の憲法尊重擁護義務を強調することによって、国民の世論や国会の審議を軽視する効果が生じている（本書96頁）。

【解説4】前文が置かれている。

【解説5】この項目は後述の「3　憲法第9条の下で許容される自衛の措置」のうち個別的自衛権に基づく武力行使と関係し、しかし武力行使しない場面とされている。憲法9条の規律対象は直接の武力行使のみであり、そうでない基地提供、経済的援助、後方支援などは規律の対象外だとする解釈が前提になっている（【解説51】）。この解釈によって、多くの実質的

な軍事活動が合憲化されてきた。

【解説6】この項目は後述の「3 憲法第9条の下で許容される自衛の措置」のうち集団安全保障と集団的自衛権に基づく武力行使と関係し、しかし武力行使しない場面とされている。集団安全保障関係が中心的に記述されているが、集団的自衛権関係も含まれると思われる。憲法9条の規律対象との関係は、【解説5】と同じ。

【解説7】「自衛の措置」の文言は後述の1972年資料（【解説25】）に由来する。「措置」は一般的な言葉であるが、武力行使を意味している。「武力行使」ではなく「措置」と言うことによって、印象が和らげられている。「自衛の措置」は表題の「国の存立を全うし、国民を守る」ための武力行使を意味している。個別的自衛権の印象を与えているが、それだけではなく集団的自衛権や集団安全保障も含まれ得る（【解説1、32、43】）。

【解説8】この項目で、憲法解釈変更の基本方針が示されている。

【解説9】「安全保障環境の変化」について、本閣議決定前文、【解説31、34】。

【解説10】「従来の政府見解」について、浦田一郎編『政府の憲法9条解釈――内閣法制局資料と解説』（信山社、2013年）。従来の政府見解の基本的な枠組みは、「自衛力」＝「自衛のための必要最小限度の実力」合憲論である。それは一定の構造を備えているが、立憲主義などの点から問題が含まれている。自衛力論の内容と問題について、同『自衛力論の論理と歴史』（日本評論社、2012年）、【解説15】。

【解説11】「基本的な論理」も本閣議決定のキーワードである。「基本的な論理の枠内」における解釈変更でも、「従来の政府見解」に憲法上の問題が含まれていれば（【解説10】）、変更後の解釈に「論理的整合性と法的安定性」が得られるとは限らない。「基本的な論理」の内容について、【解説12】。「基本的な論理」論の結論について、【解説54】。

【解説12】この項目で、政府の憲法解釈の「基本的な論理」が示されている。

【解説13】憲法第9条が武力の行使を一切禁じているように見えるとする説明のしかたは、秋山收内閣法制局長官159回2004（平成16）年1月26日衆・予算2号5頁の答弁に由来する。

砂川事件大法廷最高裁判決 1959（昭和 34）年 12 月 16 日刑集 13 巻 13 号 3225 頁において、「戦争」など憲法 9 条の文言について「いわゆる」が連発されていたが、それは「いわゆる」もの＝文字通りのものとそうでないものが想定される可能性を示唆していた（本書 166 頁）。秋山答弁において「その文言からすると」と「ように見える」とされたのは、この砂川判決の可能性を引き継ぎ明確化したものと思われる。

秋山答弁の論理は、集団的自衛権否認解釈を掘り崩そうとする動きに対して、内閣法制局が政府解釈を再度解説するために、2000 年代に出された新しい説明のしかたである（その背景について、本書 46-47 頁）。「『武力の行使』を一切禁じている」との 9 条解釈は、非軍事平和主義である。それに、「その文言からすると」と「ように見える」を付加することによって、非軍事平和主義が外見化され、自衛力論の基礎に置かれた。この説明のしかたは、従来の政府解釈も本閣議決定による変更解釈も、9 条とその非軍事平和主義解釈に一定の範囲で規定されていることを示している。

この 9 条論の元になった 1972 年資料（【解説 25】）では、その該当部分は「第 9 条において、同条にいわゆる戦争を放棄し、いわゆる戦力の保持を禁止している」とされている。この文章は、「いわゆる」の連発を含めて砂川事件最高裁判決に由来しているが、この判決は具体的、現実的には個別的自衛権を問題にしたものである（本書 26-31 頁）。その判決の文章を秋山答弁の論理に代えることによって、個別的自衛権論から距離を取り問題を抽象化している（【解説 15】）。

【解説 14】 9 条に対抗する原理として平和的生存権と幸福追求権を援用することは、直接には 1972 年資料（【解説 25】）から由来している。ここでは平和的生存権や幸福追求権は抽象的な理念として使われている（【解説 15】）。

【解説 15】 この「自国の平和と安全」から「解されない」までの文章は、1972 年資料（【解説 25】）にある。1972 年資料の文章は、砂川事件最高裁判決との関係などから、歴史的、具体的には個別的自衛権を想定していた（本書 42 頁）。しかし、本閣議決定では判決に由来する文章が削除された結果、個別的自衛権の色彩が除かれている（【解説 13】）。そのため、閣議決定の中ではこの文章中の「自衛の措置」は抽象化して、抽象的自衛を意

味しているように思われる。抽象的自衛は私の言葉であり、「国」が「存立を全うする」こと＝国家主権について、それを軍事的に実現するという考えかたのことである。抽象的自衛であれば、その実現のための手段として、個別的自衛権とともに集団的自衛権や集団安全保障も論理的可能性として一旦は想定され得る（「自衛の措置」の抽象性について、本書58-59頁）。政府見解では、1972年資料における該当の文章も抽象的自衛の意味で理解されていると思われる（本書43-45頁）。

　抽象的自衛論は日本国憲法に軍事力の根拠規定が存在しないことを無視し、1972年資料や本閣議決定では憲法上の平和的生存権や幸福追求権の抽象的な理念によって軍事力を根拠づけようとしている。そのうえで、9条の軍事力禁止規定の意味を限定することによって、限定された軍事力を正当化しようとする。この論理は立憲主義上の問題を含む。この問題は、従来の政府見解である個別的自衛権に基づく自衛力論に、既に存在する（浦田一郎『現代の平和主義と立憲主義』（日本評論社、1995年）139-150頁）。閣議決定はその問題を飛躍的に拡大している（本書68-71頁）。従来の政府解釈にも変更後の政府解釈にも、軍事力行使によって主権が確保できるという想定があり、その想定には軍事力信仰が含まれているように思われる。軍事力行使後に相手国によって日本に対して軍事力行使されるなどの事態が、通常想定される。これらの事態について言われないところに、信仰が含まれていることが示されているように思われる。

【解説16】ここからこの文章の最後の「許容される」までは、従来の「自衛権発動の三要件」（森清議員提出憲法第9条の解釈に関する質問に対する答弁書〔102回1985（昭和60）年9月27日衆議院提出〕）を元にして、変形したものと考えられる。「自衛権発動の三要件」は以下のものである。「①我が国に対する急迫不正の侵害があること②これを排除するために他の適当な手段がないこと③必要最小限度の実力行使にとどまるべきこと」。変形は既に1972年資料（【解説25】）においてなされている（本書43-45頁）。変形の内容については【解説19】、その結果については【解説22】。

【解説17】ここから「急迫、不正の事態に対処し」までは、従来の「自衛権発動の三要件」（【解説16】）の第1要件を元にして、変形したものと考えられる。

110　第3章　集団的自衛権限定容認の具体化

【解説 18】「急迫、不正」は、従来の「自衛権発動の三要件」（**【解説 16】**）の第1要件である「我が国に対する急迫不正の侵害があること」から来ている（**【解説 40】**）。この 1985 年答弁書では個別的自衛権の要件として使われているが、元になった 1972 年資料では抽象的自衛論に基づく武力行使の範囲論（**【解説 15】**、本書 42-45 頁）の構成要素になっている。そのことは、「侵害」と「事態」の用語の区別（**【解説 19】**）と関わりがある。

【解説 19】 従来の「自衛権発動の三要件」中の第1要件では、「我が国に対する急迫不正の侵害があること」として「侵害」という言葉が使われているが（**【解説 16】**）、閣議決定では「事態」と言われている。高村正彦自由民主党副総裁によれば、狭い「侵害」に至らない広い「事態」が想定され（しんぶん赤旗 2014 年 6 月 22 日）、個別的自衛権ではなく抽象的自衛論（**【解説 15】**）に基づいていることになる。

【解説 20】 ここから「容認されるものであり」までは、従来の「自衛権発動の三要件」（**【解説 16】**）の第2要件である「これを排除するために他の適当な手段がないこと」に当たり、その趣旨は基本的に変わらないと思われる。

【解説 21】 ここから「許容される」までは、従来の「自衛権発動の三要件」（**【解説 16】**）の第3要件に当たり、その趣旨は基本的に変わらないと思われる。

【解説 22】 抽象的自衛（**【解説 15】**）としての「自衛の措置」から、個別的自衛権、集団的自衛権、集団安全保障のそれぞれについて、上記の3要件（**【解説 17、20、21】**）によって限定された部分が容認される論理になっている。

　「この自衛の措置は」から「『武力の行使』は許容される」までの一文は、1972 年資料（**【解説 25】**）における言わば「基本的論理」（**【解説 11】**）を引用しつつ、要約したものである。その 1972 年資料の中で、**【解説 17―21】** のように、「自衛権発動の三要件」（**【解説 16】**）が既に変形されていた。これらに対応して、閣議決定では後述の武力行使の3要件（**【解説 39】**）が構成されている。すなわち、①「自衛権発動の三要件」―② 1972 年資料の「基本的論理」・2014 年の「基本的論理」の3要件―③ 2014 年の武力行使の3要件が、第1、第2、第3要件それぞれの間で対応してい

るように思われる。その流れの中で、第1要件が①と②の間で変形され、②に合わせて③が構成されている。第2、第3要件は①、②、③の間で基本的に変わらない（本書63-67頁）。

しかしながら、細かく見ると、第3要件は①、②と③の間で表現が異なる。具体的には、①では「必要最小限度の実力行使にとどまるべきこと」、②では「その措置は、右の事態を排除するためとられるべき必要最小限度の範囲にとどまるべきものである」とされている。それに対して③本閣議決定では「必要最小限度の『武力の行使』は許容される」となっている。すなわち①、②は、消極的な表現によって、軍事力を制約する趣旨を示している。それに対して③は、積極的な表現によって、一定の軍事力を正当化するニュアンスを出している。しかも①、②では第3要件そのものであるが、③では3要件を含めた結論になっている。3要件を充たす個別的自衛権、集団的自衛権、集団安全保障が正当化される論理が、提示されている。

【解説23】政府の憲法9条解釈は制憲議会における吉田茂首相による自衛権否認的解釈（帝國90回1946〔昭和21〕年6月26日衆・本6号81-82頁など）から出発しており、「憲法第9条の下で」「武力の行使」が正式に「許容」されたのは1954年の自衛力政府統一見解（大村清一防衛庁長官21回1954〔昭和29〕年12月22日衆・予算2号1頁）からである。「『武力の行使』について従来から政府が一貫して表明してきた」とされているが、「武力の行使」が政府によって「許容」されない歴史が存在した。

【解説24】「基本的な論理」は国家主権の軍事的実現としての抽象的自衛論を基礎にして、上記3要件（【解説17、20、21】）による規定を指している。

【解説25】本書43-44頁、浦田・前掲【解説10】『政府の憲法9条解釈』168頁、『防衛ハンドブック・平成27年版』（朝雲新聞社、2015年）591-592頁など。1972年資料は議事録では確認できず、また与党協議も閣議決定も行われていない（安倍186回2014〔平成26〕年7月14日衆・予算18号（閉）11頁）ので、従来の「基本的な論理」の根拠文書としては弱い。解釈変更のための好都合な手がかりとして、政治的に選択されたと思われる。横畠裕介内閣法制局長官は、1972年資料を使った解釈変更の論理を2007

112　第3章　集団的自衛権限定容認の具体化

年の第1次「安全保障の法的基盤の再構築に関する懇談会」開始の頃から
考えていたと報道されている（朝日新聞2014年11月6日）。この文書の背
景について、本書23-25頁。

【解説26】「憲法第9条の下では今後とも維持されなければならない」の
は、「この基本的な論理」である。「この基本的な論理」の下で「当ては
め」として具体的に示される後掲の武力行使の3要件（【解説39】）は、
「憲法第9条の下で」「維持され」ない可能性がある（【解説54】）。

【解説27】この項目は「基本的な論理」の下で「当てはめ」を展開しよ
うとしている部分である。「基本的な論理」・「当てはめ」論は、安倍・前
掲【解説3】3頁など、繰り返し述べられている。

【解説28】最初の段落は解釈変更の理由として「安全保障環境」の「変
容」を述べている。

【解説29】「我が国に対する武力攻撃が発生した場合」は、個別的自衛権
の要件を示している。

【解説30】前文で「安全保障環境」の「変容」がより詳しく叙述されて
いる。

【解説31】前文で「問題や緊張が生み出される」、「リスクが拡散し深刻
化している」と述べられた部分が、ここで要約されている。軍事的緊張が
高まった側面が一面的に強調されている。冷戦下で米ソが核兵器によって
軍事的に対抗していた状況より、現在ははるかに緊張は緩和している。こ
のような緊張の緩和という側面が無視されている。緊張が緩和した面があ
るので、集団的自衛権によって武力行使しても、それに対する反撃を想定
しないような傾向も生じている。そこから、集団的自衛権について緊張感
を持たない世論も生じ、それが集団的自衛権容認論によって利用されてい
る。また根本的な問題であるが、大国による小国に対する支配、例えば大
国による戦争に小国が動員させられるという階層秩序の存在も伏せられて
いる。

【解説32】「他国に対して発生する武力攻撃」は集団的自衛権や集団安全
保障の要件を示している。

【解説33】「我が国の存立を脅かす」は個別的自衛権の要件ではなく、
「自国防衛」（【解説1】）を意味している。

第2節　コンメンタール2014年7月1日閣議決定　**113**

【解説34】各国家や各地域の相互関係の緊密化が、軍事的脅威の高まりの側面から一面的にとらえられている。経済、情報や文化を含めて各国家・地域の相互関係の緊密化、相互依存・交流が不可避的に進行している。それに伴い大国間の軍事力行使がより困難になり、平和的解決の可能性も高まっている側面が述べられていない。

【解説35】この段落は新たな軍事的対応の必要性を述べている。

【解説36】この段落の結論は、本閣議決定の表題における「国の存立を全うし、国民を守るための切れ目のない安全保障法制の整備」(**【解説1、2】**)に対応している。

【解説37】この段落は「基本的な論理」の下における「当てはめ」の中で、結論を述べようとしている。「基本的な論理」・「当てはめ」論については、安倍・前掲**【解説3】**3頁など。

【解説38】「現在の安全保障環境」のとらえかたについて、**【解説28、30、31、34】**。

【解説39】ここから「必要最小限度の実力を行使すること」までは、武力行使の3要件を示している。従来の「自衛権発動の三要件」(**【解説16】**)を元にして、変形されている(**【解説19、22】**)。

【解説40】「我が国に対する武力攻撃」から「明白な危険がある場合において」までは、武力行使の第1要件である。

【解説41】「我が国に対する武力攻撃が発生した場合」は個別的自衛権の要件である。従来の「自衛権発動の三要件」(**【解説16】**)中の第1要件に対応している。その第1要件は本閣議決定と同様に「わが国に対する武力攻撃が発生したこと」としている場合(田中角榮内閣総理大臣71回1973〔昭和48〕年9月23日参・本37号14頁)と「我が国に対する急迫不正の侵害があること」としている場合(**【解説16】**)がある。「急迫不正の侵害」は一般国際法上の要件とされてきたものであり、「武力攻撃」は国連憲章51条に基づく要件である。しかし日本政府は憲法解釈論として両者を区別せず、「我が国に対する急迫不正の侵害があること、すなわち武力攻撃が発生したこと」と整理している(浦田・前掲**【解説10】**『政府の憲法9条解釈』25頁)。

【解説42】「密接な関係にある他国」は集団的自衛権に関する国際法学説

における死活的利益説に親和的である。しかし、直接には憲法解釈上課せられた要件として、集団的自衛権や集団安全保障に基づく武力行使（【解説43】）に一定の制約を加える形式を採っている（山形英郎「必要最小限度の限定的な集団的自衛権論」法律時報2014年9月号67頁）。

「我が国と密接な関係にある国」とは、「一般に、外部からの武力攻撃に対し共通の危険として対処しようという共通の関心を持ち、我が国と共同して対処しようとする意思を表明する国」と説明されている。「武力攻撃が発生した段階において個別具体的な状況に即して判断される」。具体的には、「同盟国である米国は基本的にこれに当たる」が、「それ以外の国」については「相当限定される」（岸田文雄外務大臣186回2014〔平成26〕年7月15日参・予算（閉）1号16頁）。「我が国と共同して対処しようとする意思を表明する」は、ニカラグア事件1986年6月27日国際司法裁判所本案判決（ICJ Reports 1986, p. 14）における犠牲国による要請に対応しているのであろう。したがってこれは国際法上既に課されている要件であり、それを超えた憲法独自の制約は説明の前半にある「共通の関心」になる。この「共通の関心」は不明確なものであり、「密接な関係にある」という要件は相当の幅を持つ。

【解説43】「他国に対する武力攻撃」の中に、集団的自衛権と集団安全保障が含まれる。「憲法上、我が国による武力の行使が許容されるのは、新3要件を満たす場合に限られます。これは、国際法上の根拠が、集団的自衛権となる場合も、集団安全保障となる場合も変わりはありません。」（安倍晋三内閣総理大臣187回2014〔平成26〕年10月1日衆・本2号16頁）

政府による集団的自衛権の定義では、一般的にも1972年資料（【解説25】）でも、「自国が直接攻撃されていないにもかかわらず」という要件が入っている。本閣議決定にそれがないのは、その場合は本閣議決定の「我が国に対する武力攻撃が発生した場合」（【解説41】）に既に該当するからと考えられる。

「米国船舶」が「武力攻撃」を受けたが、別の「在留邦人を乗せた米国船舶が武力攻撃」を受けていない段階で、武力行使が認められるとする（「衆議院の『我が国及び国際社会の平和安全法制に関する特別委員会』に提出された政府統一見解等」立法と調査372号83頁〔2015年〕）。「武力攻撃」を

受ける前に、武力行使を認める見解が示されている（同86、88頁も同様）。「武力攻撃」を受けた前者の状況と、「武力攻撃」を受ける前の後者の状況の関係が問題になる。

【解説44】「これにより」から「覆される」までの文章は、1972年資料（【解説25】）に由来する。本閣議決定の表題と対応している。これは個別的自衛権を意味しているわけではなく、「自国防衛」のことである。「自国防衛」は「国の存立を全うし、国民を守るため」という目的による武力行使であり、「外国の防衛それ自体を目的とする武力行使」としての「他国防衛」に対置されている（【解説1】）。「自国防衛」と「他国防衛」の区別は「目的」によっており、その区別はその点で不安定である。

　「自国防衛」が実際に存在するかは、疑わしい。集団的自衛権の行使として国連に報告された事例は、14件ある。そのうち「自国防衛」に該当するものは、不明との答弁がある（岸田文雄外務大臣189回2015〔平成27〕年6月19日衆・平和安全特別12号19頁）。「自国防衛」の「要件を前提とした必要な情報収集」をしていないためと整理された（「衆議院の『我が国及び国際社会の平和安全法制に関する特別委員会』に提出された政府統一見解等」立法と調査372号77頁）。結局、「自国防衛」と「他国防衛」の区別はなお観念上のものであり、実際には容易ではないであろう。

　前半の「我が国の存立が脅かされ」と、後半の「国民の生命、自由及び幸福追求の権利が根底から覆される明白な危険」は別のことではないとされている。「国家と国民は表裏一体のものであり、我が国の存立が脅かされるということの実質を、国民に着目して記述したもの（加重要件ではない）」と説明されている（「集団的自衛権などに関する想定問答」朝日新聞2014年6月28日、横畠裕介内閣法制局長官186回2014（平成26）年7月15日参・予算（閉）1号28頁）。そうだとすると、幸福追求権という人権には独自の意味がないことになる。「我が国の存立」は国家の対外的独立性としての国家主権のことであろう。

【解説45】当初「おそれ」という文言が考えられていたが、「明白な危険」に変えられた。その分要件は厳しくなった。

　常識的な読み方としては、「明白な危険」は「我が国の存立が脅かされ」と「国民の生命、自由及び幸福追求の権利が根底から覆される」の両方に

かかる。しかし、「我が国の存立が脅かされ」と「国民の生命、自由及び幸福追求の権利が根底から覆される明白な危険」が対置され、両者は別のことではないとされている（【解説44】）。文字通りであれば、「明白な危険」は前者にはかからず、後者にのみかかる。そうだとすれば、前者では「明白な危険」段階では要件を充足せず、「我が国の存立が脅かされ」る段階で初めて要件を充足することになる。

【解説46】武力行使の第1要件について、「事態の個別具体的な状況に即して、主に攻撃国の意思、能力、事態の発生場所、その規模、態様、推移などの要素を総合的に考慮をし、我が国に戦禍が及ぶ蓋然性、国民がこうむることとなる犠牲の深刻性、重大性などから客観的、合理的に判断する」とされている（横畠・前掲【解説1】8頁、安倍晋三内閣総理大臣186回2014〔平成26〕年7月15日参・予算（閉）1号26頁）。このうち、「我が国に戦禍が及ぶ蓋然性、国民がこうむることとなる犠牲の深刻性、重大性」は、「国民に、我が国が武力攻撃を受けた場合と同様な深刻、重大な被害が及ぶことが明らかな状況」（横畠・前掲【解説1】8頁）と説明されている。

　個別的自衛権の前段階の要件を意味する印象を与えているが、必ずしもそうではない。「同様な」ということは、同じということではない。「センカ」の中で「戦火」と「戦禍」は異なり、前者は個別的自衛権の前段階だとしても、後者はそれより広いとする答弁がある。（横畠187回2014〔平成26〕年11月6日参・外交防衛6号10頁。本書88頁）。後者には、放置すれば日本に戦火が及ぶというわけでないものも含まれるとされている。また説明で言われていることは例示であり、「など」が2回使われているので、この要件は緩やかに使われる可能性がある。

　説明の中に「事態の発生場所」が入っており、「場所というのも当然重要な要素だろう」（安倍186回2014〔平成26〕年7月15日参・予算（閉）1号27頁）とされているが、地理的要件が課されているわけではない。ホルムズ海峡における機雷封鎖によるエネルギー危機も要件を充たす可能性が、安倍首相によって繰り返し言われてきた（186回2014〔平成26〕年7月14日衆・予算18号（閉）5頁など）。これは日本に「戦火」をもたらすわけではないが、「戦禍」を及ぼすと考えられている。必要最小限度論との

関係について、【解説50】。ホルムズ海峡における機雷の除去も憲法解釈上可能だとしたが、批判を受けて実施について答弁は失速した。現実的、具体的には想定していないとの答弁がなされた（安倍189回2015〔平成27〕年9月14日参・平和安全特別20号30頁）。

【解説47】「これを排除し、我が国の存立を全うし、国民を守るために他に適当な手段がないとき」は、武力行使の第2要件である。

【解説48】従来の「自衛権発動の三要件」の中の第2要件は「これを排除するために他の適当な手段がないこと」（【解説16】）とされ、国際法上必要性（necessity）の要件と言われてきた。本閣議決定における武力行使の第2要件には、「我が国の存立を全うし、国民を守るために」が付け加えられた。これは、第1要件に「他国に対する武力攻撃が発生」した場合が加えられたので、その場合でも「自国防衛」（【解説1】）でなければならないことを示したものとされている（横畠・前掲【解説1】8頁。安倍晋三内閣総理大臣186回2014〔平成26〕年7月15日参・予算（閉）1号27頁）。「他に適当な手段がない」かどうかを判断するために、その判断基準を示していると論理的には言い得る。しかしその趣旨は既に第1要件で言われているので、法的には不必要な繰り返しであり、「自国防衛」を強調、正当化するする政治的規定のように思われる。

【解説49】「必要最小限度の実力を行使すること」は、武力行使の第3要件である。従来の「自衛権発動の三要件」（【解説16】）中の第3要件と同様の文言になっている。内容上の違いについて、【解説50】。

【解説50】国際法上自衛権の第3要件は均衡性（proportionality）であり、政府の憲法解釈では「必要最小限度」とされてきた。両者の違いに着目しない場合もあるが（安倍晋三内閣総理大臣186回2014〔平成26〕年7月14日衆・予算18号（閉）39頁）、抽象論か意図的か不注意かは分からない。

しかし正確には異なる。前者は武力攻撃の程度と自衛措置の間で均衡がとられていることであり、過剰防衛は違法となる。それに対して自衛力＝「自衛のための必要最小限度の実力」論における「必要最小限度」は、憲法9条の存在を前提にして、他国にない特別の制約を意味している。すなわち交戦権の否認、海外派兵の禁止、攻撃的武器の保有の禁止などから構成されている（角田禮次郎内閣法制局長官96回1982〔昭和57〕年7月8日

衆・内閣 18 号 6 頁、浦田・前掲【解説 10】『自衛力論の論理と歴史』57 頁）。政府の憲法解釈において「必要最小限度」は多様なレベルで使われており、自衛力論の定式におけるものはより抽象的、自衛権発動の第 3 要件におけるものはより具体的である。しかし、前者の下で後者も、憲法 9 条の存在を前提にした特別の制約を含んでいる。

　小松一郎内閣法制局長官によって、以下のように同趣旨の説明がなされている（186 回 2014（平成 26）年 4 月 11 日衆・外務 11 号 6 頁）。従来の政府解釈において「必要最小限度」は「自衛権発動の三要件」【解説 16】の第 1 要件と第 3 要件の二つの文脈において使われてきた。「我が国に対する急迫不正の侵害」という第 1 要件によって、集団的自衛権が除かれる。第 3 要件の「必要最小限度の実力行使」は、「極めて厳しい比例性、また均衡性」を意味する。単なる均衡性ではないとされている。

　従来も本閣議決定でも第 3 要件において同じ「必要最小限度」という要件が維持されているが、前者は個別的自衛権を前提にしていたが、後者では集団的自衛権や集団安全保障も限定的に容認されている。北側一雄議員の質疑に促されて、横畠裕介内閣法制局長官は以下のように答弁している（189 回 2015（平成 27）年 5 月 28 日衆・平和安全特別 4 号 5 頁）。「第三要件は、……国際法上の自衛権行使の要件である均衡性ではなく、……新三要件の第一要件及び第二要件を満たした場合における、実際の実力行使の手段、態様及び程度の要件」である。「我が国を防衛するための必要最小限度ということである」。それを受けて、北側は次のようにまとめ、横畠もそれを確認した。「自国防衛のための……必要最小限度」という意味である。そのため、「必要最小限度」の内容が変わる可能性があり、その具体化は不安定、未確定である。

　「必要最小限度」のうち本閣議決定に関してとくに問題にされてきたのは、海外派兵の禁止である。「武力行使の目的をもって武装した部隊を他国の領域へ派遣するいわゆる『海外派兵』は一般に許されないとする従来の見解は変わらない」とされている（「集団的自衛権などに関する想定問答」前掲【解説 44】、安倍・前掲【解説 1】記者会見、地理的要件について【解説 46】）。結論的に言えば、武力行使は日本の領域内におけるのが原則であり、公海、公空では例外的に認められうるが、他国の領域では「一般に」

許されないと説明されてきた（『防衛白書・平成27年版』〔2015年〕137頁、浦田・前掲【解説10】『自衛力論の論理と歴史』73-78頁）。「一般に許されない」における「一般に」の例外として、他国の領域でも敵基地・策源地攻撃の可能性が考えられてきた。海外派兵と敵基地・策源地攻撃は外国の領土への上陸の有無で区別された（同323-324頁）。

　しかしながら、海外派兵の禁止は個別的自衛権に基づいてきたので（同296-298頁）、集団的自衛権や集団安全保障が容認されると、その意味も変わっていくことになろう。2014年5月27日に政府から出された15事例の中で、武力攻撃を受けている米艦の防護など、集団的自衛権に関する8事例が示された（朝日新聞2014年5月28日）。これについて、本閣議決定における武力行使の3要件に当たれば、集団的自衛権が行使されうると答弁された（安倍186回2014〔平成26〕年7月14日衆・予算18号（閉）35頁）。論理的に個別的自衛権では海外派兵の禁止、集団的自衛権では海外派兵というわけではない。しかしながら実際上、集団的自衛権は海外派兵と繋がる傾向がある。したがって、8事例が可能となるように、海外派兵禁止の意味が削られ変えられていることになる。

　ただし、現在の政府の説明では「海外派兵」は狭く「他国の領域」の問題とされているので、8事例の場所が「他国の領域」ではなく公海、公空であれば「海外派兵」の問題でないことになる。その説明の下で、公海、公空における武力行使が広げられている。「存立危機事態における『武力の行使』が、基本的に公海及びその上空において行われる」（「参議院の『我が国及び国際社会の平和安全法制に関する特別委員会』に提出された政府統一見解等」立法と調査372号100頁〔2015年〕）。

　そのうえで、戦闘に参加しないとされる。「武力行使を目的として戦闘に参加することはないという中において、湾岸戦争やイラク戦争、あるいはそうしたアフガンでの戦い等々、これは集団安全保障措置もあれば集団的自衛権もまじっておりますが、この中において、いわば部隊を送って、基地を攻撃するとか、戦闘行為をそのまますることかいうことはない」（同19頁）。その理由は、「必要最小限度を超える行為」（同40頁）だから、すなわち政治的ではなく憲法的理由とされている。その場合、許される8事例における戦闘行為と許されない戦闘行為との区別は、「自国防衛」と

「他国防衛」の区別（【解説1】）によるのであれば、8事例以外にも「自国防衛」のための戦闘行為が一般的に広く認められていくことになる。また、集団的自衛権や集団安全保障の場合には他国の同意のある場合が少なくなく（【解説42】）、他国の領域における武力行使の可能性も相当にあるのではないであろうか。

さらに、ホルムズ海峡における機雷封鎖によるエネルギー危機も、第1要件（【解説40】）を充たす可能性が言われている（【解説46】）。その場合、機雷の除去も「武力の行使」になるが、「受動的な活動」なので、「戦闘行為」と異なり「他国の領域内」でも認められ得るとされている。機雷の除去と「戦闘行為」を区別する理由は、第3要件の問題だとされている（安倍187回2014〔平成26〕年10月3日衆・予算2号47頁）。機雷の除去について海外派兵の禁止における「武力行使」に当たることを認めながら、それを容認しようとしている。機雷の除去が「受動的な活動」として海外派兵の禁止に抵触しないように、逆に海外派兵禁止の意味が変えられている。

「なお、『新三要件』を満たす場合に例外的に外国の領域において行う『武力の行使』については、ホルムズ海峡での機雷掃海のほかに、現時点で個別具体的な活動を念頭には置いていない。」（「衆議院の『我が国及び国際社会の平和安全法制に関する特別委員会』に提出された政府統一見解等」立法と調査372号66頁）　ホルムズ海峡での機雷掃海のほかにあり得るとされている。

【解説51】政府見解では「実力をもって」は「武力をもつて」と「ほぼ同意義」だとされてきた（大森政輔内閣法制局長官142回1998〔平成10〕年3月18日衆・予算27号4頁）。この用語は、基地提供、経済的支援、後方支援などは「実力」・「武力」行使ではないとして、憲法9条の規律の外にあるとする解釈論と結びついている（【解説5】）。

【解説52】【解説24】における「基本的な論理」に対応している。

【解説53】【解説15】における「自衛の措置」に対応している。「自衛の措置」と「自衛のための措置」はとくに区別されていないと思われる。

【解説54】「当てはめ」として結論が述べられている。「基本的な論理」（【解説24】）の下で「当てはめ」として（【解説27】）具体的に認められる武力行使が、以前は個別的自衛権に限られていたが、「自国防衛」（【解説

1、44】）の限りで集団的自衛権や集団安全保障でも認められると考えられている。

　「基本的な論理」・「当てはめ」論によれば、「基本的な論理」はより上位の規範、「当てはめ」はより下位の規範という構造を備えていることになる。既に見たように、「憲法第9条の下では今後とも維持されなければならない」とされているのは、「この基本的な論理」である（【解説26】）。「基本的な論理」の下で、「示されました新3要件を超える、それに該当しないような武力の行使につきましては、現行の憲法第9条の解釈によってはこれを行使するということを認めることは困難であると考えておりまして、そこに及ぶ場合には憲法改正が必要であろう」（横畠・前掲【解説1】9頁）とされている。逆に言えば、「基本的な論理」が「維持」されたとしても、その「当てはめ」としての「現行の憲法9条の解釈」が「憲法改正」なしにさらに変わる論理的可能性があることになる。今回行われたことは、論理的には今後も行われ得る。当然のことであろう。

　「基本的な論理」・「当てはめ」論による解釈変更には多くの問題が含まれている。①従来の政府見解にも立憲主義上の問題があること（【解説10、11、15】）、②状況認識が一面的であること（【解説31、34】）、③基礎に置かれた抽象的自衛論が恣意的であること（【解説15】）、④「自国防衛」・「他国防衛」論はイデオロギー的であること（【解説44】）、⑤集団的自衛権・集団安全保障による武力行使を容認したことは、限定的にせよ重大であること、⑥権力拡大の方向に解釈を変更したこと、⑦容認される武力行使の基準が不安定、不確定であること（【解説42、44、50】）などである。そのうち最も根本的な問題は、③であると考えられる（本書68-71頁）。

　以上の基本的な問題があるが、集団的自衛権や集団安全保障の容認が限定され、武力行使の3要件が規定された。その背景に、憲法9条、非軍事平和主義解釈、平和運動・平和意識がある。「安全保障の法的基盤の再構築に関する懇談会」報告（2014年5月15日）は集団的自衛権や集団安全保障を憲法解釈として全面容認し、論理的には憲法9条が存在しないことにしようとした。しかし同日の政府の「基本的方向性」によって拒否された。法論理的に妥当でなく、世論を含む政治の問題としても不適切だと判断されたのであろう。なお、明文改憲の必要性を今後も訴えるため、この報告

122   第3章　集団的自衛権限定容認の具体化

が政府にとって不適当だった可能性もある。本閣議決定やそれに基づく安保法制案をめぐる審議の中で、戦争の戦闘への不参加が憲法上の制約であることを認める（【解説50】）など、相当程度の制約が表明された。このような状況の中で本閣議決定とそれに基づく安保法制法案に関して表明された憲法解釈が、武力行使を制約する手がかりとなる一定の可能性がある。

【解説55】この項目で、憲法と国際法の関係が整理されている。

【解説56】この国際法の遵守の中に、集団的自衛権に関する被害国の要請（【解説42】）などの国際法上の要件が含まれるという答弁がある（江藤聡徳防衛大臣187回2014〔平成26〕年10月8日参・予算2号14頁）。

【解説57】「集団的自衛権」という言葉が使われているのは、本閣議決定の中でこの箇所のみである。それも「国際法上は」とされ、憲法論として「集団的自衛権」という言葉の使用が避けられている。しかし、ここで「国際法上は集団的自衛権が根拠となる場合」は、憲法上も集団的自衛権が根拠となる。また、「憲法上許容される上記の『武力の行使』」は、集団安全保障が根拠となる場合もある（【解説43】）。「国際法上」としても集団安全保障は言及されず、表面に出ないように考慮されている。しかしながら、閣議決定のこの後の部分で「憲法上は」として、「自国防衛」（【解説1】）だと説明されている（【解説59】）。

【解説58】「契機」だとされているが、単に契機ではなく、「他国に対する武力攻撃が発生した場合」における「武力の行使」そのものであり、集団的自衛権や集団安全保障に基づく武力行使である。「契機」と言うのは、「憲法上は」「自国防衛」（【解説1】）だと説明するためである（【解説59】）。

【解説59】「憲法上は」として、「自国防衛」（【解説1】）だと説明されているが、集団的自衛権や集団安全保障に基づく武力行使である。「目的」による「自国防衛」と「他国防衛」の区別が国際法上存在しないことは、政府も認めている（横畠・前掲【解説1】31頁）。「自国防衛」・「他国防衛」論の問題について、【解説44】。この項目で、扱われているのは集団的自衛権や集団安全保障の問題であることが、「自国防衛」・「他国防衛」論によって理解しにくくされている。閣議決定当日の安倍首相の記者会見によれば、「私は、今後とも丁寧に説明を行いながら、国民の皆様の理解を得る努力を続けてまいります」（安倍・前掲【解説1】）とされている。しか

しながら、「国民の皆様」が「理解」しないように、不必要最大限度「丁寧に説明を行」っているように見える。

【解説 60】 この項目で、手続的統制が扱われている。

【解説 61】 「民主的統制の確保が求められ」ないことは、「当然」あり得ない。あり得ないことを、否定している。

【解説 62】 自衛隊法 76 条、武力攻撃事態法 9 条。本書 131-132 頁参照。

【解説 63】 本閣議決定では、法案の「準備ができ次第、国会に提出」することになっている。新聞報道によれば、法案が統一地方選挙において与党に不利に働く可能性を恐れて、選挙後の 2015 年 5 月 15 に安保法制法案が提出された。すなわち、その「国会に提出」する日程に合わせて、法案の「準備ができ」た形を作ったと考えられる。

おわりに

　本論でふれてきたように、本閣議決定によって変更される前の従来の政府解釈に、平和主義や立憲主義の点で重大な問題が含まれていたと私は考えている。閣議決定による解釈変更は、その問題をさらに増大させた。したがって、問題の解明や批判は長期的なものになろう。閣議決定やそれに基づく安保法制については、撤回を求めるのが原則である。そのうえで、憲法解釈の変更が限定的なものになっている部分について、閣議決定に関する解釈も市民の運動と国会の審議の中で一定の制約の役割を果たす可能性もあろう。以上のような見通しの下で、本コンメンタールを活用していただければと願っている。

124　第3章　集団的自衛権限定容認の具体化

第3節

集団的自衛権[1]限定容認の根拠論と
「武力攻撃事態＋存立危機事態」対応法制
——砂川事件最高裁判決と1972年資料の関係を　中心に

はじめに

　本節の元の論文が収められていた書物のタイトルは『安保関連法総批判』であり、私に与えられたテーマは「『武力攻撃事態＋存立危機事態』対応法制」であった。したがって、国会審議を基礎に置いて、「武力攻撃事態＋存立危機事態」対応法制としての自衛隊法・武力攻撃事態法の改正案に関する批判的分析が、私のテーマの本来の趣旨であったと思われた。

　しかし、実際の国会審議では、「武力攻撃事態＋存立危機事態」対応法制の具体的内容より、その前提として集団的自衛権限定容認の合・違憲性が中心的な論点になっていた。これは問題の性質から自然なことであり、私もその問題が審議を通してより明らかになったと考えている。そこで私の問題関心からも、集団的自衛権限定容認の根拠論を中心にして検討を加えたうえで、「武力攻撃事態＋存立危機事態」対応法制を見ていきたい。集団的自衛権限定容認の根拠論については、砂川事件最高裁判決と1972年資料の関係に焦点を当てたい。

I　集団的自衛権限定容認根拠論の変化と類型

1　集団的自衛権限定容認根拠論の変化

　集団的自衛権について政府は憲法解釈として限定容認論[2]に立った。砂川事件最高裁判決[3]を援用した限定容認論は外務省が2013年秋から用意

---

1)　なお、本節で集団的自衛権について論じられていることは、集団安全保障にも当てはまることが多い。

2)　全面容認論と限定容認論の関係について、本書36-37頁。

第3節　集団的自衛権限定容認の根拠論と「武力攻撃事態＋存立危機事態」対応法制　*125*

し、高村正彦自由民主党副総裁も同年末には限定容認論を決断していた[4]。2014年3月31日自民党の「安全保障法制整備推進本部」において高村は砂川判決によって限定容認論を説き、党内の集団的自衛権容認批判派の異論を封じた。

　しかしその後2014年閣議決定において、集団的自衛権限定容認論の基礎に置かれたのは、砂川判決ではなく1972年10月14日の政府資料[5]であった。変えられた背景には、いくつかのものが考えられる[6]。その中で、砂川判決では集団的自衛権限定容認の範囲が広くなり過ぎると、公明党が感じた[7]点が重要である。

　ところが再度砂川判決が持ち出された。2015年6月3日安保関連法制の廃案を求める憲法研究者声明が発表され、4日衆議院憲法審査会で参考人として3人の憲法研究者が法案は違憲と指摘した。それに対して、9日内閣官房と内閣法制局は「新三要件の従前の憲法解釈との論理的整合性等について」と題する文書を発表し、その中で1972年資料と砂川判決は自衛の措置に関して同趣旨であるとした。11日の衆議院憲法審査会で高村は、「憲法の番人は最高裁判所であって、憲法学者ではありません」[8]と述べた。この動きは、憲法研究者に対抗して砂川判決によって法案の正当性をアピールしようとしたものと評されている[9]。

2　集団的自衛権限定容認根拠論の類型

　ところで国家機関による有権解釈において「自衛」という言葉が使われる場合、個別的自衛権と抽象的自衛の二重の意味で使われてきたように思われる。私が抽象的自衛と呼ぶのは、国家の最高・独立性としての国家主

---

3)　砂川事件最大判1959（昭和34）年12月16日刑集13巻13号3225頁。本書145-155頁。

4)　沖縄タイムス2014年4月7日。

5)　本書40-41頁、浦田一郎編『政府の憲法9条解釈——内閣法制局資料と解説』（信山社、2013年）168頁、『防衛ハンドブック・平成27年版』（朝雲新聞社、2015年）591-592頁など。

6)　本書79-83頁。

7)　朝日新聞2015年3月11日。

8)　高村189回2015（平成27）年6月11日衆・憲法4号2頁。

9)　朝日新聞2015年6月11日。

権の軍事的実現という意味である。簡単に言えば、国家の独立を実現するには、軍事力が必要だという考えかたである[10]。そこから、個別的自衛権だけではなく集団的自衛権や集団安全保障も出てくる可能性がある。

後者の抽象的自衛論を前提にして、一定の武力が正当化される。武力を正当化する場合、説明は前半と後半に一般的に分けられている。前半において一定の武力が憲法上認められことを論証し、後半においてその武力の範囲を規定しようとしている。前半では憲法9条と自衛権などの抽象的な理念が対置される。

後半の武力の範囲の規定のしかたに、2種類のタイプがあるように思われる。より抽象的なものとより具体的なものである。より抽象的なものは砂川判決型、より具体的なものは1972年資料型と見ている。

砂川事件最高裁判決でも1972年資料でも、具体的、現実的に想定されていたものは個別的自衛権の問題であり、集団的自衛権は問題になっていなかった。しかし、抽象的、理念的に抽象的自衛論を基礎にした解釈論が提示された[11]。そこで、集団的自衛権限定容認の根拠として砂川事件最高裁判決や1972年資料が援用されている。

Ⅱ　砂川事件最高裁判決[12]による集団的自衛権限定容認論

1　武力行使正当化の前半

武力行使の正当化のうち、一定の武力が憲法上認められことを論証する前半は、砂川事件最高裁判決では以下のようになっている。

憲法9条を引用したうえで、「かくのごとく、同条は、同条にいわゆる戦争を放棄し、いわゆる戦力の保持を禁止しているのであるが、しかしもちろんこれによりわが国が主権国として持つ固有の自衛権は何ら否定されたものではなく、わが憲法の平和主義は決して無防備、無抵抗を定めたものではないのである。憲法前文にも明らかなように、われら日本国民は、平和を維持し、専制と隷従、圧迫と偏狭を地上から永遠に除去しようとつとめている国際社会において、名誉ある地位を占めることを願い、全世界の

10）　「自衛」概念の二重性について、本書37、42-45、58-59頁など。

11）　本書26-33、41-45、56-62頁。

12）　その論理や背景について、本書25-33、162-170頁。

国民と共にひとしく恐怖と欠乏から免かれ、平和のうちに生存する権利を有することを確認するのである。しからば、わが国が、自国の平和と安全を維持しその存立を全うするために必要な自衛のための措置をとりうることは、国家固有の権能の行使として当然のことといわなければならない。」

憲法9条と自衛権・平和的生存権を対置し、後者を受けて「自国の平和と安全を維持しその存立を全うする」と言われていると思われる。そして、そのために「必要な自衛のための措置」として一定の武力が認められるとする。

2　武力行使正当化の後半

その武力の範囲を規定する後半に当たるのは、以下の部分である。その範囲を国連の軍事的措置に限定する原判決[13]の議論を排除し、「わが国の平和と安全を維持するための安全保障であれば、その目的を達するにふさわしい方式又は手段である限り、国際情勢の実情に即応して適当と認められるものを選ぶことができる」とする。すなわち、「国際情勢の実情に即応して適当」な範囲の武力が認められることになる。

以上の部分は、抽象的、理念的には抽象的自衛論に基づく一般論として解釈されている[14]。武力の範囲については、実体的には「必要な自衛のための措置」以上の規定はなく、手続的には「国際情勢の実情に即応して適当」なものの判断は政治に委ねられると解釈されることになる。手続論として最高裁判決における司法審査論が援用されることもある[15]。すなわち「一見極めて明白に違憲無効であると認められない限りは、裁判所の司法審査権の範囲外のもの」であり、内閣、国会、国民の政治的判断に委ねられるとする[16]。

「必要な自衛のための措置」として現在の「国際情勢の実情に即応して

---

13)　東京地判 1959（昭和 34）年 3 月 30 日判時 180 号 2 頁。米軍駐留を違憲とし、裁判長の名前から伊達判決と呼ばれる。本書 145-146 頁。

14)　高村は砂川判決について「個別事件」に示された「一般的法理」として「自衛の措置」を強調している（ぶら下がり記者会見 2015 年 6 月 17 日（自由民主党ホーム・ページ））。逆に言えば、事実の問題として「個別事件」では集団的自衛権が論じられていなかったことを認めているのであろう。

15)　自民党内配布文書「平和安全法制について」（2015 年 6 月 9 日）

16)　司法審査論の援用については、一定の問題がある（本書 152-154 頁）。

128 第3章　集団的自衛権限定容認の具体化

適当」と判断されるものに、限定的集団的自衛権が入ると主張されること
になる。

Ⅲ　1972年資料[17]による集団的自衛権限定容認論

1　武力行使正当化の前半

　武力行使の正当化のうち、一定の武力が憲法上認められことを論証する
前半は、1972年資料では以下のようになっている。

　「憲法は、第9条において、同条にいわゆる戦争を放棄し、いわゆる戦
力の保持を禁止しているが、前文において『全世界の国民が…平和のうち
に生存する権利を有する』ことを確認し、また、第13条において『生命、
自由及び幸福追求に対する国民の権利については、…国政の上で、最大の
尊重を必要とする』旨を定めていることからも、わが国自らの存立を全う
し国民が平和のうちに生存することまでも放棄していないことは明らかで
あって、自国の平和と安全を維持しその存立を全うするために必要な自衛
の措置をとることを禁じているとはとうてい解されない。」

　この部分は「いわゆる」の連発を含めて砂川事件最高裁判決を基礎に置
いていることは明らかである[18]が、9条と対置されるものは自衛権と平和
的生存権から平和的生存権と幸福追求権に変えられている。そこから、砂
川判決と完全に同文で、「自国の平和と安全を維持しその存立を全うする
ために必要な自衛のための措置をとる」ことは否定できないとして、一定
の武力が認められるとされている。

2　武力行使正当化の後半

　その武力の範囲を規定する後半に当たるのは、以下の部分である。「し
かしながら、だからといって、平和主義をその基本原則とする憲法が、右
にいう自衛のための措置を無制限に認めているとは解されないのであって、
それは、①あくまで外国の武力攻撃によって国民の生命、自由及び幸福追
求の権利が根底からくつがえされるという急迫、不正の事態に対処し、②
国民のこれらの権利を守るための止むを得ない措置としてはじめて容認さ

---

17)　その論理や背景について、本書23-25、41-45頁。
18)　両者の相互関係について、本書42、53-54頁。

れるものであるから、③その措置は、右の事態を排除するためとられるべき必要最小限度の範囲にとどまるべきものである。」[19]

　武力の範囲は上記①②③の3要件によって規定されている[20]。これを基礎にして、2014年閣議決定において3要件によって「基本的な論理」が構成され、その下で武力行使の3要件が示された[21]。

　このように1972年資料では武力の範囲は3要件によって示され、砂川事件最高裁判決より具体的に規定されていることが分かる。

Ⅳ　砂川事件最高裁判決と1972年資料の関係

1　関係の変化

　前述の内閣官房など「新三要件の従前の憲法解釈との論理的整合性等について」は、武力の正当化のうち一定の武力が憲法上認められことを論証する前半について、1972年資料と砂川判決を引用しつつ、両者は「軌を一にする」としている。引用されている部分は、1972年資料では前述の前半全文である。砂川判決では、「わが国が、自国の平和と安全を維持しその存立を全うするために必要な自衛のための措置をとりうることは、国家固有の権能の行使として当然のことといわなければならない」である。これは前述の前半の結論部分である。このようにして、砂川判決を政府の解釈に取り入れる。

　そのうえで、それに続いて、武力の正当化のうち武力の範囲を規定する後半については、1972年資料を引用する。すなわち、3要件によるより具体的な規定が維持され、そこから結論が導かれている。しかしながら、以上のように砂川判決を取り入れることによって、1972年資料の意義が相対的に弱められている。

　内閣官房など「新三要件の従前の憲法解釈との論理的整合性等について」とともに、同日自民党内配布文書として「平和安全法制について」[22]

---

19)　①、②、③は分析のために私が挿入したものである。

20)　1972年資料の3要件は「自衛権発動の三要件」を元にして、変形したものと考えられる（本書42-43、60-62頁）。

21)　1972年資料の3要件─2014年閣議決定における「基本的な論理」の3要件─武力行使の3要件の関係について、本書63-67頁。

が出された。ここでは、1972年資料への言及はなく、砂川判決のみによって集団的自衛権限定容認が根拠づけられている。砂川判決について、「日本が主権国家である以上、自国の平和と安全を維持し、その存立を全うするために、自衛権の行使ができるとしたのです」とまとめられている。続いて、「最高裁のいう自衛権に個別的自衛権か集団的自衛権かの区別はありません」として、集団的自衛権論につなげられている。

その後の国会審議において、砂川判決と1972年資料のどの部分が同趣旨なのかがやや曖昧にされ、全体として同趣旨であるかのような答弁が生まれた。「砂川判決…によって、…必要な自衛の措置をとり得る…ことを最高裁は判断しました。」「その時々の内閣が、その必要な自衛の措置とは何か、これをとことん考える」。1972年資料は「当てはめ」としてのみ言及された[23]。

2 変化の意味と帰結

前述のように、集団的自衛権限定容認論の基礎に砂川判決が当初置かれ、憲法研究者による批判を受けて再度登場させられた。統治にとって困難な状況を利用して、前進が図られた。統治においてよく見られる現象である。この全体の流れを見ると、政府・自民党にとって本来望んでいる集団的自衛権限定容認の根拠は、砂川判決における無規定の「必要な自衛のための措置」論ではないかと疑われる[24]。集団的自衛権限定容認論の基礎に置かれたのは、公式には2014年閣議決定において文言上1972年資料である。しかし、実質的、本質的には砂川判決における抽象論も一定の影響力を持っているように思われる。

このように集団的自衛権限定容認の根拠が不安定なまま、「基本的な論理」の「当てはめ」として、簡単に言えば、武力行使は以前は個別的自衛

---

22) 前掲注15)。

23) 安倍晋三内閣総理大臣189回2015（平成27）年6月18日衆・予算19号4頁、同26日衆・平和安全特別14号20頁など。

24) なお2014年閣議決定の表題は「国の存立を全うし、国民を守るための切れ目のない安全保障法制の整備について」であり、「国の存立を全う」することが理念のキーワードである。それは砂川判決に由来し、1972年資料に取り入れられたものである「国の存立」論の簡単な歴史的整理について、本書79-83頁。

第3節　集団的自衛権限定容認の根拠論と「武力攻撃事態＋存立危機事態」対応法制　*131*

権であれば認められ得て、集団的自衛権や集団安全保障では認められなかった。それに対して、現在は「自国防衛」であれば認められ、「他国防衛」では認められないとされた。「自国防衛」は日本の存立を全うするための武力行使であり、「他国防衛」は外国の防衛それ自体を目的とする武力行使である。「自国防衛」であれば、その限りで個別的自衛権だけではなく、集団的自衛権や集団安全保障も認められるとされる[25]。

V　「武力攻撃事態＋存立危機事態」対応法制の骨格

1　基本原則

　以上のような憲法解釈変更論を前提にして、安保法制の一部として「武力攻撃事態＋存立危機事態」対応法制が作られた。

　自衛隊の「主たる任務」を規定する自衛隊法3条1項前半から、改正法では「直接侵略及び間接侵略に対し」が削除されている。この削除された文言は、「我が国に対する外部からの武力攻撃に該当するもの」を意味するとされていた[26]。削除の理由は、「存立危機事態における行動も主たるに任務に含まれることを明らかにするため」と説明されている[27]。存立危機事態の定義は後述する。

　ここでは他に修正は加えられておらず、「我が国を防衛する」は維持されている。この文言は従来自衛権の行使を意味するとされ、自衛権行使の第1要件すなわち「わが国に対する武力攻撃が発生したこと」から、個別的自衛権を意味していた[28]。改正法ではいわゆる「自国防衛」の意味に変えられたと考えられ、そのための集団的自衛権や集団安全保障も含められることになる。1954年以来60年以上確立してきた意味が、変えられている。

　2015年3月20日の与党共同文書「安全保障法制整備の具体的な方向性について」において、「新事態に対応する自衛隊の行動及びその際の武力行使については」、自衛隊法76条と88条によるものとされた。防衛出動

---

25)　「自国防衛」・「他国防衛」論について、本書105-106頁。

26)　「参議院の『我が国及び国際社会の平和安全法制に関する特別委員会』に提出された政府統一見解等」立法と調査372号103頁（2015年）。

27)　中谷元防衛大臣189回2015（平成27）年6月10日衆・平和安全特別8号19頁。

28)　行財政問題調査研究会編『防衛二法の解説』（全国会計職員協会、1986年）91-92、225頁。

に関する改正自衛隊法76条1項2号に、2014年閣議決定における武力行使の第1要件後半がそのまま置かれた。すなわち「我が国と密接な関係にある他国に対する武力攻撃が発生し、これにより我が国の存立が脅かされ、国民の生命、自由及び幸福追求の権利が根底から覆される明白な危険がある事態」である。

そのことを前提にして、防衛出動時の武力行使に関する88条は改正されないこととされた。このようにしてその1項によって、武力行使の3要件を充たす集団的自衛権や集団安全保障の場合も、「わが国を防衛するため」として「必要な武力を行使することができる」とされている。

そのうえで、武力攻撃事態法では、定義に関する2条において、2号によって「武力攻撃事態」が「武力攻撃が発生した事態又は武力攻撃が発生する明白な危険が切迫していると認められるに至った事態」、3号によって「武力攻撃予測事態」が「武力攻撃事態には至っていないが、事態が緊迫し、武力攻撃が予測されるに至った事態」とされている。そのうえで改正によって4号が置かれ、「存立危機事態」が武力行使の第1要件後半によって、すなわち改正自衛隊法76条1項2号と同文で定義されている。

2 武力行使の3要件

前述の「具体的な方向性」において、2014年閣議決定における「新3要件」を「条文に過不足なく盛り込む」方針が示された。

即ち、今述べたように、武力行使の第1要件後半は改正自衛隊法76条1項2号、改正武力攻撃事態法2条4号にそのまま置かれている。第2要件は「これ（武力攻撃―浦田）を排除し、我が国の存立を全うし、国民を守るために他に適当な手段がない」ことである。これについては、改正武力攻撃事態法9条2号ロにおいて「対処基本方針案に定める事項」として、第2要件充足が「認められる理由」を掲げるべきものとされている。第3要件は「必要最小限度の実力を行使する」ことであり、それについては改正武力攻撃事態法3条4号の新設の中にその趣旨が入ったとされている[29]。即ち、「存立危機事態においては、存立危機武力攻撃を排除しつつ、その

---

29) 朝日新聞2015年4月24日。

速やかな終結を図らなければならない。ただし、存立危機武力攻撃を排除するに当たっては、武力の行使は、事態に応じ合理的に必要とされる限度においてなされなければならない」である。

3　第3要件

その「事態に応じ合理的に必要とされる限度」という文言は、武力行使に関して前述の自衛隊法88条2項後半、武力攻撃事態に関して武力攻撃事態法3条3項但書に既にある。「必要最小限度」を単に一般原則ではなく、個別の武力行使に関する要求でもあると考えれば、問題を指摘し得る。「合理的に必要」は武力行使の第3要件にいう「必要最小限度」より一般的に緩やかであろう。武力攻撃事態法3条3号但書における同文言は、「比例原則」として説明されてきた[30]。比例原則も「必要最小限度」より緩やかなものと理解されていると思われる。同法4号、改正5号において人権の制限に関して「必要最小限」という文言が使われ、「合理的に必要」は「必要最小限」と区別されている。「合理的に必要」は「必要最小限」を緩めている可能性がある。

従来の「自衛権発動の三要件」と今の武力行使の3要件における第3要件で同じ「必要最小限度」が使われているが、これは国際法上自衛権の第3要件とされる「均衡性」より限定的と考えられてきた[31]。従来も今も、政府解釈は憲法9条の存在に規定され、外国にない特別の制約を受けてきたからである。そのことを基礎にして、2014年閣議決定による憲法解釈変更でも、集団的自衛権の全面容認ではなく限定容認が採られた。そこには軍事合理性に対する特別の制約が含まれるはずである。軍事合理性は社会合理性ではない。

4　事態の重なり

「武力攻撃事態等」（武力攻撃事態法1条）は武力攻撃発生事態（2条2号前半）、切迫事態（後半）、予測事態（3号）からなる。「存立危機事態」（4号）はその「武力攻撃事態等」と「同時に該当する」可能性が、指摘され

---

30)　礒崎陽輔『武力攻撃事対処法の読み方』（ぎょうせい、2004年）24-25頁。

31)　本書117-118頁。

ている[32]。他の事態との同時該当性も検討する必要がある。同時該当の場合、事態に対応する措置は法的には別の制度として、実際には結合して執行されることになろう。その他、国・地方公共団体・指定公共機関・国民の役割、対処措置、国外犯処罰、国民保護法との関係など、検討すべきことは多い。

おわりに

　本節では、集団的自衛権限定容認の根拠として公式には1972年資料が挙げられているが、砂川事件最高裁判決の意味も大きいことを指摘した。根拠論が不安定なまま、「基本的な論理」・「法理」—「当てはめ」論によって「自国防衛」のために個別的自衛権、集団的自衛権、集団安全保障による武力行使が正当化された。そこには立憲主義上多様で深刻な問題が含まれている[33]。その武力行使の具体化が、「武力攻撃事態＋存立危機事態」対応法制によって行われた。さらに、安保法制に含まれる具体的な問題も解明する必要がある。

32）　第25回「安保法制に関する与党協議」における内閣官房等「安保法制の検討状況」
　　（2015年4月27日）22-23頁。
33）　本書68-71、120-121頁。

第4章 日米同盟と砂川事件最高裁判決

　集団的自衛権限定容認論の根拠としてしばしば使われる砂川事件最高裁判決と、その背景にある日米同盟論、そこで問題にされた米軍駐留・基地の問題を扱いたい。

第1節

「日米同盟」論の矛盾

はじめに

　本節の元となった論文は、『安保改定50年——軍事同盟のない世界へ』に収められていた。そのサブタイトル「軍事同盟のない世界へ」では、日米安保体制を軍事同盟体制の一つと見る見かたが前提になっている。このように批判的な立場から実態の問題として安保体制は最初から軍事同盟体制と規定されてきたが、政府によって安保体制はどのように説明されてきたのであろうか。

　現在の防衛白書では次のように説明されている。「日米安保条約に基づく日米安保体制は、わが国自身の努力とあいまってわが国の安全保障の基軸である。また、日米安保体制を中核とする日米同盟は、わが国のみならず、アジア太平洋地域、さらには世界全体の安定と繁栄のための『公共財』として機能している。」[1]安保条約に基づいて安保体制が作られ、安保体制を中核として日米同盟ができているとする。安保条約—安保体制—日米同盟が当然のようにつなげられている。

---

1) 『防衛白書・平成27年版』(2015年) 172頁。

136　第4章　日米同盟と砂川事件最高裁判決

　しかしながら、政府の公式文書において日米関係について「同盟」という言葉が初めて使われたのは、1981年である。敗戦から35年間、52年発効の旧安保から29年間、60年安保からでも21年間、「同盟」という言葉は使われてこなかった。そこで、政府見解において言われるようになった「同盟」論を簡単に振り返ることによって、その矛盾について考えてみたい。

I　同盟論の成立

1　成立の経緯

(1)　同盟論の登場

　1981年5月7日鈴木善幸首相とロナルド・レーガン米大統領の間で第1回会談が行われ、翌8日第2回会談を待たずに共同声明が発表された。その声明[2]の中で、「首相と大統領は、日米両国間の同盟関係は、民主主義及び自由という両国が共有する価値の上に築かれていることを認め」たとされた。

　また、アフガニスタン介入などのソ連の動きに対する憂慮の念、「アジアの平和と安定」に対する関心、世界とくにアフリカおよび中東の不安定要因に対する懸念などに関する両者の一致、「西側全体の安全を総合的に図るために、……諸問題に対して、……整合性のとれた形で対応すること」の重要性に関する首相の考えなどが示された。そのうえで、安保条約は日本の防衛、極東の平和・安定の基礎であるとし、その確保に当たり「両国間において適切な役割の分担が望ましい」とされた。「日本は、自主的にかつその憲法及び基本的な防衛政策に従って、日本の領域及び周辺海・空域における防衛力を改善し、並びに在日米軍の財政的負担をさらに軽減するため」一層努力する旨首相が述べたとされた。

　政府の公式文書において日米関係について「同盟」（alliance）という言葉が使われたのは、この声明が初めてであった。それまで共同声明においては、「（イコール・）パートナーシップ」というような言葉が使われていた[3]。

---

2)　朝日新聞1981年5月9日。

第1節 「日米同盟」論の矛盾 *137*

　第2回会談の模様は、新聞報道によれば以下のようである。鈴木首相は
日本の防衛政策について、防衛力の整備は世論の動向、国民の意識、財政
の状態、他の政策との調整、アジアの近隣諸国への影響の4点を考えなが
ら、自分の国は自らの手で守ることで整備に努力するとの基本姿勢を述べ
た。そのうえで改憲論の存在は承知しているが、第2次大戦の大きな過ち
を痛切に体験した日本国民にとって平和憲法の戦争放棄と軍事大国になら
ないということは民族の誓いであり、堅持すべきだと考えると述べた。さ
らに来年度予算編成にふれ、厳しい財政事情を説明した。

　それに対してレーガン大統領は「力による平和」の姿勢を説明したが、
憲法に反することを求めず、圧力をかけるつもりもないと、「対等なパー
トナー」の立場を強調した[4]。

　会談後日本記者団との会見において首相は、「同盟関係」について軍事
的な意味合いを持つものではないと説明したが、アメリカ政府関係者は防
衛面での役割分担を意味するものと受け止めており、解釈の違いが表面化
した。また首相は、領土、周辺海・空域での防衛に対応していくのは個別
的自衛権からも当然であり、周辺海域数百カイリ、シー・レーン（航路
帯）千カイリの防衛力強化を積極的に図る姿勢を明らかにした[5]。

(2)　鈴木善幸首相の不満

　12日首相は自由民主党最高顧問らとの懇談で、第2回会談前に声明が
仕上がり、自分の意向が十分反映されなかったと不満を表明した[6]。その
不満は、会談で首相がとくに力説した日本の防衛力増強への制約事項が盛
られなかったことであった[7]。他方外務省首脳は、「同盟関係」について

---

　3)　同3日、9日。1979年と80年に声明ではなく大平正芳首相の発言の中で、「同盟」という
　　　言葉が使われた例はある（伊東正義外務大臣94回1981〔昭和56〕年5月11日衆・外務13
　　　号10頁）。
　4)　第2回会談の模様については、朝日新聞社編『総点検日米安保』（朝日新聞社、1982年）
　　　94-101頁に詳しい。首相は政治家として体を張った発言をし（95頁）、予算編成については
　　　福祉予算を削って防衛費を増やせば1983年の参院選挙で自民党は負けるかもしれないと述
　　　べたとされている（97頁）。
　5)　朝日新聞1981年5月9日夕刊。
　6)　同13日。

138 第4章 日米同盟と砂川事件最高裁判決

軍事的な関係、安全保障を含まないというのはナンセンスだと述べた[8]。

　そこで13日政府として見解を統一し、宮澤喜一官房長官が記者会見で明らかにした。その内容は以下のものである。①日米間には安保条約があるという意味で、もともと日米関係は軍事的側面を持っている。②安保条約はアメリカが日本防衛の義務を負うという片務的なものなので、それ自体を同盟条約と言えるかどうかは、「同盟」という言葉の定義のしかたによる。③首相が「軍事的意味はない」といったのは、声明に「同盟」という言葉を使ったからといって、安保条約が変わるわけではなく、したがって日本が新たな危険を引受けたり、軍事にのめり込んだのではないという意味である[9]。

　ところが15日の閣議で首相は「同盟関係」の真意を述べた後、会談が済まないうちに声明が出来上がるやりかたを再検討しなければならないと再度不満を述べた[10]。結局16日伊東外相と高島益郎外務事務次官が、外務省としての責任を明らかにするために、辞表を提出した。

2 「同盟」の意味

(1) 本質的問題

　会談前に声明ができあがったことに対する首相の手続論的不満は、本質的な問題ではない。声明で「同盟」という言葉が使われることは訪米前から決まっており、新聞報道もされていた[11]。首相に対する外務省担当者による事前の説明が舌足らずだとしても[12]、説明を首相も承知していた。首相の不満における本質的な問題は、声明における「同盟」論ばかりが脚光を浴び、会談における防衛力増強に対する制約論が注目されなかったことである。本質的な問題は「同盟」論の内容であり、さらに「同盟」論と制約論の緊張関係である。その問題は以下のようにまとめられる。

---

　7)　同15日夕刊。
　8)　同13日。
　9)　同14日。
　10)　同15日夕刊。
　11)　同3日。
　12)　朝日新聞社・前掲注4)　114頁。

第1に、「同盟」論は軍事的側面を含むとされたが、軍事的側面は強調されなかった。一方で「同盟」という言葉は一般的な意味でも使われ、1815年の「神聖同盟」のように宗教的性格を持ったものもある[13]。他方で軍事同盟を意味するという認識もあり[14]、外務省はallianceを「同盟」ではなく「同盟関係」と訳すことによって軍事的色彩を緩和させようとしたとする見かたもある[15]。政府から、「総合的な関係の中には、政治、経済、文化等の関係とともに、日米安全保障条約に基づく日米安保関係がある」[16]と説明された。「同盟」論は軍事的側面を含むとされたが、総合的な関係の中で軍事的側面は相対化された。

第2に、「同盟」論は、集団的自衛権に基づく双務的軍事同盟を想起させるが、それを意味しないとされた。「固有の同盟は、戦争にあたって、共同の敵にたいし、連帯的軍事行動をとり、相互に支援するものである。」[17]声明における「同盟関係」は、このような「集団的自衛権」に基づく「攻守同盟」を意味するものではない[18]。

それは「日本では憲法上個別自衛権」しかなく[19]、「安保条約というのは片務的な条約」[20]だからである。「5条で防衛のことが……書いてある……が、あれはまさに片務的で……、日本はアメリカが攻められてもそれを救いに行く……ことはできない」。「外務省首脳が双務的ということを言った」[21]のは、「日本が区域、施設の提供をしている」という意味である[22]。

第3に、役割分担論が言われたが、「同盟」論は新たな軍事的意味を持たないとされた。アメリカは同盟に応じた役割分担を求めた[23]。声明の中で「適切な役割分担が望ましい」とされ、鈴木は声明後の記者会見で周辺海域数百カイリ、シー・レーン千カイリの防衛力強化を述べた。これにつ

---

13) 園田直外務大臣94回1981（昭和56）年5月22日衆・本27号17頁。

14) 渋谷邦彦議員94回1981（昭和56）年5月12日参・外務7号10頁。

15) 田中寿美子議員94回1981（昭和56）年5月26日参・外務10号7頁。

16) 鈴木94回1981（昭和56）5月15日参・本18号73頁。

17) 伊達宗起外務省条約局長94回1981（昭和56）5月14日参・外務8号11頁。

18) 鈴木94回1981（昭和56）5月25日参・本20号10頁。

19) 伊東94回1981（昭和56）5月11日衆・外務13号11頁。

20) 同10頁。

21) 朝日新聞13日。

いて新聞報道によれば、「第七艦隊がペルシャ湾水域防衛に出かけた留守に、自分の庭先を守ることは当然のこと」と、鈴木が述べた点が問題にされた[24]。「それなら第七艦隊の肩がわりそのものであります」[25]と糺された。政府は結果論として認めた。「結果として、アメリカが中東により兵力を割き得るというのは、まさに結果論」[26]である。

(2) 法的説明

　これは結果論であり、個別的自衛権に基づく自衛力論で説明された。「周辺海域における自衛権の行使に当たっては、わが国を防衛するため必要最小限度の範囲にとどまるべきものであり、……集団的自衛権の行使が憲法上許されないことは言うまでもございません。」[27]シー・レーン千海里防衛も、従来の「防衛計画大綱の整備目標」の前提であったとされた[28]。新たに特別なことを言ったわけではないとしている。

　以上のように、「同盟」論は軍事的役割の強化を基礎づけたが、それには集団的自衛権否認の憲法解釈を中心とする制約が伴っていた。制約を確認しなければ、軍事的役割の実質的な強化を基礎づけることはできなかった。シー・レーン防衛などの軍事的役割強化は安保条約を前提にしつつ、安保条約に直接の根拠はなくそれを超えている。このありかたは「日米安

---

22)　伊東94回1981（昭和56）5月14日参・外務8号8頁。なお宇都宮徳馬議員は、日本における「アメリカの基地に対する武力攻撃は日本に対する攻撃とみなす、こういうところで相互性」（22頁）があり、他の点も合わせると日本は「無銭飲食」（23頁）をしているわけではないと指摘した。宇都宮の指摘は、日本の領域内における日本のアメリカ防衛義務のことである。

　　現在の政府見解では、5条と6条を合わせて、「総合的に日米双方の義務のバランスを取っている」（前掲注1）193頁）とされている。5条で集団的自衛権をアメリカは行使するが、日本は行使しない。6条で基地提供を日本はするが、アメリカはしない。5条におけるアンバランスと6条におけるアンバランスを合わせると、全体としてバランスが取れていると言うのである。

23)　朝日新聞9日。

24)　矢山有作議員94回1981（昭和56）5月21日衆・内閣14号6頁。

25)　上田耕一郎議員94回1981（昭和56）5月15日参・本18号76頁。

26)　浅尾新一郎外務省北米局長94回1981（昭和56）5月21日衆・内閣14号7頁。

27)　鈴木94回1981（昭和56）5月25日参・本20号10頁。

28)　伊東94回1981（昭和56）5月12日参・外務7号7頁。

保条約の円滑な運用」[29]に含まれているのであろうか。「同盟」論は政府見解によって超安保・合憲とされるこのありかたを表現している。

　その土台は、「同盟」論成立3年前の1978年第1次日米防衛協力のための指針（ガイドライン）にあるように思われる。「この指針は、日米安保条約及び関連取極に基づいて日米両国が有している権利及び義務に何ら影響を与えるものと解されてはならない。」（前文1項）このようにして、指針が安保条約を前提にしつつ、それを超えることが示されている。条約上の義務はないので、自主的に取り組むことが求められる。「研究・協議の結論は、……両国政府の立法、予算ないし行政上の措置を義務づけるものではない。」（説明文1(2)）「この方針が記述する米国に対する日本の便宜供与及び支援の実施は、日本の関係法令に従うことが了解される。」（前文2項）従うべき「日本の関係法令」に日本国憲法が含まれ、合憲の建前が採られている。

Ⅱ　同盟論の展開

1　1997年第2次ガイドライン

　冷戦終結後、1996年に出された「日米安全保障共同宣言―21世紀に向けての同盟―」は、日米関係は「世界の平和と地域の安定並びに繁栄」に貢献し、「堅固な同盟関係」は「アジアと太平洋地域の平和と安全の確保」に役立ったとした。「防衛協力が日米同盟関係の中心的要素」であるとし、平和維持活動などの「地球的規模の協力」を強化し、ガイドラインの見直しを提起した。

　1997年の第2次ガイドラインも第1次ガイドラインと同様の定式で、安保条約を前提にしつつ、超える趣旨を示した。さらに「努力の成果を各々の具体的な政策や措置に適切な形で反映することが期待される」（Ⅱ4）として、自主的取り組みへの政治的強制がなされた[30]。その場合の制約が明示された。「日本のすべての行為は、日本の憲法上の制約の範囲内において、専守防衛、非核三原則等の日本の基本的な方針に従って行われる。」（Ⅱ2）「国際的な安全保障環境の構築」のための協力を維持し（Ⅲ）、

---

29)　鈴木94回1981（昭和56）5月15日参・本18号77頁。

30)　浦田一郎「憲法としての安保体制」法律時報2010年1月号2頁。

それに「安全保障面での地域的な及び地球的規模の諸活動を促進するための日米協力」は寄与するとされた（Ⅲ 2）。「周辺事態の概念は、地理的なものではなく、事態の性質に着目したもの」である（Ⅴ）とされたが、1999 年周辺事態法が一定の地理的限定のある形で（1 条）作られた[31][32]。

2 2015 年第 3 次ガイドライン

2014 年 7 月 1 日の閣議決定を反映する方針の下で、第 2 次ガイドラインの見直しが進められた。その結果、2015 年 4 月 27 日に合意された第 2 次ガイドラインでは、「日本以外の国に対する武力攻撃への対処行動」（Ⅳ D）が定められ、2014 年 7 月 1 日の閣議決定における武力行使の 3 要件を基礎にした記述がなされた。すなわち、「自衛隊は、日本と密接な関係にある他国に対する武力攻撃が発生し、これにより日本の存立が脅かされ、国民の生命、自由及び幸福追求の権利が根底から覆される明白な危険がある事態に対処し、日本の存立を全うし、日本国民を守るため、武力の行使を伴う適切な作戦を実施する。」

ガイドラインでは「防衛協力と指針の目的」として、日本、アジア太平洋地域、それを越えた地域の平和が掲げられた。「日本の平和及び安全を確保するため、また、アジア太平洋地域及びこれを越えた地域が安定し、平和で繁栄したものとなるよう日米両国間の安全保障及び防衛協力は、次の事項を強調する。」その強調項目の 5 番目に「日米同盟のグローバルな性質」が挙げられた（Ⅰ）。

そのうえで、第 1 次、第 2 次ガイドラインと同様の文章でガイドラインは安保条約を変更しないとされた。「（日米安全保障条約）及びその関連取極（とりきめ）に基づく権利及び義務並びに日米同盟関係の基本的な枠組みは、変更されない。」（Ⅱ A）そのことによって、安保条約を超えることを示している。そのことに伴って、新たな義務は生じないとする。「指針

---

31) 第 2 次ガイドラインにおける超安保・合憲論について、浦田一郎『自衛力論の論理と歴史』（日本評論社、2012 年）99-101 頁。

32) 本節の元になった論文では第 2 次ガイドラインの後から鳩山由紀夫政権の成立までの日米同盟論の展開が描かれているが、現在の集団的自衛権限定容認論の基礎にある日米同盟論として必ずしも必要ではないので、省略することとした。

はいずれの政府にも立法上、予算上、行政上またはその他の措置をとることを義務付けるものではなく、また、指針はいずれの政府にも法的権利または義務を生じさせるものではない。」しかし、目標の実現が求められる。「努力の結果をおのおのの具体的な政策及び措置に適切な形で反映することが期待される。」（ⅡD）

他方で憲法に違反しないとする建前が採られる。「日本及び米国により行われる全ての行動及び活動は、おのおのの憲法及びその時々において適用のある国内法令並びに国家安全保障政策の基本的な方針に従って行われる。日本の行動及び活動は専守防衛、非核三原則等の日本の基本的な方針に従って行われる。」（ⅡC）

ここでも、超安保・合憲論の立場が示されている[33]。

おわりに

政府の説明では、周辺事態法、イラク特措法、テロ特措法などの各種の日米間の軍事協力は憲法違反ではないとされるが、安保条約には根拠はなくそれを超えている[34]。そのことを、冨澤暉・元陸上幕僚長は分かりやすいタイトルの論文の中で、2005 年「日米同盟：未来のための変革と再編」における「地域及び世界における共通の戦略目標」についてであるが、上記のことを明確に述べている。「『共通戦略目標』から生ずる日本の『新しい役割』が現日米安保条約の枠をはるかに超えることを我々は承知しなければならない。そこで、日米安保条約の改定も話題に上るのだが、それが実現してもなお『新しい役割』は条約内に収まらないのであろう。」[35]

しかし、これは「共通戦略目標」に限られた問題ではなく、この安保条約を超えたありかたが「日米同盟」という言葉で表現されている[36]。安保条約を超えるので、安保条約や安保体制ではなく「日米同盟」という表現

---

33) 関連して、ガイドラインと条約の関係について、本書 98-99 頁。

34) 前述の『防衛白書』前掲注 1) における、「日米安保条約に基づく日米安保体制」を「中核とする日米同盟」という説明のしかたも、超安保というあり方を示している。「中核」ではない周辺を予定しているからである。

35) 冨澤暉「日米安保の目的は一極秩序、世界平和の維持」世界週報 2005 年 4 月 26 日号 20 頁。

36) 乾友行「ゆきづまる『軍事同盟絶対』政治と国民のたたかい」前衛 2009 年 9 月号 74 頁。

が使われているのであろう。

　この超安保・合憲とされる日米同盟というありかたは軍事力強化のための概念であるが、同時に制約を伴うという矛盾をかかえている。条約上の根拠がないので、アメリカは条約に基づく法的要求はできず、同盟は不安定である。また憲法違反ではないとされているので、同盟の強化の度に憲法上の制約などを確認せざるを得ない。その制約の中心にあるのは、集団的自衛権行使の否認であった。2014年閣議決定によって容認されたが、憲法上限定があるとされた。世界、アジア、日本、沖縄の不公正なありかたを軍事的に支える安保体制を批判し、軍事同盟のない世界を展望する場合、この「日米同盟」論の矛盾は手がかりとして軽視すべきではないであろう。日米両政府による統治に対して、国内外の運動と世論が押しつけたものだからである。安保違憲の解釈論はその一角を形づくっている。

第2節　自衛権・戦力・駐留軍　*145*

第2節

自衛権・戦力・駐留軍——砂川事件[1]

最高裁 1959（昭和 34）年 12 月 16 日大法廷判決

（昭和 34 年（あ）第 710 号：日本国とアメリカ合衆国との間の安全保障条約第 3
条に基づく行政協定に伴う刑事特別法違反被告事件）

（刑集 13 巻 13 号 3225 頁、判時 208 号 10 頁、判タ 99 号 42 頁）

I　事実の概要

1　事件

　駐留米軍立川飛行場の拡張計画に対して反対同盟員、労働組合員、学生
団体等による反対運動が展開される中で、1957 年 7 月 8 日土地測量に反
対する運動員の一部が境界柵を数 10 メートル破壊し、飛行場内に数メー
トル立ち入った。この行為は、「日本国とアメリカ合衆国との間の安全保
障条約第 3 条に基づく行政協定に伴う刑事特別法」（以下、「刑事特別法」）
2 条に該当するとして、起訴された。この安保条約は 1951 年に締結され
52 年から発効し 60 年まで続いたものであり、現行 1960 年安保条約に対
して旧安保条約と呼ばれる。

2　一審判決（東京地判昭和 34 年 3 月 30 日判時 180 号 2 頁）

　この判決は裁判長の名前から伊達判決と呼ばれており、以下のように述

---

1)　本節の元になったものは、学生による判例学習のための『憲法判例百選』に書かれたもの
　である。そこでは、砂川事件最高裁判決に関する一般的な解説が行われており、集団的自衛
　権との関係は問題にされていない。後に集団的自衛権限定容認のために本判決が使われるよ
　うになったので、そのことを意識しつつ、その点については最小限の整理を行った。その他
　の点について適宜加筆、訂正を行った。

べた。

①刑事特別法2条と軽犯罪法1条32号は特別法と一般法の関係にあり、前者は後者より重い刑罰をもって臨んでいる。もし米軍駐留が違憲ならば、刑事特別法2条は正当な理由なしに重い刑罰をもって臨んでいることになり、適法手続主義に関する憲法31条に違反することになる。

②そこで、米軍駐留に関する憲法判断を行う。憲法9条は、「自衛権を否定するものではないが、侵略的戦争は勿論のこと、自衛のための戦力を用いる戦争及び自衛のための戦力の保持をも許さないとするもの」である。「現実的にはいかに譲歩しても……国際平和団体を目ざしている国際連合の機関である安全保障理事会等の執る軍事的安全措置等を最低線としてこれによつてわが国の安全と生存を維持しようとする決意に基くもの」である。

③米軍駐留と9条の関係を考察すると、駐留米軍は旧安保条約1条に基づき極束の平和と安全のためとして、「戦略上必要と判断した際にも当然日本区域外にその軍隊を出動し得る」。したがって、「わが国が自国と直接関係のない武力紛争の渦中に巻き込まれ、戦争の惨禍がわが国に及ぶ虞は必ずしも絶無」ではない。

また、駐留米軍が日本の防衛に使用される場合、駐留は「わが国政府の要請と、合衆国政府の承諾という意思の合致があつたからであつて、従つて合衆国軍隊の駐留は一面わが国政府の行為によるもの」である。「実質的に考察するとき、わが国が外部からの武力攻撃に対する自衛に使用する目的で合衆国軍隊の駐留を許容していることは、指揮権の有無、合衆国軍隊の出動義務の有無に拘らず、日本国憲法第九条第二項前段によつて禁止されている陸海空軍その他の戦力の保持に該当する」。結局駐留米軍は違憲であり、刑事特別法2条も憲法31条に違反し、被告人は無罪である。

この判決に対して、検察側は刑事訴訟規則254条1項に基づき最高裁に跳躍上告した。

Ⅱ　判旨

原判決破棄・差戻し。

1　憲法９条の解釈

①　「そもそも憲法九条は、……日本国民が過去におけるわが国の誤つて犯すに至つた軍国主義的行動を反省し、……制定したものであ」る。憲法九「条は、同条にいわゆる戦争を放棄し、いわゆる戦力の保持を禁止しているのであるが、しかしもちろんこれによりわが国が主権国として持つ固有の自衛権は何ら否定されたものではなく、わが憲法の平和主義は決して無防備、無抵抗を定めたものではないのである。……しからば、わが国が、自国の平和と安全を維持しその存立を全うするために必要な自衛のための措置をとりうることは、国家固有の権能の行使として当然のことといわなければならない。すなわち、われら日本国民は、憲法九条二項により、同条項にいわゆる戦力は保持しないけれども、これによつて生ずるわが国の防衛力の不足は、これを憲法前文にいわゆる平和を愛好する諸国民の公正と信義に信頼することによつて補ない、もつてわれらの安全と生存を保持しようと決意したのである。そしてそれは、必ずしも原判決のいうように、国際連合の機関である安全保障理事会等の執る軍事的安全措置等に限定されたものではなく、わが国の平和と安全を維持するための安全保障であれば、その目的を達するにふさわしい方式又は手段である限り、国際情勢の実情に即応して適当と認められるものを選ぶことができることはもとよりであつて、憲法九条は、わが国がその平和と安全を維持するために他国に安全保障を求めることを、何ら禁ずるものではないのである。」

②　「そこで、右のような憲法九条の趣旨に即して同条二項の法意を考えてみるに、同条項において戦力の不保持を規定したのは、わが国がいわゆる戦力を保持し、自らその主体となつてこれに指揮権、管理権を行使することにより、同条一項において永久に放棄することを定めたいわゆる侵略戦争を引き起こすがごときことのないようにするためであると解するを相当とする。従つて同条二項がいわゆる自衛のための戦力の保持をも禁じたものであるか否かは別として、同条項がその保持を禁止した戦力とは、わが国がその主体となつてこれに指揮権、管理権を行使し得る戦力をいうものであり、結局わが国自体の戦力を指し、外国の軍隊は、たとえそれがわが国に駐留するとしても、ここにいう戦力には該当しないと解すべきである。」

2 司法審査権の範囲

① 「次に、アメリカ合衆国軍隊の駐留が憲法九条、九八条二項および前文の趣旨に反するかどうかであるが、その判断には、右駐留が本件日米安全保障条約に基くものである関係上、結局右条約の内容が憲法の前記条章に反するかどうかの判断が前提とならざるを得ない。

しかるに、右安全保障条約は、日本国との平和条約（……）と同日に締結せられた、これと密接不可分の関係にある条約である。すなわち、平和条約六条(a)項但書には『この規定は、一又は二以上の連合国を一方とし、日本国を他方として双方の間に締結された若しくは締結される二国間若しくは多数国間の協定に基く、又はその結果としての外国軍隊の日本国の領域における駐とん又は駐留を妨げるものではない。』とあつて、日本国の領域における外国軍隊の駐留を認めており、本件安全保障条約は、右規定によつて認められた外国軍隊であるアメリカ合衆国軍隊の駐留に関して、日米間に締結せられた条約」である。「そして、右安全保障条約の目的とするところは、その前文によれば、平和条約の発効時において、わが国固有の自衛権を行使する有効な手段を持たない実状に鑑み、無責任な軍国主義の危険に対処する必要上、平和条約がわが国に主権国として集団的安全保障取極を締結する権利を有することを承認し、さらに、国際連合憲章がすべての国が個別的および集団的自衛の固有の権利を有することを承認しているのに基き、わが国の防衛のための暫定措置として、武力攻撃を阻止するため、わが国はアメリカ合衆国がわが国内およびその附近にその軍隊を配備する権利を許容する等、わが国の安全と防衛を確保するに必要な事項を定めるにあることは明瞭である。……」

② 「ところで、本件安全保障条約は、前述のごとく、主権国としてのわが国の存立の基礎に極めて重大な関係をもつ高度の政治性を有するものというべきであつて、その内容が違憲なりや否やの法的判断は、その条約を締結した内閣およびこれを承認した国会の高度の政治的ないし自由裁量的判断と表裏をなす点がすくなくない。それ故、右違憲なりや否やの法的判断は、純司法的機能をその使命とする司法裁判所の審査には、原則としてなじまない性質のものであり、従つて、一見極めて明白に違憲無効であると認められない限りは、裁判所の司法審査権の範囲外のものであつて、

それは第一次的には、右条約の締結権を有する内閣およびこれに対して承認権を有する国会の判断に従うべく、終局的には、主権を有する国民の政治的批判に委ねられるべきものであると解するを相当とする。」

3 具体的判断

「よつて、進んで本件アメリカ合衆国軍隊の駐留に関する安全保障条約およびその三条に基く行政協定の規定の示すところをみると、右駐留軍隊は外国軍隊であつて、わが国自体の戦力でないことはもちろん、これに対する指揮権、管理権は、すべてアメリカ合衆国に存し、わが国がその主体となつてあだかも自国の軍隊に対すると同様の指揮権、管理権を有するものでないことが明らかである。……わが国がその駐留を許容したのは、わが国の防衛力の不足を、平和を愛好する諸国民の公正と信義に信頼して補なおうとしたものに外ならないことが窺えるのである。

果してしからば、かようなアメリカ合衆国軍隊の駐留は、憲法九条、九八条二項および前文の趣旨に適合こそすれ、これらの条章に反して違憲無効であることが一見極めて明白であるとは、到底認められない。そしてこのことは、憲法九条二項が、自衛のための戦力の保持をも許さない趣旨のものであると否とにかかわらないのである。（なお、行政協定は……既に国会の承認を経た安全保障条約三条の委任の範囲内のものであると認められ、これにつき特に国会の承認を経なかつたからといつて、違憲無効であるとは認められない。）」

4 結論

「しからば、原判決が、アメリカ合衆国軍隊の駐留が憲法9条2項前段に違反し許すべからざるものと判断したのは、裁判所の司法審査権の範囲を逸脱し同条項および憲法前文の解釈を誤つたものであり、……原判決は……破棄を免れない。」

なお田中耕太郎長官ら7裁判官の補足意見と小谷勝重裁判官ら3裁判官の意見があるが、反対意見はない。

III 解説

1 概観

　米軍駐留と旧安保条約の憲法 9 条適合性が実質的に争われた本件において、本判決はこれらの論点を司法審査権の範囲外のものと判示した。しかし、その中でこれらは「違憲無効であることが一見極めて明白」ではないとする判断が示され、それがその後の判例の中で新旧の安保条約に関する判例として事実上扱われていった。本判決は、1 憲法 9 条解釈、2 司法審査権の範囲、3 その具体化の 3 つの部分から構成されている。本判決には条約と行政協定の関係に関する憲法 73 条 3 号但書、一審判決には刑事特別法と軽犯罪法の関係に関する憲法 31 条の論点も含まれているが、本節では 2 戦力、3 司法審査権の問題に焦点を合わせ、4 背景にもふれることとする。なお、差戻し後最二小決 1963（昭和 38）年 12 月 25 日判時 359 号 12 頁によって有罪が確定した。

2 戦力

(1) 9 条の趣旨と自衛権

　本判決における 9 条論は自衛力論の原型に関する政府統一見解[2]を基礎とする政府見解に基本的に基づき、また後の政府統一見解を基礎づけた。本判決は 9 条の趣旨としてまず「日本国民」の「軍国主義的行動」に対する反省を指摘する。本判決における後の議論の展開と合わせると、これは「軍国主義的行動」でない軍事を肯定し、「平和を愛する諸国民」に含まれるとされるアメリカによる「軍国主義的行動」の可能性を想定しないこととつながっている。

　本判決は「主権国として持つ固有の自衛権」を、一審判決は 9 条が「否定するものではない」「自衛権」を肯定する。両者は国家の独立性としての国家主権、すなわち本判決にいう「わが国」の「存立を全う」することを基礎に置く点では共通している。しかし最高裁判決における「固有の自衛権」という論理は、「固有」性論によって憲法外のものとして立憲主義

---

　2) 大村清一防衛庁長官 21 回 1954（昭和 29）年 12 月 22 日衆・予算 2 号 1 頁。

と、論議を封ずる点で国民主権と緊張関係にある。これは武力行使の違法性阻却事由としての国際法上の自衛権[3]とは別のものであり、国家主権のために軍事力が必要だとする抽象的な理念・目的を意味している。この議論のしかたは、目的の正当性による手段の正当化を否定する立憲主義から問題がある[4]。立憲主義から、国家主権の実現手段は憲法の規律するところによらなければならず、日本国憲法は9条によって戦争放棄、戦力不保持、交戦権の否認という手段を規定しているからである。

(2) 9条2項

　本判決によれば、9条2項が「保持を禁止した戦力」は「わが国自体の戦力」をさし、駐留米軍は「戦力」に該当しない。古くから政府見解はこの立場に立ち、近代戦争遂行能力論を定式化した1952年11月25日法制局見解[5]に見られる。

　それに対して本件一審判決によれば、米軍駐留は「わが国の要請とそれに対する施設、区域の提供、費用の分担その他の協力」という「わが国政府の行為」によるので、「実質的に考察する」と、我が国による駐留の許容は「戦力の保持に該当する」。このように一審判決で問題にされた「わが国政府の行為」に関して、最高裁判決には直接の答えがない。本判決としては、自衛力論によって「他国に安全保障を求める」ことを正当化したのであろう。しかし、前述のように、その論理は確かなものではない。そうであれば、多くの学説が指摘するように、日本が戦力の保持を禁止されているとすれば、外国軍を駐留させる権限も持たないことになろう。憲法は「戦争の惨禍」に対する「政府の行為」（前文1項）にとくに注意を喚起している[6]。

　本判決は日本の「戦力」に関して、「不足」を「補な」われる「防衛力」

---

3)　武力行使は原則として違法とされ、その例外として自衛権の場合に武力行使が認められる。

4)　栗城壽夫「自衛権・安保条約・駐留軍（砂川事件）」樋口陽一編『憲法の基本判例』（別冊法学教室、1985年）165頁。

5)　朝日新聞1952年11月26日。

6)　本判決が司法審査権の範囲論によって安保条約の合憲性に関する実体判断を避けたのは、法的論理の問題としては一審判決の言う「わが国政府の行為」論に答えることができなかったからである可能性がある。

に言及するなど、肯定的なニュアンスを有する。しかしながら、9条2項が「いわゆる自衛のための戦力の保持をも禁じたものであるか否かは別として」とし、判断を示さない立場を結論として明確に選択した。したがって、論理的には「禁じたものである」可能性も残されている。なお、判決は「自衛のための戦力」と述べることによって、一審判決における対外的実力違憲論を問題にしている。「自衛力」＝「自衛のための必要最小限度の実力」合憲論と区別して、「自衛戦力」＝「自衛のための戦力」合憲論を論じているわけではない[7]。必要最小限度の制約が自衛力にはあり、自衛戦力にはない[8]。

(3) 9条1項

　米軍駐留に関する政府の行為は9条2項との関係について本判決によって問題にされなかったが、新安保条約に関して1項の武力行使に該当するかが論じられるようになった。政府見解によって、基地提供や基地使用の承認はそれ自身武力行使ではなく、また消極的行為として外国の武力行使とも一体化しないと説明されてきた[9]。このようにして米軍駐留は事実上憲法の規律の外に置かれてきた。

3　司法審査権

(1)　本件最高裁判決

　本判決によれば、旧安保条約は「主権国としてのわが国の存立の基礎に極めて重大な関係をもつ高度の政治性」を有し、「一見極めて明白に違憲無効」でない限り、それが違憲かどうかは「司法審査権の範囲外」である。これは条約に関する違憲審査権の存在を前提にしている。統治行為という言葉は使われていないが、「高度の政治性」を指摘している点は統治行為論的である。「一見極めて明白に違憲無効」という審査権の要件は、裁量権の濫用または踰越に対応していると考えられ、裁量論的である。

---

7)　本書165-166頁。
8)　両者の関係について、浦田一郎『自衛力論の論理と歴史』（日本評論社、2012年）312-316頁。
9)　本書170-171頁。

藤田八郎、入江俊郎の両裁判官は「統治行為」論を述べ、島保、河村大助の両裁判官は裁量論を採った。小谷、奥野健一、高橋潔、石坂修一の各裁判官は審査権の制限に否定的であり、旧安保条約について合憲的である。反対意見はないが、多くの裁判官が指摘するように多数意見の論旨は明確ではない。また、本判決における司法審査権の範囲論は、「本件安全保障条約」の「違憲なりや否やの法的判断」に関するものである。すなわち旧安保条約に限定されており、一般論は示されていない。司法審査権の範囲に関する本判決の判例としての価値は、高くないのではないか。

本判決では多くの実体判断が示されている。旧安保条約に基づく米軍駐留は、「違憲無効であることが一見極めて明白」ではないとされている。さらに、「憲法九条、九八条二項および前文の趣旨に適合こそすれ」とも言われている。また、「一見極めて明白に違憲無効」判断の前提としてであろうが、本判決の最初に憲法九条解釈論が展開されている。「一見極めて明白に違憲無効」論が本判決のキー論理であり、統治行為論と裁量論、司法審査権の手続論と憲法九条の実体論をつなぎ、少数意見の出現を封じた。「一見極めて明白に違憲無効」かどうかについて、実体判断が示される論理になっている。その結果として、「一見極めて明白に違憲無効」だという結論が出されることは、通常考えられない。

(2) その後の判例の展開

本判決の後、苫米地事件において最大判 1960（昭和 35）年 6 月 8 日民集 14 巻 7 号 1206 頁は本格的な統治行為論を展開した。旧安保条約と比べて新安保条約は軍事関係をより緊密にしているので、前者が「一見極めて明白に違憲無効」でないとしても、後者に関する審査が必要なはずである。しかしその後の判例では本判決が新安保条約についても判例として扱われている。例えば、沖縄代理署名訴訟において最大判 1996（平成 8）年 8 月 28 日民集 50 巻 7 号 1952 頁は、本判決を引用しつつ、新安保条約が「合憲であることを前提」として、駐留軍用地特措法について審査すると述べている。しかし本判決は、安保条約は「一見極めて明白に違憲無効」ではなく、司法審査権の範囲外としているのである。そうであれば、同件福岡高判 1996（平成 8）年 3 月 25 日判時 1563 号 26 頁のように、「違憲無効と

154　第4章　日米同盟と砂川事件最高裁判決

判断することはできない」とするのが適切である。同件最高裁判決も消極的に「合憲であることを前提」としたにとどまり、積極的に「合憲」との判断を示していないと解釈し得る。

4　背景

(1)　一般的な背景

安保条約改定交渉が進む中で、1959年3月30日本件で東京地裁が駐留米軍違憲の判断を示したことに、日米両政府は衝撃を受けた。しかし、同年12月16日最高裁が旧安保条約を「一見極めて明白に違憲無効」ではないとしたので、両政府は胸を撫で下ろした。それから約1ヶ月後の1960年1月19日新安保条約が調印された。

(2)　特殊な背景

本件にはこのような一般的な背景のほかに特殊な背景のあることが、アメリカ側の外交文書によって明らかになってきた。

本件一審判決の翌日の1959年3月31日に駐日アメリカ大使館から本国国務省に送られた電報によれば、同日朝8時にダグラス・マッカーサー2世アメリカ大使が藤山愛一郎外相に会い、最高裁に跳躍上告するように勧めた。それに対して、藤山は9時からの閣議に出したいと答えた。同年4月24日付け電報では、本件を担当した田中耕太郎最高裁長官はマッカーサーに対して、本件判決まで「少なくとも数カ月」（AT LEAST SEVERAL MONTHS）かかると述べていた。8月3日付け電報によれば、田中はレンハート駐日大使館主席公使に対して、判決では「実質的な全員一致」（substantial unanimity）を生み出し「少数意見を回避」（avoid minority opinions）したいと述べた[10]。

11月6日付け電報によれば、各裁判官の意見が「手続上」（a procedural basis）、「法律上」（a legal basis）、「憲法上」（a constitutional basis）の三つの観点に分かれて問題をとらえていることを、田中はマッカーサーに話していた。判決直前まで裁判官の意見が分かれていたことが分かる。そのよ

---

10)　布川玲子・新原昭治『砂川事件と田中最高裁長官』（日本評論社、2013年）が資料を掲載し、解説を加えている。

うな状況の中で、可能な限り多くの裁判官が「憲法問題に関わって裁定する」（rule on the constitutional issue involved）することが重要だと、田中は述べていた[11]。

　本判決を読み返せば分かるように、これらの事実はその理解のために有益である。例えば、「少数意見を回避」するという「高度の政治的……判断」によって、「一見極めて明白に違憲無効」論が採られたと考え得る。そうだとすれば、「純司法的機能をその使命とする司法裁判所」の判決は、論旨不明確にならざるを得ない。また、砂川事件や田中のパーソナリティーの問題[12]を超えて、日本の裁判所のありかたを考えるうえで、これらの事実は無視することはできない。これらの事実とともに、憲法の下で裁判所が機能してきたからである。さらに言えば、このような背景を含めて、本判決は安保体制が戦後統治の基本構造の基底的な要素であることを明らかにしている。その安保体制は、このような背景なしには、成立、展開できないものであることも示されている。本判決を理解する意義は、まことに大きい。

---

11)　末浪靖司『機密解禁文書にみる日米同盟』（高文研、2015 年）72-74、76 頁。

12)　明神勲によって発見された資料によれば、レッド・パージ事件に関して田中が GHQ 民生局長ホイットニーと会談した記録内容が、国会図書館所蔵の GHQ 関係資料のマイクロフィルムから発見され、そこから田中自身がレッド・パージに関する GHQ「解釈指示」を作り出した疑いが生じている。長岡徹・明神勲「レッド・パージ裁判における『解釈指示』をめぐって」法律時報 2011 年 11 月号 84-89 頁、長岡「レッドパージと『法の支配』」市川正人・徐勝編『現代における人権と平和の法的探求』（日本評論社、2011 年）27-47 頁。本書 203-205 頁

第3節

米軍駐留と基地——政府見解と判例の交錯[1]

はじめに

安保体制をめぐる憲法論のうち、本節では米軍駐留と基地の問題を扱う。米軍駐留の問題と基地の問題は区別して扱われることが多く、またそうすべきであろう。前者は全体の問題であり、後者はその一部をなすより具体的な問題である。

この問題に関する判例と政府見解の交錯を分析したい。その場合、砂川事件最高裁判決[2]が重要なので、Ⅰ砂川判決前、Ⅱ砂川判決、Ⅲ砂川判決後に分けて検討することとする。

Ⅰ　砂川判決前

砂川判決前の政府見解の中で米軍駐留と基地の問題については1952年11月25日の法制局見解[3]が重要だと考えられるので、1法制局見解前、2法制局見解、3法制局見解後に分けて見ていきたい。

---

1)　集団的自衛権は実質的に米軍駐留・基地の問題と関わりがある。また、集団的自衛権限定容認論の根拠としてしばしば使われる砂川事件最高裁判決について、本節はその背景にある憲法解釈の流れを整理する意味を持つ。

2)　砂川事件最大判 1959（昭和34）年12月16日刑集13巻13号3225頁。その概説として、本書 145-155頁。

3)　朝日新聞 1952年11月26日。この見解はその性格について不明な点が多いが、その後政府自身によって半ば公式見解として扱われてきた。その全文は浦田一郎『自衛力論の論理と歴史』（日本評論社、2012年）242-243頁に掲載。

1　法制局見解前

(1)　外国軍による自衛

　佐藤功によれば、政府は制憲議会当時から、憲法9条2項の「戦力」「保持」の主体は日本であり、米軍駐留は「戦力」不保持に抵触しないという解釈を、一貫して採っていた[4]。

　1950年1月マッカーサーが年頭声明で日本国憲法の理想と自衛権を確認した後、2月に自衛権と外国軍への依存の関係が問題にされたことがあった。吉田茂首相が自衛権を強調しているとして、「日本の安全を保つという理由で外国の軍隊に依存する権利」、「軍事基地を提供する」、「軍事協定を結ぶ」というようなことも、その「自衛権の内容」と解釈してよいかという質疑が出された[5]。それに対して吉田は、「仮定の問題」には「お答はいたさない」と、威張って答弁を拒否した。占領下で再軍備が始まる前に、米軍基地の存在を前提にして、早くから外国軍による自衛が憲法論として問題にされていたことになる。

　警察予備隊が設置され講和問題が論じられていた51年、武藤運十郎議員から、日本が希望すれば軍隊を駐屯して日本を守ると言う申出がアメリカからあったとされた。そのうえで、「他国の軍隊で武装する」ことも「軍隊は軍隊」で「非武装平和国家の憲法の立場に反する」のではないかとして、政府の答弁が求められた。それに対して吉田は、自衛権のために外国の協力を求めても問題はないと答えた。「自衛権が国として存在する以上は、その自衛権の一つの発動として、外国の協力がある場合にこれの協力を求めたところが、それは自衛権のためであるからさしつかえないと思います[6]。」ここでは根本的には武力による自衛が考えられ、それをアメリカに求めるとされている。

　以上の考えかたは、1951年9月8日に署名された旧日米安保条約に定式化されている。「日本国は、武装を解除されているので、平和条約の効

---

　4)　佐藤功『憲法解釈の諸問題』（有斐閣、1962年）2巻81頁。ただし、議事録を「戦力」と「外国」、「他国」、「米軍」、「占領軍」を合わせて検索してみたが、議事録では該当発言を見つけることができなかった。

　5)　川上貫一議員7回1950（昭和25）年2月3日衆・予算7号14頁。

　6)　吉田茂内閣総理大臣10回1950（昭和25）年2月20日衆・外務5号6頁。

力発生の時において固有の自衛権を行使する有効な手段をもたない。」（前文1項）「日本国は、その防衛のための暫定措置として、日本国に対する武力攻撃を阻止するため日本国内及びその附近にアメリカ合衆国がその軍隊を維持することを希望する。」（4項[7]）

(2) 「戦力」の主体

その後、憲法9条2項が禁止しているのは、日本の戦力であるという説明がなされた。戦力不保持は「日本国の軍備を禁止したもの」であり、その趣旨は、「日本の軍備というものの行使を誤つた」からだとされた[8]。何が「誤り」であったかは、明らかにされていない。戦前アメリカのような軍事大国と戦争したことが誤りであり、戦後はアメリカと共同、アメリカに従属することにしたということであろうか[9]。現在の政策に合わせて、過去の戦争を総括しているのであろう。

また、警察予備隊とアメリカ軍が「協力の態勢」をとれば、「渾然一体」となって「戦力」になるのではないかという質疑が出された[10]。木村篤太郎法務総裁は、「外国の軍隊と日本の警察予備隊とは全然違うのであります」と形式論を述べ、質問には答えなかった。さらに、駐留軍に対する日本の行為として「分担金」、「共同措置」・「共同の指揮権」、「日本の国土」＝基地の提供が問題にされた[11]。それに対して、「駐留軍は……それ自体の指揮権は持ち、それにその一部は（日本が──浦田）参加するかも知れませんが、戦力問題として法律的に考えますれば、決して日本の戦力とは私は言えない」。「これは日本を守るためのアメリカの戦力と考えております。（笑声）」[12]問題にされた日本の行為について、ここでは答えがなされていない。

---

7)　大嶽秀夫編『戦後日本防衛問題資料集』（三一書房、1992年）2巻233頁。

8)　大橋武夫法務総裁12回1951（昭和26）年10月29日参・平和条約特別5号13頁。浦田・前掲注3) 230-231頁。

9)　同『現代の平和主義と立憲主義』（日本評論社、1995年）38-39頁参照。同・前掲注3) 238-239頁。

10)　林百郎議員13回1952（昭和27）年2月6日衆・外務3号23頁。

11)　波多野鼎議員13回1952（昭和27）年3月10日参・予算17号23頁。

12)　木村13回1952（昭和27）年3月10日参・予算17号24頁。

2 法制局見解

(1) 法制局見解の内容

近代戦争遂行能力論を定式化した 1952 年 11 月 25 日法制局見解[13]が、朝日新聞にスクープされた。この見解は 8 項目からなるが、その内容を示すものとしてよく知られているのは第 2 項である。即ち、「憲法第九条第二項」「にいう『戦力』とは、近代戦争遂行に役立つ程度の装備、編成を具えるものをいう。」そこから、近代戦争遂行能力を具えるものは違憲で、そこに至らなければ合憲とされる。本節に直接に関係があるのは第 6 項であり、一定の関係があると思われるのが第 5 項である。

「『戦力』とは人的、物的に組織化された総合力である。従って単なる兵器そのものは戦力の構成要素ではあるが『戦力』そのものではない。兵器製造工場のごときも無論同様である。」(5 項)「憲法第九条第二項にいう『保持』とは、いうまでもなくわが国が保持の主体たることを示す。米国駐留軍は、わが国を守るために米国の保持する軍隊であるから憲法第九条の関するところではない。」(6 項)

(2) 「戦力」の総合性

6 項は、本節に関係するそれまでの議論を定式化したものである[14]。5 項によれば、「戦力」は「総合力」であり、「戦力の構成要素」は「戦力」ではない。学説には、戦争に役立つ「戦力の構成要素」も広く「戦力」と考えるものがある[15]。この場合には、「戦力」は先ず潜在的戦力 (war potential) も含めて広くとらえられ、そのうえで一定の範囲で民間航空機な

---

13) その分析について、浦田・前掲注 3) 242-250 頁。

14) 末浪靖司『機密解禁文書にみる日米同盟』(高文研、2015 年) 71-75 頁によれば、アメリカ政府は国際法学者ジョン・B・ハワードを国務長官特別補佐官に任命し、米軍駐留正当化論を考えさせた。その結果、「覚書、ジョン・B・ハワード、1950 年 3 月 3 日、極秘、主題：軍事制裁に対する日本の戦争放棄の影響」が国務長官に提出された。そこには、「日本が保有しないという『戦力』とは日本の戦力であって（中略）、アメリカとの協定により保持される戦力ではない」とされている。これが日本に持ち込まれ、1952 年 11 月 25 日見解に入ったと、末浪は指摘している。この「戦力」論の形成における日米の関係について、今後検討していきたい。

15) たとえば、法學協會『註解日本國憲法』(有斐閣、1948 年) 上巻 122-123 頁。

どが除かれる。それと比べると、本見解が「戦力」を狭くとらえていることが分かる。

　当時法制局長官を務めていた佐藤達夫は、「戦力」は完成された軍隊を意味するので、戦力の構成要素は「戦力」にならないとする説明を行っている。「第9条には『陸海空軍その他の戦力』とあつて、陸海空軍という完成された形のものを例示としている以上、その他の戦力というのも、実質上陸海空軍に匹敵する態勢にある力を中心の観念とするものといわなければなるまい。したがつて、たとえば兵器工場の存在ということだけでは、たゞちにそれが戦力の保持ということにはなるまい[16]。」このような立場では、「完成された形」になる直前まで、「戦力の構成要素」は憲法上「保持」が認められることになるのであろう[17]。

　この「戦力」と「戦力の構成要素」の区別論は、基地も単なる「戦力の構成要素」として、「戦力」の「保持」の問題と基地の提供の問題を切り離す思考の可能性を、実際上含んでいる。

3　法制局見解後

(1)　「戦力」と「戦力の構成要素」

　「戦力」と「戦力の構成要素」の区別論はその後の論議の中で展開された。前述の法制局見解の直後に武器製造法案が出され、武器と「戦力」の関係が問題になった。この問題について、「個々の武器というようなものは……、戦力の構成要素になるかもしれませんが、これをもつてただちに戦力と申すことはできない」とされた[18]。

　MSA（相互安全保障法）援助に関する論議が1953年5月から公然化し、アメリカの軍事援助を受けるための日本の軍事的義務が問題になった。その中で、外国の海軍・空軍と日本の地上部隊を合わせると、「戦力」になるのではないかという質疑が出された。木村篤太郎保安庁長官は「陸海空軍」は戦力だが、「陸軍」だけでは「戦力」にはならないとする説明を行った。「戦力ということは、結局はこの侵略戦争に用いられるような近代

---

16)　佐藤達夫「戦力――Ｘ氏のノートから――」旬刊時の法令解説55号（1952年）27頁。

17)　本項の問題について、佐藤功『憲法解釈の諸問題』（有斐閣、1953年）94-99頁。

18)　佐藤15回1953（昭和28）年2月12日衆・通産18号8頁。

装備を持つた一つの大きな総合力……と考えます。……陸海空軍その他の戦力という規定から見ましても、陸だけでは近代戦争を遂行し得る能力たる戦力には該当しない」[19]。この説明が一般的かどうかは明らかではないが、ここまで「戦力」と「戦力の構成要素」の区別は進められた。

(2) 「戦力」と日米の軍事力

当時は駐留米軍の漸減が想定されていたので、それに応じて日本の軍事力が増大すると考えられていた。その論議のなかで、「戦力」概念が度々問題にされた。横路節雄議員から、「アメリカ軍の駐留を必要としないまで（自衛力を──浦田）漸増する」のであれば、「駐留を必要としなくなつた……そのときの保安隊は明らかに戦力を保持している」ことになるのではないかという質問が出された。吉田首相は「そのときは保安隊は……軍隊ということになろう」と答えた[20]。これらの論議で問題にされていることは、駐留米軍が実質的に日本の「戦力」に当たるのではないかということである。

1954年7月自衛隊が発足し、その年の12月22日の政府統一見解[21]によって自衛力論の原型が示された[22]。ここでは駐留米軍に関することは直接には言われていない。自衛隊と駐留米軍の分業による防衛論が進む中で、「自衛隊プラス米軍の戦力イコール日本の最小必要限度の自衛戦力」ということになるのではないかという質問が出された。それに対して、「自衛権を裏付けるに必要な最小限度の実力……は日本の自衛隊の持つ実力だけを意味しておる」とする答弁がなされた[23]。ここでは、独立国家の形式による自衛力概念、逆から言えば「戦力」概念が、実質的に日米の軍事関係に深く規定されていることが示されている。

---

19) 木村16回1953（昭和28）年7月16日参・外務12号8頁。

20) 吉田16回1953（昭和28）年7月6日衆・予算16号4頁。同17回1953（昭和28）年11月3日衆・予算4号9頁にも同様の論議が見られる。浦田・前掲3）282頁。

21) 大村清一防衛庁長官21回1954（昭和29）年12月22日衆・予算2号1頁。

22) 本見解と自衛力論について、浦田・前掲注3）306-322頁。

23) 岸信介内閣総理大臣28回1958（昭和33）年4月21日参・内閣31号16頁。

II 砂川判決

砂川事件の一審・最高裁判決には多様な論点が含まれているが、本稿では①戦力不保持と米軍駐留の関係、②自衛戦力論の扱い、③米軍駐留と基地の関係を中心的に見ていくこととする。

1 一審判決[24]

一審判決は結論として安保条約違憲論は言わないが、米軍駐留を違憲とした。実質的に憲法体系と安保法体系の二元的法体系論を含んでいる[25]日本国憲法―軽犯罪法などの通常の法令と、安保条約―行政協定―刑事特別法などの安保法体系の対抗が意識されている。

(1) 戦力不保持と米軍駐留の関係

基本的な姿勢として、平和主義に関する憲法前文や9条の「憲法の理念」を考慮し、「単に文言の形式的、概念的把握」に止まってはならず、軍事空白論に基づく米軍駐留に関する「政策論」によってはならないとする。そのうえで、提供した基地は、「合衆国軍隊の軍事行動のために使用される」という実態認識を示す。米軍駐留は「一面わが国政府の行為によるもの」であり、「実質的に考察する」と、「自衛に使用する目的で合衆国軍隊の駐留を許容していること」は、「戦力の保持に該当する」とする。米軍駐留に関する日本政府の行為を問題にし、実質的に戦力の保持に当たるとしている。

(2) 自衛戦力論の扱い

上記の「憲法の理念」論のなかで、「侵略戦争は勿論のこと、自衛のための戦力を用いる戦争及び自衛のための戦力の保持をも許さない」という。この「戦力」は前後の文脈から対外的実力を意味していると考えられ、「侵略」、「自衛」どのような目的であれ、対外的実力の保持は許されない

---

24) 東京地判1959（昭和34）年3月30日刑集13巻13号3305頁。

25) 和田英夫「砂川事件」田中二郎ほか編『戦後政治裁判史録』（第一法規、1980年）3巻111頁。

としているのであろう。ただ、「自衛のための戦力」という表現は、自衛戦力論を問題にしている印象を与え得る。自衛戦力論は、自衛のためであれば、「戦力」の保持が許されるとするものである。政府は実力に限定のない自衛戦力論を排除し、限定のある自衛力論によっている[26]。しかし、判決はこのような自衛戦力論と自衛力論の区別を問題にしているわけではない。

⑶　米軍駐留と基地の関係

　また、「軍隊を駐留させ、これに必要なる基地を提供し」と述べ、米軍駐留と基地提供を概念上区別しているが、両者を連続的に問題にしている。

　翌 60 年に安保約改定を予定していた日米両政府は、この判決に衝撃を受けた。駐日アメリカ大使館から本国国務省に送られた電報によれば[27]、アメリカ大使館と藤山愛一郎外相、田中耕太郎最高裁長官との接触があり、その中で跳躍上告、裁判の日程、判決内容に関する相談が行われていた[28]。これらの事実は、安保体制が国民に対して表立って説明できないものであることを示している。

2　最高裁判決[29]

⑴　戦力不保持と米軍駐留の関係

1）　自衛権と「戦力」

　米軍の駐留は「戦力」の「保持」に当たるかという中心的だが形式的な論点は、9 条の趣旨の理解のしかたに実質的に規定されている面がある[30]。

　最高裁判決は 9 条解釈として、「主権国として持つ固有の自衛権」から、「自国の平和と安全を維持しその存立を全うするために必要な自衛のための措置をとりうる」とする。自衛権は武力行使の違法性阻却事由であるか

26）　両者の関係について、浦田・前掲注 3）312-316 頁。

27）　布川玲子・新原昭治『砂川事件と田中最高裁長官』（日本評論社、2013 年）が資料を掲載し、解説を加えている。末浪・前掲注 14）も参照。

28）　本書 154-155 頁。

29）　最高裁判決における憲法解釈論について、本書 145-154 頁。

30）　佐藤・前掲注 4）129-130 頁。

ら、判決の「自衛権」論は自衛権論ではない。自衛権論は、武力行使違法の原則の下で例外的に武力行使を認める理論である。判決で言われている「自衛権」は、自己保存権論か国家主権論であろう。前者の場合、自己保存権が自己を保存するために必要な全てのことをなす権利であるとすれば、それが否定されて自衛権が確立したのではないであろうか[31]。後者の場合、この国家主権は国家の最高・独立性という国家の性格を意味しており、ここから特定の国家権限を引き出すことはできない[32]。しかしその「自衛のための措置」として、憲法9条2項の戦力不保持によって生ずる「防衛力の不足」を補うために、「他国に安全保障を求める」ことは禁じられないとする。

　そのうえで、「戦力」とは「わが国自体の戦力」を指し、「外国の軍隊」は「戦力」には該当しないと結論づける。しかし9条解釈論において「戦力」論の前提となる「自衛権」論は、上記のように論証されていないように思われる。「自衛権」によって外国軍の駐留を正当化できなければ、一審判決が言うように駐留を「許容」した「わが国政府の行為」は実質的に「戦力の保持に該当する」可能性がある。学説によって広く指摘されているように、日本が戦力の保持を禁止されていれば、外国軍を駐留させる権限も有しないはずだからである[33]。

2)　憲法解釈の背景

　最高裁判決は「自衛権」から「他国に安全保障を求める」ことができるとし、そのうえで憲法が「戦力不保持を規定した」のは日本の「戦力」によって「侵略戦争を引き起こす」ことがないようにするためだとする。これは、9条の動機として「わが国の……軍国主義的行動を反省」したことを挙げたことと対応しているのであろう。ここでは「侵略戦争を引き起こ

---

31)　浦田一郎『現代の平和主義と立憲主義』（日本評論社、1995年）140-141頁。横田喜三郎『自衛権』〔有斐閣、1951年〕203-211頁は、外国の軍事援助を受けることは、「自衛権」ではなく「自存権」＝自己保存権であり、国際法上認められるとする。かりにそうだとしても、国際法論から憲法論として合憲の結論を引き出しており、これは立憲主義的でない。

32)　浦田・前掲注31）143-144頁。

33)　弁護側も一審でその点を強調していた。「一審27回公判調書（1959年3月11日）海野晋吉弁護人弁論要旨」伊達判決を生かす会『砂川事件刑事訴訟（公判）記録』（CD）（2011年）13冊2876-2879頁。

す」可能性が日本については考えられているが、「他国」については考えられていない[34]。そうすることによって、「他国に安全保障を求める」ことが正当化されている。

憲法解釈の背景にある実態認識については安保条約の規定によっており、これは政治部門による特定の認識を採用していると言われ得る[35]。一審判決が言うように、基地は「合衆国軍隊の軍事行動のために使用される」。「他国に安全保障を求める」ことは、軍事的従属を意味する。これが実態に即した基本的な認識であろう。

(2) 自衛戦力論の扱い

1) 自衛戦力論と自衛力論

検察側による上告趣意は一審判決の「自衛のための戦力」違憲論を批判しているが、その点に関して立ち入った議論を展開してはいない。ところが、検察側は弁論では「自衛のための戦力保持の合憲性について」とする柱を立て[36]、弁護側の誤解を解くために論ずるとする。しかし、そこで言われている「自衛のための戦力」は、必ずしも明確でないところもあるが、結論として「わが国を防衛するため必要かつ相当な範囲に止まらなければならない」とされている[37]。これは基本的に自衛力論であって[38]、自衛戦力論ではない。実力の範囲について「必要かつ相当」という限定があるからである。判決は対外的実力違憲論を批判しているのであって、自衛力論

---

34) 検察側の上告趣意・前掲注2) 3292頁は侵略のための外国軍の駐留について論じているが、その駐留を許容する日本の行為は9条2項ではなく98条2項の国際協調主義に違反するとする。しかしこの論理は判決では明示されていない。

35) 長谷川正安『憲法判例の体系』(勁草書房、1966年) 150-151頁。

36) 「上告審1回公判調書 (1959年9月7日) 弁論要旨 (検察側)」伊達判決を生かす会・前掲注32) 20冊4502頁。

37) 同4505頁。「6回公判調書 (1959年9月18日) 最終弁論要旨 (検事) 吉河光貞」同21冊5082頁も同旨。

38) 自衛力論は、前述の1954年政府統一見解・前掲注21) では実力の範囲を「必要相当」と規定していたが、翌1955年6月に意図的に「必要最小限度」に変えられたと考えられる。「必要相当」より「必要最小限度」のほうが狭い。「必要相当」から「必要最小限度」への変化について、浦田・前掲注3) 319-322頁。検察側は1959年段階により古い1954年段階のより広い自衛力論を出したことになる。

166　第4章　日米同盟と砂川事件最高裁判決

を批判して自衛戦力論を主張しているわけではない。したがって、自衛戦力論の点で検察側は従来の政府解釈を一歩進めたとする評価[39]は、正確でないように思われる。

2)　日本の戦力に関する判断

　判決は、「戦力」は日本の戦力であると述べるときに、「いわゆる自衛のための戦力の保持をも禁じたものであるか否かは別として」と言う。また米軍駐留が憲法の趣旨に適合すると述べるときにも、同趣旨のことを言っている。これも検察側と同様に対外的実力違憲論を問題にしているのであって、自衛戦力論の定式にふれているわけではない。ただし、日本が対外的実力を保持することを検察側は合憲としたが、判決はその論点にふみこまないようにした。

　ただ、判決は日本の対外的実力の保持を合憲とするニュアンスを持っている。「憲法の平和主義は決して無防備、無抵抗を定めたものではない」というところには、その傾向が表れている。そして「いわゆる戦力は保持しない」とする点も、憲法が禁止する「いわゆる戦力」に至らない範囲で、対外的実力を保持する論理的可能性を残している。さらに「防衛力の不足」は「平和を愛好する諸国民の公正と信義に信頼することによつて補い」という部分は、補われる日本の「防衛力」の合憲性を前提にしているようにも見える。防衛力の「不足」は一定の防衛力の合憲的存在を前提にしていると読まれる可能性がある。戦力不保持は「侵略戦争を引き起こす」ことがないようにするためだとしていることにも、そうならない範囲で対外的実力が肯定される論理的可能性がある[40]。しかし、判決は結論と

---

39)　佐藤・前掲注4）116-117頁。なお、口頭弁論を終わって、検察側は政府見解を受け継いだのではなく検察独自の立場として自衛戦力論を展開したと述べている（朝日新聞1959年9月19日）が、その内容は本論のような趣旨である。

40)　広瀬善男『日本の安全保障と新世界秩序』〔信山社、1997年〕176-177頁。判決は「いわゆる」を「戦争」、「戦力」、「侵略戦争」、「自衛のための戦力」に付け、長嶋茂雄並みに連発している。即ち、「戦争」などに「いわゆる」もの＝文字通りのものとそうでないものが、考えられる可能性を示唆している。それは解釈に幅があると考えられているからであろう（林「砂川判決をめぐる若干の問答（下）」時の法令344号〔1960年〕53頁）が、政府の解釈は解釈の枠を越えているとする批判を学説から受けてきた。解釈の幅を広げ枠を越えることによって、再軍備が正当化されてきた。「いわゆる」の連発には、この再軍備の過程が表れている。

して日本の対外的実力の保持について「禁じたものであるか否かは別として」と述べることによって、その点に関する判断を示さないことを明確に選択した[41]。したがって、論理的には「禁じたものである」可能性も残されている形になっている。

(3) 米軍駐留と基地の関係

　検察側の弁論の中で、「戦力」の総合性が論じられている。「『戦力』とは、対外的な戦闘に役立つものとして存在する人的および物的な諸力の組織化された総合力をいい、これを構成する人的または物的な個々の力を指すのではない。」そのような一般論を前提にして、基地について次のように述べる。「施設および区域」すなわち基地が「『戦力』の構成要素として組織化されているとしても、それは合衆国軍隊という『戦力』の一部となつているのであつて、これを管理支配する者は合衆国政府であるから、弁護人が主張するように、わが国政府の保持する『戦力』とはなり得ないのである。」[42]

　ここで、「基地」は「『戦力』の構成要素」として、「戦力」と区別される論理的可能性を前提にしているように見える。しかし、「『戦力』の構成要素」だとしても、「個々の力」ではなく、「組織化されている」。したがって、「『戦力』の一部」となっている。そうだとしても、基地を「管理支配する者」はアメリカなので、日本の「戦力」ではないことが結論的に論じられている。以上の議論には、「戦力」と基地を区別して、両者の関係を論ずる思考が見られる。

　判決では検察側のこの論理は採用されていない。安保条約に基づく駐留のみが論じられ、基地は問題にされていない。一審判決は駐留に対する「わが国の要請」と「施設、区域の提供、費用の分担その他の協力」という「わが国政府の行為」を問題にしていた。それに対して最高裁判決では、

---

41)　後に小泉純一郎首相が自衛隊合憲の最高裁判決があると述べ、問題になったことがある（153回2001〔平成13〕年10月23日参・外交防衛合同1号41頁）。結局発言を取り消し、しかし砂川事件最高裁判決は固有の自衛権と自衛の措置を認め、この判決を前提にして政府は自衛隊を合憲と判断していると述べた（26日参・外交防衛4号37頁）。

42)　「1回公判調書」伊達判決を生かす会・前掲注33）4509-4510頁。

168　第4章　日米同盟と砂川事件最高裁判決

駐留に関する日本の行為は「自衛のための措置」として抽象的に説明され、基地の提供はそこに含められているのであろうか。一審判決が問題にした「わが国政府の行為」という問題は、判決では明確に答えられていないように思われる。この点に答えることができないことが、安保条約の憲法適合性の問題は司法審査権の範囲外とする議論を展開した中心的な法論理的理由であろうか。

3　背景

(1)　司法審査権論と法制局

　最高裁判決における司法審査権論[43]については多くの論稿が出されているので、いくつかの問題にのみふれることとする。

　まず司法審査権という判決の手続論において、「高度の政治性」には「主権国としてのわが国の存立の基礎に極めて重大な関係をもつ」という限定がついている。これは、憲法9条解釈という実体論において、「わが国が主権国として持つ固有の自衛権」から「わが国が、自国の平和と安全を維持しその存立を全うするために必要な自衛のための措置をとりうる」としたことを、前提にしている。安保条約はそのためのものであるとしたうえで、「前述のごとく」として、対応して司法審査権論が出されている。既に述べたように「固有の自衛権」・「自衛のための措置」論は立憲主義上の問題を含んでいるが、それに関わる憲法問題は司法審査も原則として排除されるようになっている。

　次に判決によれば、安保条約は上記のような「高度の政治性」を有するので、「違憲なりや否やの法的判断」は内閣と国会の「政治的ないし自由裁量的判断」と表裏をなし、例外を除き「司法審査権の範囲外」のものである。第一次的には内閣と国会の判断、終局的には「国民の政治的批判」に委ねられるとする。ここでは問題の政治性が強調されている。

　しかし、ここで内閣、国会、国民に委ねられるものは、「違憲なりや否やの法的判断」とされている。憲法原理的に考えてみても、憲法98条1項の憲法の最高法規性や99条の憲法尊重擁護義務は裁判所だけではなく

---

43)　本書148-149、152-154頁。

国会や内閣などの政治部門も拘束しており、国民はそれを監視する役割を果たし得る。また判決は、その構成としてまず憲法9条の解釈、次に司法審査権論を扱っている。すなわち、司法審査権論の前提に9条の解釈があり、その解釈は法制局が固めてきた政府見解に基本的に基づいている。司法審査権論として原則的に政治部門に判断を委ねることは、実質的、中心的には法制局の法解釈に対する信頼のうえに成り立っていると言うことができる[44]。

(2) 砂川判決と法制局

当時法制局長官であった林修三は、検察側の「上告論旨の作成については、私どももいろいろと助言をした」とする[45]。検察側に対する法制局の協力の後、出された最高裁判決は前述のような点を除いて基本的に検察側見解を採用した。

法制局関係者から判決を歓迎する発言が述べられている。林の前任者の佐藤達夫は比較的抑えた満足感を示している[46]が、林は手放しの歓迎ぶりを表している。判決の米軍駐留合憲論は、「憲法論の上では、われわれの立場はよほど楽になった」[47]。安保条約が憲法の趣旨に適合していると判決が述べた点は、「今度の新安保条約審議の関係などからいって大へんありがたい[48]」。「新安保条約の調印前」に判決が出たこと、安保条約合憲論が裁判官の全員一致によることは、「私どもにとって非常に心強いことであった[49]。」

前述の駐日アメリカ大使館と外相や最高裁長官との相談とこれらの発言を合わせると、日本とアメリカ、政府・法制局と最高裁の関係の中で判決

---

44) この点について、中村明『戦後政治にゆれた憲法9条──内閣法制局の自信と強さ〔第3版〕』（西海出版、2009年）362-385頁参照。

45) 林修三『法制局長官生活の思い出』（財政経済弘報社、1966年）153頁。

46) 佐藤達夫「砂川判決小見」法律のひろば499号（1960年）4-6頁。

47) 林「砂川判決をめぐる若干の問答（上）」時の法令343号（1960年）23頁。米軍駐留についても安保条約についても判決は結論として司法審査権の範囲外だとしたが、林は合憲判決として扱っている。

48) 同27頁。

49) 同・前掲注45) 153頁。

170 第4章　日米同盟と砂川事件最高裁判決

の「高度の政治性」が浮かび上がる。

Ⅲ　砂川判決後

1　基地提供

　その後、安保条約や米軍駐留に関する憲法問題について、政府は砂川事件最高裁判決を前提にして対処した。1960年1月19日に調印された現行安保条約についても、同様である。その問題の中で、基地提供、基地使用の応諾が憲法9条1項の武力行使との関係で論じられるようになった。すなわち、基地提供や基地使用の応諾という日本の行為が、武力行使に当たるかどうかという問題である。

　安保改定論議の中で基地提供が集団的自衛権に当たるかが問題にされたときに、基地提供はそもそも武力行使ではなく、憲法9条1項に抵触しないという答弁がなされた[50]。「憲法9条1項は、……武力によって国際紛争を解決するということは、しないということでございます。……基地を提供する、提供しないという問題は、9条1項が直接禁止しているところではない[51]」。そのうえで、事前協議との関係で、基地使用に関する日本の行為が論じられている。「日本にある米軍が日本の施設・区域を使用することは、……他国の主権のもとにある地域についていろいろ言うことは、当然その主権国の同意がなければできないことでございます。その施設・区域を使用することを許すこと自身が、日本の同意に基づいております[52]。」

2　基地使用の応諾

　この基地使用の応諾も武力行使ではないとされる。事前協議の主題となる「施設・区域の使用についての応諾」は「わが国自体が武力の行使をするのとは明らかに違う」。さらに、「基地の提供と憲法との関係について判断を下した」砂川事件最高裁判決が参考とされるとする。「条約の締結という政府の行為」によって基地使用が「包括的に承認」され、このような

---

50)　集団的自衛権と実力・武力の関係について、本書9-10、18-19頁。

51)　林34回1960（昭和35）年4月20日衆・日米安保特別21号29頁。

52)　同34回1960（昭和35）年4月27日衆・日米安保特別24号9頁。

実体をもつ安保条約による米軍駐留が合憲と判断されたとする。同じことが現行安保条約にも当てはまると言う[53]。

　基地使用の承認が、事前協議条項を持たない旧安保条約では、条約の締結自体によって包括的になされたと見る。それが基地提供であり、米軍駐留の実体だとされているようである。前述のように判決は直接には基地提供の問題を明示していないが、実質的に含んでいるとするのであろう。それに対して、基地使用の承認が現行安保条約では事前協議によって個別的になされるとする。どちらにしても、それらの承認は確かに日本の行為であるが、9条の1項と2項のどちらの関係でも合憲だと言っているのであろう。

3　一体化論

　このようにして、補給業務や経済援助などとともに基地提供、基地使用の応諾それ自身は、武力行使とされない。そのうえで、このような日本の行為も外国の武力行使と一体化することは許されないという、一体化論[54]が加わる。その場合に、基地提供、基地使用の応諾について消極的行為と積極的行為の区別もなされている。周辺事態における米軍の基地使用に関して、「我が国の行為としましては、……施設を使用することを応諾するという消極的な行為にとどまりまして、予定される米軍の武力の行使と一体化するような積極的な行為を我が国がそれ以上にするということはない[55]」。

　やはり日本の行為が問題にされているが、それを9条2項の戦力の保持ではなく1項の武力行使との関係で論ずるようになっている。どちらの場合でも、常識や軍事の実態と離れた形式論議が進んでいるが、軍事力拡大の正当化と制約の両面機能を果たしてきた。

---

53)　松本善明議員提出安保条約と防衛問題等に関する質問に対する答弁書（61回1969〔昭和44〕年4月8日衆議院提出）。

54)　一体化論について、行政法制研究会「武力の行使との一体化」判例時報1716号（2000年）33-39頁、浦田・前掲注3）151-153頁。

55)　大森政輔内閣法制局長官145回1999（平成11）年5月20日参・日米防衛協力特別9号(1)12頁。

172 第4章 日米同盟と砂川事件最高裁判決

おわりに

　古くから政府見解の中で、9条2項の「戦力」の不保持は日本の軍事力
に関することであり、駐留米軍には及ばないとされていた。また、その
「戦力」は総合力であり、その「構成要素」自体は「戦力」に当たらない
とされていた。そこには、総合力としての米軍駐留の問題と構成要素とし
ての基地の問題を切り離す思考の可能性が、含まれていたように思われる。
砂川事件で一審判決は米軍駐留に関する「わが国政府の行為」を問題にし
た。それに対して、基本的に政府見解によった最高裁判決は、「固有の自
衛権」から外国軍の駐留を正当化し日本の行為にふれなかった。その後、
政府見解は駐留に関して砂川事件最高裁判決を前提にしつつ、基地提供、
基地使用の応諾という日本の行為について9条1項の「武力」の行使に該
当しないと論ずるようになった。

　今後安保体制と憲法に関する研究を進める中で、本節の問題を再度検討
したいと考えている。

第5章　内閣法制局の憲法解釈と役割

　政府の憲法解釈の形成に重大な役割を果たしてきた内閣法制局[1]について、その憲法解釈と役割を見ていきたい。変更される前の政府の憲法解釈に関する内閣法制局の整理を検討し、そのうえでその最高裁判所との関係における役割を考えたい。

第1節

内閣法制局『憲法関係答弁例集』（戦争の放棄）の内容と意義

はじめに

1　政府解釈の資料

　憲法の平和主義に関する研究の中で、2000年頃から私は政府による解釈に焦点を当ててきた[2]。政府による解釈は有権的に機能している憲法を

---

1) 　解釈変更を推進したのは内閣法制局ではなく、国家安全保障局である。朝日新聞政治部取材班『安倍政権の裏の顔』（朝日新聞、2015年）によれば、実質的には高村正彦自由民主党副総裁、北側一雄公明党副代表、高見沢将林官房副長補、兼原信克官房副長補、横畠裕介内閣法制局長官の「5人組」である。その中でも、同書では高村と北側に相対的に焦点が当たり、横畠には当たっていない。「オンレコ取材」（同234頁）のためであろうか。政府見解を研究してきた経験から、内閣法制局が実質的に重大な役割を果たして形成されてきた政府見解は、内閣法制局関係者でなければ法論理的・技術的に変更できないと私には思われる。横畠の役割は同書の記述より大きいと想像される。法制局幹部は解釈変更について、「内部で議論を積み上げた形跡はない。横畠長官一人で判断したようだ」と話したと報道されている（朝日新聞2015年11月24日）。本文で内閣法制局の重大な役割を指摘したのは、このような内閣法制局長官と政治家との交渉も含めている。

2) 　浦田一郎『自衛力論の論理と歴史』（日本評論社、2012年）によって、その一応の取りまとめを行なった。

明らかにし、立憲主義にとって一定の意義と問題を持っているからである。政府解釈の多くは国会における質疑に対する答弁の中で、あるいは質問主意書に対する答弁書[3]など他の形式で示される。その手がかりは、多くの資料集などの文献や国会衆参のホーム・ページ上の資料であるが、後者については問題と時期を絞った検索が必要である。

　手がかりの中で最も基本的なものは、政府答弁を実質的に支える内閣法制局が作成した『国会答弁抄』である。国会答弁抄は主だった法令に関する国会における質疑・答弁と質問主意書・答弁書を問題領域、法令、論点毎に整理したものである。例外を除き1967年2月15日に始まった55回国会から対象とし、年に1回新たな質疑・答弁と質問主意書・答弁書を加えている。国会図書館の東京本館であれば議会官庁資料室に置かれている。全10巻からなり、そのうち最初の3巻が日本国憲法関係であり、「戦争の放棄」は1巻に収められている。

2　『憲法関係答弁例集』

　ところが、「戦争の放棄」の中の「自衛権」の項目だけで約700件の質疑・答弁と質問主意書・答弁書が収められ、その数は「戦争の放棄」では1,000件以上、5巻の「防衛」や9巻の「国際連合」、「平和条約・安保条約・行政協定」、「安保条約改定」を加えると、数千件に上ると思われる。したがって、これに基づいて政府が質疑や質問に答えることはできず、そのためにもっとコンパクトに整理された資料集を内閣法制局は備えているはずだと考えていた。その情報公開を求めようと思ったが、資料集の存在や名称が不確かであった。そこで情報公開に詳しい獨協大学の右崎正博教授に相談し、情報公開請求の実務に長けた齋藤義浩弁護士と川上愛弁護士を紹介していただいた。

　2012年8月27日にお二人の弁護士と一緒に内閣法制局に行き、国会答弁抄を元にして答弁のためにコンパクトに整理した資料集を見せてほしいと言ったが、担当者からそのような資料集はないと言われた。約1時間半のやりとりの中で、国会答弁抄を元にしてという部分がネックになってい

---

3)　議事録や質問主意書・答弁書は国会衆参のホーム・ページから見ることができる。

るようだと感じた。そこでその部分を除き、答弁のためにコンパクトに整理した資料集があるはずだと言い換えたところ、担当者が『憲法関係答弁例集』を持って来た。これは「戦争の放棄」関係とそれ以外の部分の2冊に分かれており、そのうち今回紹介し検討を加えたいと考えているものは「戦争の放棄」関係のもの（以下、『答弁例集』と略称する）である[4]。

　解説を加えてこれを収録し、浦田一郎編『政府の憲法九条解釈——内閣法制局資料と解説』を2013年に信山社から刊行した。そこで、本節の引用頁はこの浦田編のものによる。

I　形式的特徴

　本文、「附」、「参考用語集」、「索引」によって構成されている。まず本文の目次を紹介する。

1　本文の目次

第2　戦争の放棄

　1　憲法第9条と自衛権（自衛隊の合憲性）

　　1-A　自衛隊の軍隊性

　　1-B　憲法第9条第2項の「前項の目的を達するため」の意味

　2　自衛権発動の三要件

　　2-A　「我が国に対する武力攻撃」の意味

　　2-B　「我が国に対する武力攻撃」の発生時点

　　2-C　自衛隊の行動の地理的範囲（「海外派兵」を含む。）

　　2-D　敵基地攻撃と自衛権の範囲

　　2-E　シーレーン防衛と船舶の防護

　3　武力の行使

　　3-A　武力の行使に当たらない「武器の使用」

　　3-B　機雷の除去（掃海）

　　3-C　自衛隊法第82条の3に基づく弾道ミサイル等への対処

　4　他国の武力の行使との一体化

---

4)　右崎正博獨協大学教授、齋藤義浩弁護士、川上愛弁護士に深く感謝申し上げる。

4-A　旧補給支援特措法等に基づく外国の軍隊に対する支援活動

4-B　米軍への情報提供

4-C　戦闘作戦行動のための基地使用の応諾

5　憲法第9条第2項の「戦力」の意味と自衛力の限界（自衛隊の保有し
　得る兵器）

5-A　核保有（持込み）と憲法との関係

5-B　自衛隊による原子力及び宇宙の利用

5-C　「近代戦争遂行能力」答弁の趣旨

5-D　自衛隊が行う外国との共同訓練

6　交戦権

7　集団的自衛権

8　集団安全保障と憲法

8-A　国連憲章第42条及び第43条に規定する国連軍への参加

8-B　国連の平和維持活動への参加

8-C　多国籍軍への参加

9　有事法制

10　徴兵制度

11　シビリアンコントロール（文民統制）の趣旨

11-A　憲法第66条第2項の「文民」の解釈

12　武器の輸出に対する規制

2　本文の構成と資料

(1)　本文の構成

　①1、2が総論、②3、4が9条1項関係、③5、6が2項関係、④7-12
がその他の四つの部分によって、構成されていると見ることができる。この構成の基礎には「自衛のための必要最小限度の実力」としての自衛力論があり、私はそれについて①「実力」、②「自衛のため」、③「必要最小限度」に論理的に分けて分析を行ったことがある[5]が、そのような構成にはなっていない。条文を基礎にして、①条文の前提としての総論、②9条1項関係、③2項関係、④条文外のその他に分けられているようであり、このほうが答弁のための資料として使いやすいのであろう。

第 1 節 　内閣法制局『憲法関係答弁例集』（戦争の放棄）の内容と意義　*177*

(2)　資料の多様性

　各項目の最初にまとめ的な解説がされ、その後にその根拠となる資料が
挙げられている。資料の多くは質疑に対する答弁と質問主意書に対する答
弁書であるが、情報公開請求時における担当者の対応に見られるように、
確かに他の多様な資料も収められている。例えば、自衛権、戦力に関して
砂川事件最高裁判決（18、143 頁）、自衛隊の海外出動禁止に関する参議院
決議（41-42 頁）、武器の使用に関する防衛庁作成衆議院テロ・イラク特別
委員会理事懇談会提出資料（82-83 頁）、安全保障の法的基盤の再構築に関
する懇談会配布資料（83-85 頁）、核兵器の違法性に関する国際司法裁判所
の勧告的意見（142 頁）、宇宙の開発・利用に関する衆議院決議（146 頁）、
集団的自衛権に関する参議院決算委員会提出資料（168 頁）などである。
答弁の便宜を考えたものであろう。

　現在の質疑、質問に答えるために必要な歴史的資料も集められている。
例えば、自衛力論を初めて定式化した 1954（昭和 29）年 12 月 22 日答弁
（15-16 頁）、集団的自衛権に関して確立見解と異なる 1960（昭和 35）年 3
月 31 日答弁、4 月 20 日答弁（166-167 頁）なども見られる。なお目次の
5-C に、自衛力論以前の見解である「近代戦争遂行能力」論に関してその
「答弁の趣旨」が挙げられているが、自衛力論と近代戦争遂行能力論に本
質的差はないとする自衛力論以降の答弁が収められている（130-131 頁）。

　私の今までの研究から見て思いもよらぬ議論はなかったが、気になると
ころを取り上げていきたい。本資料集の構成に従い、①総論、② 9 条 1 項
関係、③ 2 項関係、④その他に分けて、検討していくこととする。

---

　5)　浦田・前掲注 2）37-41 頁。①「実力」は武力とほぼ同視され、武力行使は憲法 9 条の規
　　律の対象になるが、基地提供、経済的援助や後方支援など武力行使でないとされるものは規
　　律から外れる。②「自衛のため」は個別的自衛権と理解され、武力行使は個別的自衛権の場
　　合には認められるが、集団的自衛権や集団安全保障の場合には認められない。③個別的自衛
　　権の場合の武力行使であっても、「必要最小限度」要件により交戦権の否認や海外派兵の禁
　　止などの制約が設けられている。
　　　交戦権や海外派兵の禁止などは論理的には全ての武力行使に対する制約であるが、従来の
　　政府見解では個別的自衛権の場合について問題になってきた。自衛隊発足時における海外派
　　兵論は集団的自衛権の問題としてだされたが、政府は個別的自衛権の問題として対応した
　　（浦田・前掲注 2）296-298 頁）。

178 第5章　内閣法制局の憲法解釈と役割

II　総論

1　自衛力と9条2項「前項の目的を達するため」

　自衛力論の原型は1954年7月1日の自衛隊発足の後12月22日答弁で初めて定式化され[6]、その前半部分が『答弁例集』の「憲法9条と自衛権」の最初に収められている（15-16頁）。その中で、まず国家固有の自衛権、即ち憲法外のものとして自衛権が言われている。そのうえで憲法9条の解釈として、戦争放棄には1項の「国際紛争を解決する手段としては」という条件がついており、自衛力は否定されないとする[7]。自衛権論の初期には自衛権と憲法9条解釈との関係が問題にされ、政府も答えている。

　その答弁の中で、2項の「前項の目的を達するため」の解釈が出されてきた。『答弁例集』では1954年12月22日答弁の次に1980年12月5日の森清議員の質問主意書に対する答弁書[8]の一部が収録されているが（16-17頁）、この答弁書は多くの文献でよく引用されているものである。そこで、「前項の目的を達するため」は1項全体の趣旨、即ち自衛力論を受けているとされる（16、22頁）。さらに言えば、1項前半の「正義と秩序を基調とする国際平和を誠実に希求し」や後半の「国際紛争を解決する手段としては」にアクセントを置くわけではない。後者にアクセントを置く場合、自衛戦力論になるとされる[9]（22-23頁）。やがて自衛力論は9条の具体的解釈ではなく、憲法の一般的解釈との関係で説明されるようになってきたように思われる。

　2-B　「『我が国に対する武力攻撃』の発生時点」で弾道ミサイル防衛の

---

6)　大村清一防衛庁長官21回1954（昭和29）年12月22日衆・予算2号1頁。その背景について、浦田・前掲注2）307-312頁。

7)　ただし、「自衛力」という言葉はこの答弁では使われていない。また、自衛力は現在では「自衛のための必要最小限度の実力」（15頁）と定義されているが、この答弁では「最小限度」の部分が「相当」とされている。「相当」から「最小限度」への展開について、浦田・前掲注2）319-322頁。

8)　森清議員提出憲法第九条の解釈に関する質問に対する答弁書（93回1980（昭和55）年12月5日衆議院提出）。

9)　角田礼次郎内閣法制局第一部長71回1973（昭和48）年9月13日参・内閣27号17頁。「必要最小限度」という制約が自衛力論にはあるが、自衛戦力論にはない。両者の関係について、浦田・前掲注2）312-316頁。

第1節　内閣法制局『憲法関係答弁例集』(戦争の放棄)の内容と意義　*179*

問題も扱われているが、3-C のところで併せて検討する。

2　敵基地攻撃と兵器

(1)　海外派兵と敵基地攻撃

　海外派兵と敵基地攻撃の関係が問題になり、海外派兵は外国の領土上陸を含み、そうでない敵基地攻撃は可能だとする答弁がなされた[10]。そのうえでなされた 1956 年の有名な答弁が、収録されている（47 頁）。「わが国に対して急迫不正の侵害が行われ、その侵害の手段としてわが国土に対し、誘導弾等による攻撃が行われた場合、座して自滅を待つべしというのが憲法の趣旨とするところだというふうには、どうしても考えられないと思うのです。そういう場合には、そのような攻撃を防ぐのに万やむを得ない必要最小限度の措置をとること、たとえば誘導弾等による攻撃を防御するのに、他に手段がないと認められる限り、誘導弾等の基地をたたくことは、法理的には自衛の範囲に含まれ、可能であるというべきものと思います。」[11]

　これは「法理」の問題であり、実際には日米安保条約、行政協定 24 条によりアメリカが対処するので、「他に方法」があるとされる[12]。また国連の援助も日米安保条約もないという「現実に起りがたい」想定による[13]（48-49 頁）。日本の防衛は日米安保条約の下で専守防衛を基本とするので、日米間の役割分担が行われる[14]（50 頁）。

(2)　敵基地攻撃と「攻撃的兵器」

　法理上理念として敵基地攻撃は可能であるとしても、手段として「攻撃的兵器」を持つことは憲法上認められないとされてきた。攻撃的兵器は、「性能上専ら相手国の国土の壊滅的破壊のためにのみ用いられる」兵器と

---

10)　船田中防衛庁長官 24 回 1956（昭和 31）年 2 月 27 日衆・内閣 13 号 6 頁。

11)　同 24 回 1956（昭和 31）年 2 月 29 日衆・内閣 15 号 1 頁。2014 年閣議決定による解釈変更の中で、改めて海外派兵禁止の意味が論じられている（本書 118-120 頁）。

12)　同 24 回 1956（昭和 31）年 2 月 27 日衆・内閣 13 号 3 頁。

13)　伊能繁次郎防衛庁長官 31 回 1959（昭和 34）年 3 月 19 日衆・内閣 21 号 16 頁。

14)　大野功統防衛庁長官 162 回 2005（平成 17）年 5 月 12 日衆・安保 10 号 3 頁。

180　第5章　内閣法制局の憲法解釈と役割

現在では定義されている[15]（133頁）。前述の 1959 年の答弁[16]で敵基地攻撃は現実的ではないとしたうえで、「他国を攻撃するような、攻撃的な脅威を与えるような兵器」を持つことは「憲法の趣旨」ではないとされる[17]（48-49頁）。

　そこで、「攻撃的兵器」と敵基地攻撃用装備の関係が問題になる。「攻撃的兵器」禁止の制約の下で、日米安保体制下の役割分担により、現実には政策的に敵基地攻撃用の装備は持たない。前述の 2005 年答弁[18]の引用部分に続いて、「敵基地攻撃を目的とした装備というものは考えておりません」（50頁）とし、それは「今の政策」だとする。したがって、いわゆる「攻撃的兵器」を持たなければ、政策的に敵基地攻撃能力を備えることは憲法上可能ということになる。「敵地攻撃能力というものを持つことは、私は、すべて憲法違反だということではないと、……思っております。」[19]（51頁）敵基地攻撃用装備の保有は政策的に模索されており、新しいところでは 2013 年 2 月 12 日の安倍晋三首相の答弁がある。敵基地攻撃用装備の保有は現時点では考えていないが、検討していきたいと述べている[20]。

Ⅲ　9条1項

1　弾道ミサイル対処関係のまとめ

(1)　問題の位置

　「武力の行使」と「他国の武力の行使との一体化」が扱われている。この中で、法的にも政治的にも最も重要なものは、弾道ミサイル対処関係だと思われる。この問題は「3-C　自衛隊法第 82 条の 3 に基づく弾道ミサイル等への対処」で中心的に取り上げられ、「2-B　『我が国に対する武力攻撃』の発生時点」と「7　集団的自衛権」でも扱われている。ここで併

---

15)　『防衛白書・平成 27 版』（2015 年）136 頁。

16)　前掲注 13)。

17)　伊能 31 回 1959（昭和 34）年 3 月 19 日衆・内閣 21 号 16 頁。

18)　前掲注 14)。

19)　鳩山由紀夫内閣総理大臣 174 回 2010（平成 22）年 3 月 23 日参・予算 15 号 5 頁。「敵地攻撃能力」は質疑者の言葉によったもののようであり、従来の「敵基地攻撃能力」を意味しているのであろう。

20)　安倍晋三内閣総理大臣 183 回 2013（平成 25）年 2 月 12 日衆・予算 4 号 32 頁。

せて検討することとするが、「3-C」のまとめが重要なので引用すること
としたい。

(2)　まとめの本文

　「憲法第9条の下においては、『武力の行使』は、いわゆる自衛権発動の
三要件が満たされた場合を除いては、我が国としてこれを行うことはでき
ないと解しているが、自衛隊法第82条の3に基づく措置は、我が国に飛
来する弾道ミサイル等について、自衛権発動の三要件が満たされたと認め
るに至っていない状況において、我が国として、専ら国民の生命・財産に
被害を生ずることを防止するための必要最小限かつ現段階の技術において
は唯一の措置として、その飛来する物体を単に破壊するという極めて受動
的・限定的な行為を行うにとどまるものであって、広い意味での警察権の
行使に相当するものと位置付けることができる。

　この措置は、他国との国際的な武力紛争の一環として、すなわち、武力
の行使として行なうものではない。」

(3)　まとめの注

　これに注がついており、これも重要である。

　「(注)　自衛隊法第82条の3による弾道ミサイル等の破壊措置は、自衛
権の発動として行なうものではないが、自衛隊の行動として行う軍事的な
実力の行使であることに変わりはなく、当該弾道ミサイルの発射国の存在
を考慮すると、憲法第9条との関係においては、一般論としては、

①　我が国に向けて飛来する弾道ミサイルについては、当該弾道ミサイル
の発射が、実際に我が国に対する武力攻撃であった場合においても、問題
が生じないと考えられるのに対して、

②　他国に向かう弾道ミサイルについては、当該弾道ミサイルの発射が実
際に他国に対する武力攻撃であった場合には、我が国が武力の行使として
当該他国のためにそれを撃墜することは、いわゆる自衛権発動の三要件を
満たさない武力の行使との評価を受けることがないとはいえず、憲法との
関係で問題を生じ得るものといわざるを得ない。」

　さらに、これに括弧書きの文章がついており、これは微妙な問題である。

182 第5章 内閣法制局の憲法解釈と役割

「(一方、他国に対して飛行する弾道ミサイルを撃墜することについて、武力の行使ではない部分(破壊措置)というものがあり得るならば、なおそこはよく議論してみる必要があろう。)」(88-89頁)

2 弾道ミサイル対処関係の問題

(1) 日本に対する弾道ミサイル

弾道ミサイルについては、日本に対するものかどうかという問題と、武力攻撃かどうかという問題がある。すなわち、①日本に対する武力攻撃、②日本に対する武力攻撃でないもの、③他国に対する武力攻撃、④他国に対する武力攻撃でないものが問題になる。

自衛隊法82条の3の対象は①、②のように日本に向けられたものであり、③、④のように他国に向けられたものではないとされる。本条1項は、「我が国に飛来するおそれ」を要件としている。「日本以外の国に飛んでいくミサイルの撃墜ということは、今回の法制化に当たって全く想定をしておりません」[21](90頁)。日本に向けられたものについては、基本的に②の場合として警察権によって対処する。「誤射の問題とか、あるいは過って落ちてくる」場合もあるので、国民の財産生命を防護する自衛隊の任務は「警察権というか公共の秩序の維持」に分類できる[22]。しかし、そのなかに①の武力攻撃の場合も含まれ、そのときは個別的自衛権としてとらえ得る。「我が国に向けて飛来する弾道ミサイルにつきましては、これが実際に我が国に対する武力攻撃であったとしても、……法制的には警察権という……形でご説明を申しあげておりますけれども、……自衛権として見たとしても、それは許される場合に当たる」[23](93頁)。

(2) 他国に対する弾道ミサイル

弾道ミサイルが他国に向けられている場合で、③のように武力攻撃であるときは、その対処は集団的自衛権の行使になり許されない。「他国に向かう弾道ミサイルにつきましては、それが実際に他国に対する武力攻撃で

---

21) 阪田雅裕内閣法制局長官162回2005(平成17)年2月24日衆・安保2号9頁。

22) 大野162回2005(平成17)年2月24日衆・安保2号8頁。

23) 横畠裕介内閣法制局第二部長162回2005(平成17)年3月25日衆・安保4号4頁。

あった場合ならば、それを我が国が撃墜するということは、やはり集団的自衛権の行使と評価せざるを得」ず、「憲法上の問題を生じ得る[24]」。④のように武力攻撃でないときは、集団的自衛権の問題にはならない。「他国に向けて飛行する弾道ミサイルが実際に事故や誤爆によるものであって、武力攻撃ではない」場合、「自衛権あるいは……集団的自衛権の問題になるということはない[25]」。その場合の結論は、前述のまとめの括弧書きのように明確ではなく、検討対象とされている[26]（97頁）。

①、②、③、④は論理的な整理であって、実際には「灰色の部分」が多く[27]（92-93頁）、そこで基本的に警察権による対処を考える。そのうえで個別的自衛権による対処の可能性を想定し、集団的自衛権の行使を避けようとしている。「武力攻撃が我が国に対するものであることがいまだ確定していない段階での対処についても、我が国を標的として飛来してくる蓋然性について相当の根拠があるという場合には、自衛権発動によってこれを迎撃することも許される[28]」（39頁）。「在日米軍基地への攻撃は我が国領土に対する侵害なしにはあり得ず、この侵害に対しては個別的自衛権により対処可能。[29]30]」

現実には、弾道ミサイル防衛システムは技術的に確立しているわけではないので、これをめぐる議論はイデオロギー的性格を帯びている。

---

24)　2014年5月27日に政府から出された15事例の中で、集団的自衛権に関する8事例が示された。8事例の中に米国に向け日本上空を横切る弾道ミサイルの迎撃があり（朝日新聞2014年5月28日）、2014年閣議決定に基づく集団的自衛権限定容認によって武力行使が可能とされる部分が生じている。

25)　横畠・前掲注23）3-4頁。

26)　「安全保障の法的基盤の再構築に関する懇談会」第3回（2007〔平成19〕年6月29日）「配布資料1」3頁。

27)　武力攻撃かどうかについて、横畠・前掲注23）。

28)　石破茂防衛庁長官156回2003（平成15）年7月16日衆・イラク9号6頁。

29)　「安全保障の法的基盤の再構築に関する懇談会」・前掲注26）2頁。

30)　なお、弾道ミサイル対処は「受動的」行為とされているが、これは2014年の閣議決定による集団的自衛権限定容認論の中で機雷掃海についても言われた。本書120頁。

184 第5章　内閣法制局の憲法解釈と役割

IV　9条2項

1 「戦力」と保有し得る兵器

　敵基地攻撃論との関係で、憲法上保有することができないいわゆる攻撃的兵器について、前述のように「他国を攻撃するような、攻撃的な脅威を与えるような兵器」と表現された[31]（134頁）。後に1969年の答弁書において、「性質上相手国の国土の壊滅的破壊のためにのみ用いられる兵器」[32]と言われ、こちらがまとめにおいて採りあげられている（133頁）。まとめの注において両者の「趣旨は同じ」（134頁）とされているが、前者は広く後者は狭い。後者は認められない攻撃的兵器を狭くすることによって、保有し得る兵器を広げたと言うべきであろう。わざわざ注が付けられているのは、両者の違いが意識されているからなのではないか。

2 「近代戦争遂行能力」と自衛力

(1) 「対内的実力に関する近代戦争遂行能力論」

　自衛力論の前史として近代戦争遂行能力論を研究した経験[33]から、「5-C 『近代戦争遂行能力』答弁の趣旨」には気になることが少なくない。

　近代戦争遂行能力論が言われていた当時の答弁は、収録されていない。まず自衛力論を定式化した前述の1954年答弁[34]が収録されているが（149頁）、これは近代戦争遂行能力論の後に成立したものである。その次に、近代戦争遂行能力論と自衛力論の関係を説明した1972年の答弁[35]が収録されている（150-151頁）。それによれば、近代戦争遂行能力論は12回国会から四次吉田内閣まで言われていたとされている。

　12回国会は1951年10月10日から11月30日まで開かれており、近代戦争遂行能力論は制憲期の原型論を別にすれば確かにここで登場してい

---

31)　伊能・前掲注17)。

32)　松本善明議員提出安保条約と防衛問題等に関する質問に対する答弁書（61回1969〔昭和44〕年4月8日衆議院提出）。

33)　浦田・前掲注2) 222-304頁。

34)　大村・前掲注6)。

35)　吉國一郎内閣法制局長官70回1972（昭和47）年11月13日参・予算5号2頁。

る[36]。警察力論によって正当化されていた警察予備隊の時代に、保安庁法案の審議の中で出された。この時期の代表的な答弁で「現代戦における有効な戦争遂行手段たる力」[37]と言われたものが、近代戦争遂行能力に当たる。これは、対内的実力即ち警察力であっても、近代戦争遂行能力を備えるに至れば「戦力」として違憲になるとするものである。これを私は「対内的実力に関する近代戦争遂行能力論」と呼んでいる[38]。

　近代戦争遂行能力論の定式化は、1952年8月1日の陸上保安隊・海上警備隊の発足後、11月25日法制局見解によってなされ、「『戦力』とは、近代戦争遂行に役立つ程度の装備、編成を具えるもの」[39]と規定された。前述の1972年の答弁[40]が言及する四次吉田内閣は1952年10月30日から53年5月12日まで続いたので、近代戦争遂行能力論の定式化はこの時期に入っている。

(2)　「対外的実力に関する近代戦争遂行能力論」

　しかし、四次吉田内閣の後も近代戦争遂行能力論は続き、軍事的義務の履行を条件とするMSA（Mutual Security Act, 相互安全保障法）援助に関する日米交渉が1953年7月に開始されるとともに、私の言う「対外的実力に関する近代戦争遂行能力論」が登場した。対外的実力、即ち軍事力であっても、近代戦争遂行能力を備えるに至らなければ、「戦力」に当たらず合憲だとする。通常、近代戦争遂行能力論として意識されているのは、こちらである。

　1954年3月から始まった防衛庁設置法案・自衛隊法案の審議において、自衛隊を正当化する論理として自衛力論の萌芽も見られるが、基本は近代戦争遂行能力論である[41]。例えば、「近代戦争を遂行し得るような装備編成をいたしたものは戦力である」[42]と言われている。7月1日に発足した

---

36)　浦田・前掲注2) 233-235頁。

37)　大橋武夫法務総裁12回1951（昭和26）年10月17日参・本6号4頁。

38)　浦田・前掲注2) 222-223頁。

39)　朝日新聞1952年11月26日。浦田・前掲注2) 242-248頁。

40)　前掲注35)。

41)　浦田・前掲注2) 290-304頁。

42)　木村篤太郎保安庁長官19回1954（昭和29）年3月18日参・本20号14頁。

186 第5章 内閣法制局の憲法解釈と役割

自衛隊は、自衛力論ではなく近代戦争遂行能力論によって正当化された。
だからこそ、その後の12月20日に行なわれた政府・与党打合せ会議にお
いて、高辻正己法制局次長が用意した草稿に基づき、近代戦争遂行能力論
から自衛力論への転換が図られた[43]。それに基づいて行なわれたのが、自
衛力論の原型を定式化した前述の22日答弁[44]である。前述の1972年答弁
でも、自衛力論は1954年12月からとされている[45](150頁)。

(3) 事後的整理

　この答弁が指示している時期の近代戦争遂行能力論は、以上のように私
の言う「対内的実力に関する近代戦争遂行能力論」である。「対外的実力
に関する近代戦争遂行能力論」の時期は、1953年5月21日から54年12
月10日まで続いた5次吉田内閣のときにほぼ当たる。これは無視されて
いるが、過渡的なものととらえられているのであろうか。

　また、この1972年答弁は1954年12月の自衛力論の原型の定式化から
相当時間が経過しており、後から近代戦争遂行能力論を整理している。そ
の答弁において、近代戦争遂行能力は、「現代における戦争の攻守両面に
わたりまして最新の兵器及びあらゆる手段方法を用いまして遂行される戦
争を……独自で遂行することができる総体としての実力」と定義されてい
る。この定義は、「対外的実力に関する近代戦争遂行能力論」における当
時の一般的な定義より、高度化し限定されたニュアンスを含んでいる[46]。
逆に言えば、認められる実力行使を広げている。そのうえで、近代戦争遂
行能力論も自衛力論も「大筋では差がない」[47]とされている（151頁）。

　議論の変化を認めないために、相当に無理な議論の整理が事後的にされ
てきたと言うべきであろう。

---

43)　浦田・前掲注2) 310-311頁。
44)　大村・前掲注6)。
45)　吉國・前掲注35)。
46)　さらに、『答弁例集』のまとめではこの1972年答弁における定義の「戦争」に「本格的
　　な」という修飾語を付けている（149頁）。
47)　吉國71回1973（昭和48）年9月4日参・内閣25号16頁。近代戦争遂行能力論と自衛
　　力論の関係について、浦田・前掲注2) 316-319頁。

V　その他——集団的自衛権

1　解釈変更論の類型

　ここでは、集団的自衛権が重要である。集団的自衛権行使違憲論の政府解釈の変更を迫る立場から、三つの方法が模索されてきたように思われる。①「実力」によらない集団的自衛権は認められてきたのではないか、②憲法上集団的自衛権は「保有」されているのではないか、③「必要最小限度」の集団的自衛権は認められるのではないかである[48]。それらに関わる答弁などが、『答弁例集』に収録されている。

2　実力によらない集団的自衛権論

　自衛権は武力行使の違法性阻却事由であり、そのことを基礎に政府解釈では集団的自衛権は武力・実力に関するものとされ、基地提供、経済的援助や後方支援などは含まれないとされている[49]（164-165頁）。しかし、初期においては政府の集団的自衛権論は確立しておらず[50]、とくに1960年の安保改定をめぐる審議においては基地提供や経済的援助など実力によらないものも含めて集団的自衛権を理解し、その意味の集団的自衛権は憲法上禁止されていないという答弁もなされていた[51]。『答弁例集』ではまとめにおいて「昭和30年代」にはその趣旨の答弁があったとした（164頁）うえで、当時の答弁例を収録している（166-167頁）。実力によるものを集団的自衛権の「中心概念」[52]（169頁）あるいは「中核的概念」[53]（170-171頁）とするその後の答弁も収録されており、この場合には論理的には概念

---

48)　浦田・前掲注2）61-62頁。

49)　浦田・前掲注2）122-125頁。

50)　例えば、「集団的の自衛権」に関する国連憲章51条の「條文の解釈にはまつたく自信を持つておりません。」（西村熊雄外務省条約局長7回1949〔昭和24〕年12月21日衆・外務1号7頁）など。阪口規純「集団的自衛権に関する政府解釈の形成と展開（上）」外交時報1330号（1996年）72頁。

51)　例えば、林修三法制局長官31回1959（昭和34）年3月2日衆・予算16号15頁。浦田・前掲注2）123頁。本書18-19頁。

52)　味村治内閣法制局第一部長93回1980（昭和55）年10月28日衆・内閣5号27-28頁。

53)　高村正彦外務大臣145回1999（平成11）年4月1日衆・防衛指針5号14頁。

188　第5章　内閣法制局の憲法解釈と役割

の周辺を問題にしうる。

　「実力」に関わるまとめとして注において、「実力の行使であっても他国の領域以外でなら許されると述べたものはない」、「実力の行使については、その地域を問うことなく、憲法第9条の下では許されない旨が述べられている」（164頁）とされている。

3　集団的自衛権保有論

　集団的自衛権を国際法上「保有」し、憲法上「行使」できないという政府解釈をめぐって、多数の答弁などが収録されている。その基本的な論理は、①集団的自衛権は国際法上権利であって義務ではない、②国際法上の権利は国内法で行使しないとすることができるということである。最もまとまった答弁の中で、「主権者である国民の意思により制定された憲法その他の国内法によって」行使を制限すると言われている[54]（175頁）。まとめでは、「憲法その他の国内法によって国民の意思としてその行使を自制する」とされている（164頁）。即ち、集団的自衛権の不行使は国際関係においては政策的であるが、国内関係においては（憲）法的なものとされている[55]。

4　「必要最小限度」の集団的自衛権論

　限定的集団的自衛権、即ち論理として「必要最小限度」の集団的自衛権が認められるか[56][57]は、繰り返し論議されてきた。認める立場では、「個別的自衛権に接着しているもの」[58]（181頁）、あるいは概ね周辺事態につい

---

54)　秋山收内閣法制局長官156回2003（平成15）年7月17日参・外交防衛17号35-36頁。

55)　政府の憲法解釈の政策性を強調する立場によって、この国際関係と国内関係の区別がなされていない場合があるように思われる。本書23-24頁。

56)　この問題の出しかたには、政府解釈における「必要最小限度」論に関する理解の点で問題が含まれている可能性がある（浦田・前掲注2）14-15、38-39、70-73頁）。政府解釈において「必要最小限度」は多様なレベル、意味で使われている。

57)　2014年閣議決定による集団的自衛権限定容認論は、3種類の解釈変更論のうちこの「必要最小限度」の集団的自衛権論の系譜に属する。

58)　島聡議員提出政府の憲法解釈変更に関する質問主意書（159回2004〔平成16〕年5月28日提出）（答弁書2004〔平成16〕年6月18日衆議院提出）

て、主張されてきた。その原型となる 1960 年安保改定時における答弁も、収録されている。「外国まで出て行って外国を守る……そういう意味の集団的自衛権、これは日本の憲法上はない」[59]（166 頁）。「海外へ出て締約国もしくは友好国の領土を守るということは、日本ではできない。」[60]（167 頁）しかし限定的集団的自衛権が認められるというわけではないとするまとめは、前述の「実力」論のまとめと重なっている[61]。

5 憲法 9 条の文理論

以上の集団的自衛権論の基礎に、政府解釈では論理的出発点として以下のことがまとめとして指摘されている。「憲法第 9 条は、その文理に照らすと、我が国による実力の行使を一切禁止しているように見える。」（163 頁）そこから、自国を守る個別的自衛権は行使できるが、他国を守る集団的自衛権は行使できないとする。しかしこの文理論は、政府解釈の基礎に置かれてきた 1972 年資料[62]（168 頁）にも 1981 年答弁書[63]（169 頁）にも、見られない。比較的新しいものであり、関係者の間では以前から注目されていた 2004 年答弁[64]（177 頁）に初めて登場したと思われる。

おわりに

内閣法制局『憲法関係答弁例集』（戦争の放棄）について、内容紹介しつ

---

59) 林 34 回 1960（昭和 35）年 3 月 31 日参・予算 23 号 24 頁。

60) 岸信介内閣総理大臣 34 回 1960（昭和 35）年 4 月 20 日日米安保 21 号 31 頁。

61) 1960 年の安保改定国会において政府は集団的自衛権限定容認論を試みたが、失敗した。本書 17-23 頁。2014 年閣議決定による集団的自衛権限定容認論はそれを引き継ぎ、容認の範囲を拡大しようとしたものと思われる。本書 22-23 頁。

62) 「集団的自衛権と憲法との関係」（1972〔昭和 47〕年 10 月 14 日参議院決算委員会提出）。『防衛ハンドブック・平成 27 年版』（朝雲新聞社、2015 年）591-592 頁など。本書 40-41 頁に全文を掲載している。

63) 稲葉誠一議員提出憲法、国際法と集団的自衛権に関する質問に対する答弁書（94 回 1981〔昭和 56〕年 5 月 29 日衆議院提出）。

64) 秋山 159 回 2004（平成 16）年 1 月 26 日衆・予算 2 号 5 頁。秋山と安倍晋三議員の間の論争の中で示されたものであり、2014 年閣議決定の中にも取り入れられている。本書 46-47 頁。政府自身が非軍事平和主義を提示して、それを一方の基礎としている政府解釈の再確立を試みたのであろうか。

つ、気になるところを検討した。その結果、私にとって議論の整理が進み、また課題が明らかになった点もある。とくに、海外派兵と敵基地攻撃の関係、弾道ミサイル対処関係、集団的自衛権の問題などがそうであり、2014年閣議決定による集団的自衛権限定容認論と全て関わっている。

　政府の平和主義解釈に関わる資料集はいくつかある[65]が、実質的に政府解釈を支えてきた内閣法制局自身による本資料集の意義は大きい。これに基づいて、実務や研究が進展することを願っている。「はじめに」で述べた浦田一郎編『政府の憲法9条解釈──内閣法制局資料と解説』では、2014年閣議決定直前の政府解釈が展開されている。これを理解することは、2014年閣議決定以後の政府解釈を分析するために必要で有益であると考えている。

---

65)　その一つである浅野一郎・杉原泰雄監修『憲法答弁集』（信山社、2003年）の作成に、私も関わった。

第2節

事前の違憲審査と事後の違憲審査の同質性と異質性
――内閣法制局と最高裁判所の関係を中心にして

はじめに

　私は、日本国憲法の平和主義[1]、最近ではとくに政府による平和主義に関する憲法解釈を研究してきた[2]。そのような関心から、憲法解釈を行う政治部門、とくに政府による憲法解釈を実質的に支えてきた内閣法制局にも一定の注意を払ってきた[3]。

　日本国憲法98条1項によれば、「この憲法は、国の最高法規であつて、その条規に反する法律」などは「効力を有しない」。99条によれば、「公務員は、この憲法を尊重し擁護する義務を負ふ。」13条によれば、「幸福追求に対する国民の権利については、……立法その他の国政の上で、最大の尊重を要する。」即ち、政治部門も含めた全ての公権力は、その行為の憲法適合性を確保することが要求されている。そこで、政治部門による事前の憲法解釈や違憲審査[4]と裁判所による事後の憲法解釈や違憲審査を観念することができる[5]。その中で、実際上重要な役割を果たしてきた内閣

---

1)　浦田一郎『現代の平和主義と立憲主義』（日本評論社、1995年）。
2)　同『自衛力論の論理と歴史』（日本評論社、2012年）。
3)　同『立憲主義と市民』（信山社、2005年）299-302頁、同・前掲注2) 15-17、62-63、178-197頁。
4)　蟻川恒正「憲法解釈権力――その不在に関する考察」法律時報2014年7月号7-10頁は、合憲性に関する疑義について決定する最高裁の「強い意味での憲法解釈権力」と、職権行使として合憲性の審査を行う内閣の「弱い意味での憲法解釈権力」を区別する。この区別によれば、「違憲審査」という表現は「強い意味での憲法解釈権力」のニュアンスを含む。内閣法制局による審査は法的にはそのようなものではないが、実際上強い影響力を持っている。そのことを考慮して、「違憲審査」という言葉を使って事前のものと事後のものを対置し、そのうえで両者の関係を検討したいと考えている。

法制局と最高裁判所の関係について、中心的に検討することとした。二つの機関による違憲審査の間に、どのような同質性と異質性があるのかを考えてみたい。その場合、私の問題関心からこの問題について解釈論より認識論に重点を置いている[6]。

I　憲法解釈と違憲審査

法解釈の主体は多様であり、法解釈は公権力によっても市民によってもなされる。市民の中には、法実務家や法学研究者のような専門家と一般市民がいる。法の適用も法に関わる運動も、一般市民による法解釈を前提にしている。憲法解釈は他の法解釈と共通性を持ちつつ、その中で抽象度の高い最高法規の解釈という特殊性を有する。そのことを意識したうえで、ここでは憲法解釈に焦点を合わせる。

公権力による有権解釈は政治部門と裁判所によってなされる。政治部門でも法解釈は行なわれ、裁判所も政治的役割を果たしている。政治部門の中で国会、内閣、地方公共団体はそれぞれ法解釈を行う。最高裁の法解釈が確定するまで、中央政府の中では憲法41条によって国権の最高機関とされる国会が、法的には法案の憲法適合性について判断し有権解釈を行う。内閣も行政や内閣提出法案の憲法適合性を確保するために、憲法解釈を行う。政治部門における法解釈では裁判所と比べて直接的に政治的考慮が働くが、その中で衆参の議院法制局や内閣法制局による法解釈では、議員や内閣・行政庁から一定の独立性を持って法制の専門家によって法的論理が重視される。一定の独立性を持って法制の専門家によって法的論理が重視された憲法解釈に基づく審査について「違憲審査」という言葉を使い、これらの機関による事前の違憲審査と裁判所による事後の違憲審査を対置して考察したい[7]。裁判所による事後の違憲審査についてのみ、「違憲審査制」という言葉を使うこととする。

本稿では、議院法制局の重要性を認識したうえで、法律の中で圧倒的に

---

5)　事前と事後の区別は、立法から処分に至るそれぞれの行為の時によることとする。憲法解釈と違憲審査の関係については、後述する。

6)　私は認識と解釈の関係を重視したうえで、両者を区別する立場に立っている。その点について、浦田・前掲注3) 209-255頁。

多数の内閣提出法律、すなわち閣法の事前審査を行い、政治的にも重要な役割を果たしてきた内閣法制局に、焦点を当てることとする。

Ⅱ　内閣法制局の憲法解釈

1　内閣法制局の歴史、制度、役割[8]

(1)　内閣法制局の歴史

　内閣法制局の前身である法制局は歴史が古く、1873 年に太政官正院に置かれた法制課に起源がある。フランスのコンセイユ・デタをモデルとして 1885 年に設置されており、その設置は 1889 年に公布された明治憲法に先立っている。その位置づけについては、1893 年に法制局官制によって「内閣に隷する」とされ、その表現は天皇の「隷」として内閣を超えて天皇との結合を示していたと言われている[9]。明治憲法は外見的ではあったが立憲主義を採っていた。そのことは、主権者天皇も「統治権ヲ総攬シ此ノ憲法ノ条規ニ依リ之ヲ行フ」とする 4 条に表れている。その立憲主義の実現は裁判所の違憲審査制ではなく、政治部門の活動に委ねられていた。「天皇ハ帝国議会ノ協賛ヲ以テ立法権ヲ行フ」（5 条）とされ、立法権は天皇に帰属する建前が採られていた。その天皇の立法権に違憲などの間違いの生じないようにする重い責任は、法制局によって担われていた。

　戦後連合国最高司令官の首相宛て書簡に基づいて 1948 年に法制局は廃

---

7)　同様に地方公共団体における法制担当部局による違憲審査も問題になる。最高裁が法文の定義規定について合憲限定解釈を行った広島市暴走族追放条例事件最三小判 2007（平成 19）年 9 月 18 日民集 61 巻 6 号 601 頁には、この問題も含まれているように思われる。同事件広島地判 2004（平成 16）年 7 月 16 日民集 61 巻 6 号 645 頁によれば、市議会の委員会審議において「暴走族」の定義を限定する修正案が、上程されたが否決されている。最二小判における田原睦夫裁判官の反対意見もそのことを指摘している。「チーマー」や「期待族」などと呼ばれる周辺者をも、規制しようと考えられていた。「暴走族」以外の者が含まれるように意図的に広い定義が採られていたのであり、これは制定過程において法制担当部局の役割が機能しなかったケースと見ることもできよう。

8)　内閣法制局百年史編集委員会『内閣法制局百年史』（大蔵省印刷局、1985 年）、西川伸一『立法の中枢・知られざる官庁・新内閣法制局』（五月書房、2002 年）、中村明『戦後政治にゆれた憲法九条〔第 3 版〕』（西海出版、2009 年）、西川伸一『これでわかった！　内閣法制局』（五月書房、2013 年）など。

9)　中村・前掲注 8) 69-71 頁。

止され、法務庁が設置された。1952年講和条約発効後内閣直属の法制局が復活し、1962年に衆参の議院法制局と区別するために内閣法制局に改称された。

(2) 内閣法制局の制度と役割

内閣法制局設置法に規定されている権限の中で重要なのは、法律案等の審査を行う審査事務と、法律問題に関し内閣等に意見を述べる意見事務である。審査事務について、「閣議に附される法律案、……を審査し、……内閣に上申する」とされている（3条1号）。法案は内閣法制局の審査を通らなければ、閣議に出すことができない。意見事務について、「法律問題に関し内閣……に対し意見を述べる」（3号）とされている。内閣法制局長官など内閣法制局関係者が国会において答弁することが行われ、答弁事務と呼ばれる[10]。これらを通して、憲法解釈が示される。

内閣法制局の見解は、政府部内において専門的意見として最大限尊重されることが制度上当然のことと予定されている。事実上尊重されるものとされているが、法的拘束力はないと説明されている[11]。内閣法制局の見解が内閣によって受け入れられれば、内閣の見解となる。

内閣法制局は広く法制に関する任務に当たるとともに、憲法の平和主義規定の下で安保・自衛隊を法的に正当化するという特別の役割を果たしてきた。内閣法制局を分析するためには、両側面を考慮する必要がある。後者について言えば、冷戦下では憲法、とくに9条の戦争放棄の趣旨を骨抜

---

10) 民主党政権の下で小沢一郎幹事長（肩書は発言時のものである。以下同じ）の主張により2010年1月内閣法制局長官答弁の禁止措置が執られが、2012年1月24日開始の第180回常会から答弁が復活し、実際には6月4日から始まった。この期間中に過去の答弁と整合しているか、疑わしい答弁が行われた。

なお新井誠「政権交代と政治主導の憲法解釈」広島法学34巻3号67-68頁（2011年）は、弁護士出身で民主党憲法調査会会長であった枝野幸男議員が、憲法答弁担当大臣に任命されたことに一定の積極的評価を与えている。これは憲法解釈一般に関する法的素養のレベルのことであろう。私が政府の平和主義解釈を研究してきた印象としては、従来の答弁をふまえた平和主義解釈の答弁は、法律家でも必ずしも容易ではないと考える。過去の答弁を整理した資料に基づき、内閣法制局と事前に打合せをすれば、ある程度可能であろう。

11) 浦田・前掲注2) 182頁。

きにしているとして護憲派から批判され、冷戦終了後は集団的自衛権行使の合憲化を目指す改憲派から非難されてきた。これらの点で政治的に注目されており、諸外国の事前の違憲審査機関と比べて特殊性を有する。

2　法令審査の厳密性

　内閣法制局の憲法解釈の特徴として、その法令審査が非常に厳密であることが、内閣法制局関係者によっても他の論者によっても指摘されている[12]。とくに憲法判断は慎重になされ、裁判所による事後の違憲審査において違憲の判断がなされないような憲法解釈が心がけられていると言われている[13]。しかし、諸外国における事前の法令審査と比べて、特別に厳密だと実証されているであろうか。

(1)　アメリカの審査

　諸外国においても日本においても事前の法令審査に関する研究は多くない。そのような状況の中で、アメリカの事前の法令審査は弱いと思われてきた。この点に関して、横大道聡は従来の研究水準を超えて、詳細な研究を発表している[14]。

　横大道によれば、司法省法律顧問局（Office of Legal Counsel, OLC）の職務内容は内閣法制局と概ね等しい。その意見事務として、大統領など執行機関の求めに応じて法的アドバイスを行う。とくに全ての憲法上の問題について、法的アドバイスを与える責任を負う。その法解釈は行政機関内部で事実上の拘束力を有する。また審査事務として、アメリカ憲法2条3節の勧告条項に基づく法律案等について、事前にとくに憲法上の問題について審査する権限を有する。そのメンバーはしばしば連邦議会の委員会で説明を求められることがあるが、答弁事務の点で内閣法制局と若干異なると

---

12)　同181頁。

13)　阪田雅裕内閣法制局第一部長151回2001（平成13）年6月6日参・憲法9号7頁。

14)　横大道聡「執行府の憲法解釈機関としてのOLCと内閣法制局〔補訂版〕」研究論文集 − 教育系・文系の九州地区国立大学間連携論文集5巻1号1-95頁（2011年）。岡田順太「憲法の番人としての議会の可能性——アメリカのOLC報告法案審議を題材として」白鷗法學17巻1号99-123頁（2010年）も、事前審査機関の情報の議会への公開のありかたを検討し、重要である。

ころがある。

結論として、OLC と内閣法制局の間で法令審査についてどちらが厳密かは、必ずしも明らかではない[15]。少なくとも従来のように、アメリカの事前の審査は弱いと簡単には言えないように思われる。

(2) ドイツの審査

ドイツに関して従来より詳しい検討を加えた光田督良[16]によれば、政府提出法案に関する事前の違憲審査は連邦各省の一般事務処理規則（GGO）に基づくものと、大統領が親署するに際して行なうものがある。GGO によれば、審査は連邦司法省もしくは連邦内務省または両者の協力の下に行なわれる。大統領による審査はスタッフを備え、徹底的になされる。全体として、内閣法制局ほどの権限と独立性を備えた機関は存在せず、ドイツにおける事前の法令審査は内閣法制局より弱いと判断されている。しかしこの判断は主として法令に基づく考察によるものであり、実務の実情は必ずしも明らかにはなっていないように思われる。

(3) フランスの審査

フランスのコンセイユ・デタ（Conseil d'Etat）は行政部と争訟部に分かれ、後者は最高行政裁判所であり、日本の法制局のモデルになったのは基本的に前者である[17]。コンセイユ・デタ行政部に関する研究は、他の国の事前の法令審査と比べると行なわれてきた[18]。それらによれば、行政部は活動行政や争訟部と微妙な関係を持ちつつ、行政部の答申は質の高さによって権威を有するとされている。またコンセイユ・デタ全体も一方で行政

---

15) 横大道は、弁護士のような解釈を行う「アドボケートモデル」、執行府として裁判所のような解釈を行う「準司法モデル」、裁判所のような解釈を行う「司法モデル」によって、OLC と内閣法制局を解釈論的に分析しようとしている。実態論として OLC より内閣法制局のほうが法令審査の点で厳密だと見ているように感じられるが、明らかではない。

16) 光田督良「法律案の憲法適合性審査に対する内閣法制局の機能と問題性」駒沢女子大学研究紀要 17 号 257-272 頁（2010 年）。

17) 日本において 1886 年に法律取調委員会が発足し、90 年に行政裁判所が独立し、法制局からこれらの機関の所掌事務は移された（内閣法制局百年史編集委員会・前掲注8）23 頁）。本文の記述はこれ以降の法制局に関するものである。

第2節　事前の違憲審査と事後の違憲審査の同質性と異質性　*197*

の特権の保護者との批判を受けつつ、他方で権利、自由の擁護者としての
役割も評価されてきた。

　植野妙実子によれば、政府提出法案に対するコンセイユ・デタ行政部の
審査は合法性だけではなく、妥当性にも及ぶ。法案の書き換えに至ること
もあり、妥当性の問題の場合には条文毎の検討の後新しい条文を作成して
示す。相当に立ち入った審査が行われているようである。憲法院によって
違憲とされることのないように審査が行われるが、コンセイユ・デタ行政
部は違憲審査の原則や内容を作るところではない。コンセイユ・デタ行政
部の事前の意見と上下両院の法案採択後の憲法院の判決では見かたや考え
かたの違いがあり、憲法院への付託がいつも避けられるわけではない[19]。
全体として、「国家の会議」(Conseil d'Eat) としてのコンセイユ・デタは
内閣法制局と比較にならないほど権威が高く、役割が大きいものとして描
かれている。

　コンセイユ・デタ行政部と内閣法制局の間でも法令審査についてどちら
が厳密かは明らかではないが、少なくともコンセイユ・デタ行政部の審査
の非厳密性をとくに指摘するものは見当たらない。

　結局、諸外国における事前の法令審査に関する実証研究は、残念ながら
少ない。そうである以上、内閣法制局の法令審査は厳密だとする判断は全
体として比較憲法的に未だ十分に実証されておらず、印象的なものである
ように思われる[20)21]。

---

18)　山下健次、晴山一穂、椎名慎太郎などによって研究されてきたが、とくに山岸敬子『行
　　政権の法解釈と司法統制』(勁草書房、1994 年) 110-141、191-221 頁が詳しい。奥村公輔
　　「政府の法律案提出権の構造——政府提出法律案の起草におけるコンセイユ・デタ意見の位
　　置づけ——(1)、(2)」法學論叢165 巻 4 号29-52 頁、166 巻 1 号27-49 頁 (2009 年) は、
　　憲法院判決がコンセイユ・デタ行政部を政府との共同行為者ではなく、全ての問題に関する
　　政府への意見付与者ととらえていると結論づけている。植野妙実子「コンセイユ・デタの特
　　異性と先進性」The Institute of Comparative Law in Japan 編『Future of Comparative
　　Study in law』(中央大学出版会、2011 年) 561-585 頁はコンセイユ・デタ行政部の審査の
　　実態にもふれており、重要である。

19)　同 583 頁はコンセイユ・デタ行政部と憲法院の審査の違いを指摘したうえで、日本にお
　　ける内閣法制局と裁判所の審査の違いはさらに大きいはずだとする。内閣法制局による抽象
　　的審査と裁判所による具体的審査の違いも加わるからである。なお、2008 年のフランス憲
　　法改正により施行後の法律に対する憲法院の審査も認められるようになっている。

198　第5章　内閣法制局の憲法解釈と役割

3　憲法解釈の特徴

(1)　形式性

　内閣法制局の憲法解釈の形式性はよく指摘される。その意味は複数あるようであり、一つには非政策的だということである。政策的判断は内閣や各省庁が行うのであり、内閣法制局は法的判断を行うということである。このこと自体は法制機関としての性格に由来することであるが、その形式性がゆきすぎ、新しい政策的試みにブレーキをかけているのではないかとする批判がしばしば出されてきた。

　もう一つには非理念的だということである。憲法を頂点とする既存の法体系との形式的整合性を消極的に審査するのであり[22]、憲法や人権の理念に沿った積極的な審査をするわけではない。これも行政内部の事前の違憲審査として通常のことであろう。

(2)　論理性

　形式性と関わりつつ、内閣法制局自身によってその解釈の論理性が強調されてきた。例として二つの発言を引用するが、ほぼ同様の表現の発言がくりかえされてきたので、現在では確定した説明だと思われる。

　「憲法をはじめ法令の解釈は、当該法令の規定の文言、趣旨等に即しつ

---

20)　この印象の基礎にある問題として、諸外国における裁判所による事後の違憲審査の具体例を見ると、事前の違憲審査が厳密でないのではないかと思われている可能性がある。しかし、内閣法制局の審査の厳密性の問題の中で、この点はとくに指摘されていないように思われる。

21)　最高裁が統治行為論によって司法審査をしないからといって、内閣法制局は違憲のことをやってよいとは考えず、違憲にならないように細心の注意を払っていると言う（味村治内閣法制局第一部長90回1989（昭和54）年12月11日衆・法務2号10頁）。それはそうであろう。しかし、事後の違憲審査によって違憲の判断が下されることが多い国では、事前の違憲審査機関は緊張感が強くなり、審査の質が上がる。逆に、違憲判断がごく少数の例外を除いて示されない日本では、その分内閣法制局は緊張感が弱くなり、審査の質が落ちる。このようなことも考え得る。内閣法制局の場合ではないが、たとえば広島市暴走族条例のように（注7)）、意図的に拡大された定義規定も最高裁の合憲限定解釈とさらに法令合憲判断によって救済された（青井未帆「過度広汎性・明確性の理論と合憲限定解釈」論究ジュリスト2012年春号90-99頁）。これで、事前の違憲審査の質が向上するであろうか。

22)　佐藤岩夫「違憲審査制と内閣法制局」社會科學研究56巻5・6合併号（2005年）88-89、97頁。

つ、それが法規範として持つ意味内容を論理的に追求し、確定することであるから、それぞれの解釈者にとって論理的に得られる正しい結論は当然一つしかなく、幾つかの結論の中からある政策に合致するものを選択して採用すればよいという性質のものでないことは明らかである[23]。」「一般的に、憲法を始めとする法令の解釈は、当該法令の規定の文言、趣旨等に即しつつ、立案者の意図や立案の背景となる社会情勢等を考慮し、また、議論の積み重ねのあるものについては全体の整合性を保つことにも留意して論理的に確定されるべきものである[24]。」

　両者ともに法令解釈の論理性を強調したものであるが、前者の説明で「論理的に得られる正しい結論は当然一つしかな」いとしつつ、それに「それぞれの解釈者にとって」という規定を置いている。即ち、誰にとっても一つしかないと言っているわけではなく、内閣としては一つしかないとしている。後者の説明では、論理性とともに「立案者の意図」、「社会情勢等」や「議論の積み重ね」における「全体の整合性」も考慮されることが指摘され、相当程度に解釈の総合性が認められている。したがって論理性を基礎に置きつつ、一定の幅を持たせていることになる。実際にも内閣法制局の憲法解釈はそうなっているように思われる。

(3)　無謬性、不変性などと政治性

　形式性や論理性を基礎に、内閣法制局解釈の無謬性、不変性も強調される傾向にある。憲法制定議会における吉田茂首相の自衛権否認的解釈から、警察力論、近代戦争遂行能力論、自衛力論に至る憲法9条解釈の展開[25]についても、基本的趣旨は変わらないと内閣法制局は言う[26]。解釈を変更したのは、66条2項の「文民」解釈のみであるとする[27]。

　しかしながら、一般的に憲法解釈はある種の政治性を帯びるものであり、内閣法制局も政治と関わってきたことは否定しがたい。とくに平和主義に

---

23)　真田秀夫内閣法制局長官84回1978（昭和53）年4月3日参・予算23号3頁。

24)　伊藤英成議員提出内閣法制局と自衛権についての解釈に関する質問に対する答弁書（156回2003〔平成15〕年7月15日衆議院提出）。

25)　浦田・前掲注2）2部。

26)　大森政輔内閣法制局長官140回1997（平成9）年2月13日衆・予算12号34頁。

関して、1952年11月25日の法制局見解による近代戦争遂行能力論の定式化と53年7月からのその読み変え、54年12月20日の政府・与党打合せ会議における法制局による自衛力論の原型の提示、22日の政府統一見解による自衛力論の定式化、「必要相当」から55年6月における「必要最小限度」への自衛力論の展開などにおいて、内閣法制局の憲法解釈が果たした政治的役割は大きい。60年の安保改定や90年代以降の自衛隊の海外出動に関しても、そうである。

　ただし政治性には多様なレベルのものがある。内閣法制局の憲法解釈はその時々の小さな政治状況に合わせてなされたものと描き、政治状況の変化を理由に集団的自衛権行使合憲への憲法解釈の変更を主張する議論がしばしば見られてきた[28]。しかしながら、集団的自衛権行使違憲の憲法解釈は、占領・安保体制下の最も大きな戦後政治の基本構造に規定されたものと思われる[29]。2014年閣議決定による集団的自衛権限定容認は、憲法96条の改憲手続によらずに戦後政治の基本構造を変えたことを意味する。

　内閣法制局の憲法解釈の形式性、論理性、無謬性、不変性などの強調によって、その政治性が覆われているように思われる。なお、これらの強調、とくに無謬性の強調は、後に見るように閣法が最高裁によって原則的に違憲とされてこなかったことによって、初めて成り立っている。

27）　島聡議員提出政府の憲法解釈変更に関する質問に対する答弁書（159回2004（平成16）年6月18日衆議院提出）。佐藤榮作内閣総理大臣、高辻正巳内閣法制局長官48回1965（昭和40）年5月31日衆・予算21号26-27頁。2014年7月1日閣議決定による集団的自衛権限定容認解釈はそれまでの解釈の変更であるが、「基本的な法理」の枠内の当てはめの変更とされており、それまでの解釈が誤っていたとは言われていない。

28）　2014年5月15日に出された「安全保障の法的基盤の再構築に関する懇談会」報告書に、その典型的なものがある。同年7月1日閣議決定は、集団的自衛権限定容認を「基本的な法理」の「安全保障環境」の「変容」への当てはめとして正当化した。本書53-75頁。

29）　占領下で日本国憲法が制定され、再軍備が始められ、平和条約と旧日米安保条約が締結された。集団的自衛権不行使の憲法解釈を前提にして、安保体制下で安保改定が行われた。一方で現行安保条約5条によれば、日本は集団的自衛権を行使せず、アメリカは行使する。他方で6条により、極東条項の下で日本はアメリカに基地を提供するが、アメリカは日本に基地を提供するわけではない。5条におけるアンバランスと6条におけるアンバランスの間で、全体としてバランスが取れていると政府は説明してきた（『防衛白書・平成27年版』〔2015年〕193頁）。集団的自衛権行使違憲の憲法解釈がなければ、国民は安保条約や安保体制を受容せず、安保条約や安保体制は存在していなかったであろう。

Ⅲ　最高裁判所の憲法解釈

1　司法消極主義

　日本の最高裁は司法消極主義的であると国内外から言われており、最高裁自身が結論としてそう認識しているようである。2003年の国会における意見陳述の中で、山口繁当時前最高裁長官は外国の憲法裁判制度のありかたとしてアメリカの司法積極主義を指摘する。即ち、1996年末までに135の連邦法を全面的また部分的に違憲とし、それは2年に1回以上法令違憲判断をした割合になる。さらに、州法および地域法の法令違憲判断は連邦法の10倍になるとする。

　次に、裁判所を取り巻く環境の異同として、①多民族国家かどうか、②連邦制か中央集権体制か、③政権交代の有無、④立法過程における法案チェックの有無、⑤裁量上告制の問題を指摘する。日本の最高裁の法令違憲は8件[30]で少ないが、それは前述の①-⑤が影響したためで、「少なかるべくして少なかった」とする。司法消極主義という立場を採っているわけではないと言いつつ、「司法消極主義といういわば司法本来の姿」という指摘も行なっている[31]。

　現在では2015年12月16日の女性の再婚禁止期間違憲判決で法律違憲は9種10件になり、そのうち戦後の（内閣）法制局が関与した閣法[32]は3件である。ただし、郵便法[33]は閣法として1947年に成立しているが、この時期は前述のように翌48年に法制局が廃止される混乱期である。残りの2件の在外国民の選挙権[34]と国籍法[35]のうち、後者は立法後の社会状況の変化により違憲とされ、立法時に違憲であったとはされていない。この

---

30)　これは発言時の数字であり、刑事関係で3件と数えている。

31)　山口繁前最高裁長官156回2003（平成15）年5月15日衆・憲法・統治3号7頁。

32)　法律は部分的に閣法になったり、議員立法になったりすることがある。例えば、議員定数規定を含む公職選挙法は基本的に衆法すなわち議員立法であるが、後述の在外国民の選挙権に関する最高裁の違憲判決を受けた改正は閣法である。これらのことは国会図書館のホーム・ページの「日本法令索引」で確認することができる。

33)　最大判2002（平成14）年9月11日民集56巻7号1439頁。

34)　最大判2005（平成17）年9月4日民集59巻7号2087頁。

35)　最大判2008（平成20）年6月4日民集62巻6号1367頁。

202　第 5 章　内閣法制局の憲法解釈と役割

ように、内閣法制局の判断が最高裁によって違憲とされることは、極めて稀である。

　最高裁の司法消極主義はよく言われるように憲法判断消極主義より、違憲判断消極主義である。統治行為論、立法裁量論、憲法判断回避などの各種の技術を使って、政治部門の行為を違憲と判断することが避けられている。最も多用されているのは、立法裁量論である。これらの技術の基礎について理論的に司法の限界を論ずることは可能であり、またどの国の裁判所でも統治の根幹にふれる判断が回避される傾向はあろう。しかし諸外国の裁判所によって、同じような問題についてこれらの技術によって日本の最高裁と同じような判断がされるわけではない。最高裁が特別に保守的な政治的姿勢を持っていることは否定し難い。二つの場面に分けて、最も典型的な例にふれることとしたい。

2　対内的関係

　国内の政治部門の判断を極端に尊重してきた例として議員定数不均衡問題を取り上げることとするが、それはやや興味深い政治的な問題を含んでいるからである。

　1964 年に最高裁がこの問題を最初に取り上げたときに、参議院選挙区において最大格差が 4 倍を超えていた定数配分規定について合憲の判断を下した[36]。その後衆議院で最大格差が 5 倍近くに及んだ規定について、1976 年に「違憲の瑕疵」を指摘した事情判決を出した[37]。参議院で最大格差が約 7 倍に達した規定について、1996 年に「違憲の問題」を述べつつ合理的期間論によって違憲ではないとした[38]。最大格差が衆議院で 2 倍を若干超え、参議院で約 5 倍に達した規定について、より厳しい判断を示すようになっている[39]。この傾向はその後さらに強まっている。

　しかし、1964 年に最高裁がこの問題を最初に取り上げたときに違憲判

36）　最大判 1964（昭和 39）年 2 月 5 日民集 18 巻 2 号 270 頁。

37）　最大判 1976（昭和 51）年 4 月 14 日民集 30 巻 3 号 223 頁。

38）　最大判 1996（平成 8）年 9 月 11 日民集 50 巻 8 号 2283 頁。

39）　最大判 2011（平成 23）年 3 月 23 日民集 65 巻 2 号 755 頁、最大判 2012（平成 24）年 10 月 17 日民集 66 巻 10 号 3357 頁。

断を示しておけば、50 年以上に及ぶ政治的解決の停滞と最高裁判例の混乱を避けることができたはずである。この政治的解決の停滞について、政治部門と最高裁は共同責任を負っていると言うべきであろう。最高裁判例は、農村に政権基盤を置く保守政治を支える役割をかつては果たしていた。

ところが 1990 年頃から日本も新自由主義政策を本格化させ、政財界は利益誘導政治から転換し、政権基盤を農村から都市に移そうとし始めた[40]。しかし、各議員は自己の選挙区に関する特殊利害から定数不均衡是正に取り組むことができないときに、是正の役割を果たすことができない最高裁にも財界の不満が向けられるようになった。定数不均衡是正の点で、憲法論と新自由主義政策が合致するようになった[41]。定数不均衡問題について最高裁が今後より厳しい姿勢を採ることが予想されているが、これも 1990 年代以降では根本的には統治の要求への追随＝政治部門の判断の尊重の性格を帯びることになろう。定数不均衡の是正は確かに政治部門ではなく裁判所が担うのに適した仕事であるが、市民以上に統治の側の強い要求に基づくものだからである。

3　対外的関係

最高裁がアメリカの判断に従った例として、一つには占領下におけるレッド・パージ事件を挙げる必要がある[42]。1948 年 2 月 4 日ホイットニー GHQ 民生局長は三淵忠彦最高裁長官に対して、公職追放の履行に関して日本の裁判所に裁判権はない旨の文書による指摘を行った。レッド・パージは公職だけではなく報道機関や企業にも及んだが、独立後も最高裁は占領下の GHQ による「その他の重要産業」を含む「解釈指示」に「最終的権威」を有する法規範性を認めた[43]。

---

40)　この問題について小選挙区比例代表並立制との関係で、浦田・前掲注 1) 84-87 頁においてふれたことがある。

41)　例えば、経済団体連合会が 2013 年 1 月 15 日に発表した「国益・国民本位の質の高い政治の実現に向けて【概要】」では、「衆参両院における一票の格差の是正」が提言されている。定数不均衡是正を求める新聞の意見広告が、度々見られる。その発起人・賛同者には、憲法論から参加したと思われる人とともに財界関係者が多数含まれている。

42)　長岡徹「レッドパージと『法の支配』」市川正人＝徐勝編『現代における人権と平和の法的探求』（日本評論社、2011 年）27-47 頁による。

204 第5章 内閣法制局の憲法解釈と役割

しかし、その「解釈指示」は具体的には何かについて、最高裁は明らかにしてこなかった。明神勲によれば[44]、GHQ 民生局長ホイットニー将軍と田中耕太郎最高裁長官の会談記録が、国会図書館所蔵の GHQ 関係資料のマイクロフィルムから発見された。これはレッド・パージの実質的最高責任者であった民政局公職審査課長ネピアに宛てたもので、1950 年 8 月 7 日の日付と RAMOND Y. AKA の署名が入っている。これによれば、会談は田中の「要請」（request）によるものであり、田中は「重要産業」（key industries）に関するレッド・パージについてホイットニーの「助言」（advice）を求めた。それに対してホイットニーは裁判所が「広い政治的手腕」（a broad statesmanship）を行使するよう述べたが、結局明確な「解釈指示」を行なわなかった。

この日のホイットニーの「助言」から田中が「解釈指示」を作り上げたと、明神は GS 文書などから推測している。そうだとすれば、これは最高裁が単に消極的にアメリカの判断に従っただけではなく、それを超えて田中がアメリカへの従属を積極的に利用したケースとして理解される。

もう一つには独立後の例として、砂川事件を挙げるべきである。駐日アメリカ大使館から本国国務省に送られた電報によれば、1959 年 3 月 30 日第一審判決[45]と同年 12 月 16 日の最高裁判決[46]の間に田中は裁判日程、判決の方針、裁判官の意見の分布などについて駐日アメリカ大使など大使館関係者に報告していた[47]。この最高裁判決をめぐって、法制局と最高裁の関係も指摘し得る[48]。

アメリカに消極的、積極的に従う最高裁に関する特異な例は、今後さらに見つかる可能性がある。また、アメリカに従う最高裁の一般的な姿勢は、多様な基地訴訟などに広く見られる。さらに言えば、最高裁が尊重する政

---

43) 最大決 1960（昭和 35）年 4 月 18 日民集 14 巻 6 号 905 頁。

44) 明神勲「レッド・パージ裁判における『解釈指示』をめぐって」法律時報 2011 年 11 月号 86-89 頁。

45) 東京地判昭和 34 年 3 月 30 日判時 180 号 2 頁。

46) 最大判 1959（昭和 34）年 12 月 16 日刑集 13 巻 13 号 3225 頁。

47) 布川玲子・新原昭治『砂川事件と田中最高裁長官』（日本評論社、2013 年）、末浪靖司『機密解禁文書にみる日米同盟』（高文研、2015 年）。本書 154-155 頁。

48) 本書 169-170 頁。

治部門の判断一般も、広く深く日米関係に規定されている。

4 最高裁判例の性格と変化

　対内的・対外的関係における例として挙げたものはとくに問題の多いものであるが、最高裁の全体を評価する場合に、これらの存在を無視することもできない。最高裁の保守的性格という一般的問題は、これらの極端な例のようなものまで含んでいるということである。これらの例には、内閣法制局による審査が厳密かどうかというような、事前の違憲審査のありかたとは別の問題が含まれている。

　最高裁の司法消極主義や違憲判断消極主義に 2000 年以降変化が見られ[49]、その要因としてしばしば司法制度改革の影響が指摘されてきた。この変化に注目すべきであるが、上記の例のような最高裁の根本的な問題に取り組むわけではなく、変化はその意味で限定されたものであるように思われる。

Ⅳ　内閣法制局と最高裁判所の関係

1 二つの考えかた

　内閣法制局による事前の違憲審査と最高裁の司法消極主義や違憲判断消極主義の関係について、異なる二つの考えかたがある。

　一つは、最高裁の司法消極主義や違憲判断消極主義の要因として、内閣法制局による審査の厳密性を挙げるものである。前述した国会における意見陳述において、山口は以下のように述べている。「法律案は大半が内閣提出法案でありましたために内閣法制局による法案審査がなされます。そこで厳密な合憲性の検討がなされておりますので、違憲ではないかという問題提起がなされるような法令自体少なかったのであります[50]。」もう一つは、最高裁が憲法や人権の価値や理念に沿った積極的、実質的な違憲審査をせず、内閣法制局と同様の消極的、形式的な違憲審査をしているので、法令違憲が少ないとするものである[51]。

　諸外国の裁判所と比べて、事実の問題として日本の最高裁による違憲の

---

49)　滝井繁男『最高裁判所は変わったか』（岩波書店、2009 年）、「小特集・最高裁判所は変わったか」法律時報 2010 年 4 月号など。

206 第5章　内閣法制局の憲法解釈と役割

判断が少ないと両者とも見ている。また、そうであるのは、内閣法制局による事前の違憲審査と最高裁による事後の違憲審査が同質だからである。同じような違憲審査をしている以上、内閣法制局の違憲審査によって既に合憲と判断されているものが、最高裁の違憲審査によって違憲とされることは極めて例外的なことになるはずだからである。その点でも両者の認識は一致している。

2　審査の同一性論

　前者は、裁判所が司法積極主義や違憲判断積極主義の立場を採っている国と比べて、日本では事前の違憲審査が厳密であることを前提にしている。しかし、既に見たように、内閣法制局による事前審査がより厳密であることは、未だ実証されていない。そもそも実証研究が不十分である。実証されていないことが、主張されているように見える。かりに実証されたとすれば、前者の要素はあり得る。しかし、それを強調する場合、事前と事後の違憲審査の異質性を求めない価値判断と結びつく可能性がある。そこでは同質の違憲審査の下で、事前審査がうまく機能しなかった場合にのみ、例外的に落ち穂拾い的に？　裁判所による事後の違憲審査が期待される。前述の山口の発言によれば、実際にこのような感覚が最高裁を支配しているようにも見える。

---

50)　山口・前掲注31) 6頁。園部逸夫『最高裁判所十年』（有斐閣、2001年）236頁は、憲法判例が少ない理由の一つとして、「いわば、大陸型の憲法裁判所と同じような立場にある内閣法制局の厳しい事前審査」を挙げている。長谷部恭男「民主主義の質の向上」ジュリスト1311号88頁（2006年）は、最高裁の違憲判断が稀である要因として最高裁裁判官の性向と在職年数のほか内閣法制局の存在を指摘している。大石眞「内閣法制局の国政秩序形成機能」公共政策研究6号12頁（2006年）、同「違憲審査機能の分散と統合」初宿正典先生還暦記念論文集『各国憲法の差異と接点』（成文堂、2010年）254頁、同「わが国における合憲性統制の二重構造」戸松秀典＝野坂泰司編『憲法訴訟の現状分析』（有斐閣、2012年）453頁。中村睦男参考人151回2001（平成13）年3月14日参・憲法4号2、6頁。

51)　佐藤・前掲注22) 104頁。事前の違憲審査が行われているドイツやフランスで裁判所によって違憲判断が積極的に示されていること、その背景としてドイツやフランスの裁判官が事前の審査と異なる裁判所の役割観を示していることを、佐藤は強調している。同「内閣法制局と最高裁判所」棚瀬孝雄編『司法の国民的基盤』（日本評論社、2009年）129頁。浦田一郎・前掲注2) 16-17、189-190頁。

しかしながら全ての公権力に憲法尊重擁護義務が課されているとしても、政治部門とは異なる機関による違憲審査が必要、適切と考えられ、そのために裁判所による違憲審査制が設けられているはずである。そうだとすると、前者はつきつめると、解釈論として根本的には裁判所による違憲審査不要論に至る可能性がある。事前の違憲審査がうまく機能し、事後の違憲審査が不要になることが理想になっているように見えるからである。明治憲法体制では、天皇の権威と結びついた法制局があり、裁判所による違憲審査制はなかった。この体制との連続性の観念も、背景にあるのであろうか。

3　審査の異質性論

　反対に後者は、政治部門による事前の違憲審査と裁判所による事後の違憲審査は本来異質性がなければならないとする価値判断と結びついている。事前の違憲審査は憲法などの既存の法との整合性を形式的、消極的に審査するものであるのに対して、本来の事後の違憲審査は憲法や人権の理念や価値に沿って実質的、積極的に審査するものでなければならないと考えている。したがって、どんなにうまく事前の違憲審査が機能したとしても、事後の違憲審査で違憲の判断が出されることがあるのは、正常な姿と考えることになる。

　多くの憲法学説が最高裁の司法消極主義や違憲判断消極主義を指摘する場合、それは最高裁による違憲判断の数だけの問題ではなく、内容の問題でもある。憲法や人権の理念や価値に照らして、また諸外国の判例と比較して、違憲とされるべきものが違憲とされていないのではないかと考えている[52]。後者はつきつめると、内閣法制局と同質の違憲審査を行っている最高裁の現状について、認識論として本来あるべき裁判所による違憲審査不在論を指摘している可能性がある。

　裁判所による違憲審査制の本来の理念や最高裁の具体的な審査の現状から、私は後者の立場を採っている。以上の議論はモデルであり、実際は二つの要素が混在している可能性がある。しかし、強調すべきなのは、後者だと考えている。

おわりに

内閣法制局による違憲審査は厳密だとしばしば指摘されるが、比較憲法的に未だ十分に実証されておらず、印象的なものではないであろうか。内閣法制局の憲法解釈の形式性、論理性、無謬性、不変性などが内閣法制局自身によって強調されてきたが、その強調によって政治性が覆われてきたように思われる。最高裁の司法消極主義や違憲判断消極主義は強い保守的政治性を帯びており、そこには内閣法制局の事前審査のありかたとは別の問題がある。内閣法制局による事前の違憲審査と最高裁による事後の違憲審査が同質であることは、認識の問題として論者の間で共通して意識されている。

そのうえで一つには、内閣法制局による審査が厳密なので、最高裁による違憲判断の必要性が少なかったという理解がある。すなわち、内閣法制局が最高裁の行なうような違憲審査を行っていると見ている。これは事前と事後の違憲審査の異質性を求めておらず、つきつめると解釈論として裁判所による違憲審査不要論に至る可能性がある。

もう一つには、最高裁が憲法や人権の理念や価値に沿った積極的、実質的な違憲審査をせず、内閣法制局と同様の消極的、形式的な違憲審査をしていると見る理解がある。即ち、最高裁が内閣法制局の行なうような違憲審査を行っていると見ている。これは本来事前の違憲審査と事後の違憲審査には異質性がなければならないと考えており、つきつめると認識論としてあるべき裁判所による違憲審査不在論を指摘している可能性がある。

---

52) その点で、金哲洙「韓国の憲法裁判制度」学士院紀要61巻3号58頁（2007年）が、日本の最高裁判決と異なる韓国憲法裁判所の決定の中で、日本で合憲、韓国では違憲とされたものを挙げているのは興味深い。未決拘禁者に対する新聞閲覧禁止、女性の6ヶ月間の再婚禁止、名誉棄損に対する新聞の謝罪広告などである。韓国の憲法裁判所は1988年にスタートし歴史が浅いが、日本と比べて積極的で注目すべき判例を形成している。ただし、憲法裁判所に対して批判的なものとして、李京柱「敢えて韓国憲法裁判所の『限界』と『権力性』に言及する」法と民主主義470号18-19頁（2012年）もある。なお、2015年12月16日に最高裁は、女性の6ヶ月間の再婚禁止期間を定める民法733条1項について100日を超える部分を違憲とした。またこの民法規定は戦前に作られたものであり、戦後の（内閣）法制局の審査を経ていない。

第2節　事前の違憲審査と事後の違憲審査の同質性と異質性　*209*

　私は後者の立場に立っている。一方で、事前の違憲審査機関は裁判所による事後の違憲審査によって違憲と判断されないように、事前の違憲審査と事後の違憲審査を接近させようとするはずである。他方で、裁判所による事後の違憲審査は事前の違憲審査とは異なる役割を果たすために、事前の違憲審査と事後の違憲審査を乖離させようとする面があるはずである。このような接近と乖離のあるべきダイナミズムが、内閣法制局と最高裁の間でうまく機能していないのではないであろうか。戦前の社会と戦後の社会は断絶性とともに連続性を有しており、また戦後社会は占領・安保体制によってアメリカと複雑な関係を作ってきた。内閣法制局と最高裁の関係も大きなところではこのようなありかたに規定されているように思われる。

終章　集団的自衛権限定容認論の今後

はじめに

　集団的自衛権限定容認論の今後の可能性とそれに対する分析や批判の課題について、気になることを簡単に書きたい。

　集団的自衛権限定容認論に対して政治、軍事、歴史、思想、憲法など多様な観点から批判がなされてきた。憲法論としても、非軍事平和主義からも個別的自衛権容認論からも批判が出されてきた。集団的自衛権を限定容認しつつ、政府解釈の行き過ぎを批判するものもあるように思われる。政府見解に対して多様な分析と批判が行われることが望ましく、それぞれの立場から他の立場を否定しないように配慮する必要がある。そのうえで、政府による集団的自衛権限定容認の非立憲性を批判する場合、各自の立場が立憲的になるように努力しなりればならない。

　いくつかの場面に分けて、考えていきたい。

Ⅰ　政治の場面

　集団的自衛権限定容認を含めて、安保法制全体の廃止を求める政治運動が提起されている。これが中心的課題であろう。その中で、集団的自衛権限定容認論に対する原理的な批判をさらに深めていかなければならない。批判派が選挙で多数になる必要があるが、選挙では一定の争点に焦点が当てられるとともに、本質的に総合的に政策が問われる。批判派は総合的な政策能力を持つ必要がある。また、議員定数不均衡、小選挙区制、選挙運動規制など、民意の政治への反映を阻害している制度の改革は常に課題になる。

　同時に、安保法制の運用を条文に即して具体的に監視、批判する必要がある。その場合、集団的自衛権容認が限定的なものになっていることや、海外派兵の禁止は維持されると答弁されたことは、軍事活動を抑制する手がかりになる。ただし、多様で複雑、微妙な例外が設けられているので、それを細かく分析していく必要がある。現実には集団的自衛権の行使より国際平和協力法、平時における米軍等に対する物品役務の提供、国際平和

支援法などの実施や運用が先に問題になろう。

　集団的自衛権の容認が限定的になり、あるいは各種の国際活動で一体化論が維持される建前が採られたこと[1]は、日米の軍事推進派にとって障害になっている。

　この障害を突破しようとする動きは、安保法制成立後に安保法制施行前に出てきた。集団的自衛権否認論から限定容認論に解釈が変更されたことは、今の集団的自衛権限定容認論もさらに変更される可能性があることを意味している。集団的自衛権限定容認論を出した 2014 年 7 月 1 日閣議決定でも、「基本的な論理は、憲法第 9 条の下で今後とも維持されなければならない」とされている。「基本的な論理」の枠内で「当てはめ」としての武力行使の 3 要件が変更され得ることは論理的に予定されている。ただし、軍事推進派が「憲法第 9 条」の下における解釈変更と「憲法第 9 条」の明文改憲のどちらを先に選択しようとするかは、政治情勢による。

Ⅱ　裁判上の問題

1　裁判の形

　安保法制の違憲性を問う裁判への取り組みがなされている。政治的取組みとともに裁判的取組みが行われることは、安保法制の実施に対する一定の制約の意味がある。差止行政訴訟、差止民事訴訟、国家賠償訴訟が考えられているようである[2]。当然のことながら、裁判所のあるべき役割と現実の役割の関係が考えられなければならない[3]。多様な立場の原告によって行われる訴訟に当たって、個別的自衛権や自衛隊の憲法適合性の問題にはふれないことになるのであろうか[4]。

---

1)　両者は一連のものである。集団的自衛権や集団安全保障を理由とする武力行使が限定的になっていることは、各種の国際活動で一体化が維持されることの前提になっている。集団的自衛権や集団安全保障を理由とする武力行使が全面的に容認されれば、一体化論はなくなる。一体化論は、何らかの武力行使の禁止が存在することが前提になっている。ただし、何らかの武力行使の禁止が存在していても、一体化論を否定する立場は存在する。

2)　伊藤真「『戦争法』違憲訴訟の目標と課題」法と民主主義 2016 年 1 月号 26 頁。刑事訴訟もあり得る。

3)　同 25 頁、内藤功「戦争法廃止運動と自衛隊裁判の位置づけ」法と民主主義 2016 年 1 月号 23 頁。

212 終章　集団的自衛権限定容認論の今後

2　司法審査の限界論

これらの訴訟では原告適格などが問題になり、裁判所が実体裁判を行う可能性は、下級審でもあまりなく最高裁ではほぼないであろう。しかし、このような訴訟が続くことには、政治的意味がある。

砂川事件最高裁判決[5]において、旧安保条約について「主権国としてのわが国の存立の基礎に極めて重大な関係をもつ高度の政治性を有する」として、「違憲なりや否やの法的判断」は「一見極めて明白に違憲無効であると認められない限りは、裁判所の司法審査権の範囲外のもの」とされた。この司法審査権の限界論が使われ、「司法審査権の範囲外」としつつ、傍論として憲法解釈論が出される可能性がある。その場合、旧安保条約について「国会の承認を経たもの」であることを指摘しつつ、米軍「駐留は、憲法9条、98条2項および前文の趣旨に適合こそすれ、これらの条章に反して無効であることが一見極めて明白であるとは、到底認められない」とされた。

安保法制について下級審が「一見極めて明白に違憲無効」と言う可能性はないことはないかもしれないが、あまりないであろう。最高裁が憲法の「趣旨に適合こそすれ」とまで言うかは不明であるが、「一見極めて明白に違憲無効」とは恐らく言わないであろう。「一見極めて明白に違憲無効」とは言えないという可能性が高く、その場合にはその限りで憲法解釈論として実体的な判断が示される。

3　最高裁の判断傾向

一般的に最高裁は内閣法制局と同質の消極的、形式的な違憲審査をし、憲法や人権の理念に基づく積極的、実質的な違憲審査をしない傾向がある。したがって、内閣法制局が合憲としたものを違憲とする可能性はないわけではないが小さい[6]。

---

4)　その場合には、沖縄代理訴訟（最大判1996〔平成8〕年8月28日民集50巻7号1952頁）が安保条約の憲法適合性にふれずに、駐留軍用地の使用、収用の違憲性を争ったのと同様に、工夫しつつ困難をかかえることになるのであろうか。

5)　最大判1959〔昭和34〕年12月16日刑集13巻13号3225頁。

6)　本書205-207頁。

砂川事件最高裁判決における憲法解釈論の中で、「わが国が、自国の平和と安全を維持しその存立を全うするために必要な自衛のための措置をとりうることは、国家固有の権能として当然のことといわなければならない」とされていた。ここでは、歴史的、具体的には個別的自衛権に関わることが想定されていたが、論理的、抽象的には抽象的自衛論として解釈し得る。抽象的自衛は国家主権の軍事的実現の意味であり、国家の最高・独立性という性格からその実現の手段として軍事力を正当化するものである。このような議論のしかたは立憲主義に反するが、最高裁は政府とともに抽象的自衛論の要素を持っている[7]。この議論のしかたは、政治的に適当と考えられる軍事力を正当化しやすい。

4　自衛隊合憲判断の可能性

　そこから、傍論としての憲法解釈論の中で安保法制を合憲と言わない場合でも、個別的自衛権や自衛隊を合憲とする判断を示す可能性がある。判例の中で今まで自衛隊合憲の判断が示されたことがなかったことは、軍事力に対する実質的に大きな制約になってきた。

　集団的自衛権限定容認論を打ち出した2014年閣議決定でも、「憲法第9条はその文言からすると、国際関係における『武力の行使』を一切禁じているように見える」とされている。その内容は非軍事平和主義の解釈であり、政府見解が憲法9条だけではなくその非軍事平和主義解釈にも基礎を置いていることが示されている[8]。これが最高裁判例によって明確に否定されれば、政府見解が一面持っている軍事抑制的要素は大きく失われることになろう。政府見解は非軍事平和主義に基づく批判によって今あるような形になっているのであり、それが弱まれば変質していく。教科書検定も変わっていくことになろう。これらのことをリスクと考えるかどうか、リスクと考える場合、どのようにしてこのリスクを避けるか考えておかなければならない。

　なお、裁判には時間がかかる。その時間の中で、安保法制が存続するかどうか、安全法制の解釈、運用がどうなるか、明文改憲論の動きがどうな

---

7)　本書31-33頁。

8)　本書107-108頁。

るかなどが問題になる。それを見ながら、原告側と国側が裁判に時間をかけるかどうか判断することになる。以上の問題も時間の中で考える必要がある。

Ⅲ　改憲論と安保条約改定論

「解釈改憲」は、憲法解釈によって実質的に明文改憲に等しい効果を生む現実に対して、批判的に認識するための概念である。しかし、正当な改憲方法であるかのように、解釈論として使われる傾向も出ている。それほど立憲主義の弛緩が生じているということであろう。

集団的自衛権を求める日米の動きの中では、一体化論の制約のない後方支援やアメリカの戦争の前線における自衛隊の動員が考えられている。集団的自衛権容認の限定や一体化論の維持はその目標実現の障害になっており、その障害の根本的な排除のために明文改憲が考えられることになる。集団的自衛権限定容認に対して立憲主義に反するとの批判が出されてきたが、集団的自衛権派がその批判を認める可能性がある。そのうえで立憲主義を実現するためには、憲法9条を明文改憲するしかないと主張することもあろう[9]。そのとき、立憲主義による批判を超えて、9条の平和主義に関する判断が避けられない。

9条の平和主義に何らかの価値を認め、集団的自衛権全面容認のための明文改憲に反対することが考えられる。その反対論の中で、非軍事平和主義に基づくものと、個別的自衛権容認論に基づくものがあろう。両者の関係はどうなるのであろうか、またどちらが有効なのであろうか[10]。

明文改憲の動きはどこかで安保条約改定の動きに連動することになろう。2015年4月27日の第3次日米防衛協力ガイドラインまで、それによる日米防衛協力は憲法の範囲内にあり安保条約に変更を加えないという建前が採られてきた。安保条約に規定されていない軍事活動を行っていることは認めつつ、それは安保条約によって禁止されていないとされてきた[11]。し

---

9)　2016年2月3日の衆議院予算委員会で、稲田朋美自由民主党政調会長が「現実に合わない憲法9条2項の存続が立憲主義を空洞化する」と述べたのに対して、安倍晋三首相は9条改憲に言及した（朝日新聞2016年2月4日）。

10)　基礎にある私の立場について、本書72頁。

かし、日本が集団的自衛権を行使しないとする建前でできている安保条約の下で、このような建前の維持に実際上限界がくることが予想される[12]。

おわりに

　政治の場面で安保法制の廃止を求めるのが中心的課題であるが、安保法制の解釈、運用の限定も考えなければならない。裁判上の問題としては、最高裁が安保法制を違憲とする可能性は少なく、自衛隊合憲の判断を示す可能性も認識しつつ、裁判に取り組むとすれば有効なものにする必要がある。集団的自衛権容認に限定があることは集団的自衛権派にとって障害なので、障害を除くために明文改憲の動きが強まろう。

　これらの動きに対して、憲法解釈論による対応には限界があると思われる。現実に存在する問題を市民の前に明らかにし、問題への対処について市民とともに考える必要がある[13]。

---

11)　本書98-99、140-143頁。

12)　安保改定の動きの中で、安保条約5条の共同防衛と6条の基地提供の関係（本書200頁）も問題になろう。

13)　浦田一郎「巻頭言・集団的自衛権限定容認批判のありかたと民主主義法学」法の科学47号（2016年8月刊行予定）参照。

《著者紹介》

浦田　一郎
うらた　いちろう

●──略歴

1946年大阪府生まれ。1964年一橋大学法学部卒業、1974年一橋大学大学院法学研究科博士課程中途退学。山形大学教養部助教授、一橋大学大学院法学研究科教授、明治大学法科大学院教授を経て、2011年から明治大学法学部教授。憲法専攻。

●──主要著作

『シエースの憲法思想』（勁草書房、1987年）、『現代の平和主義と立憲主義』（日本評論社、1995年）、『立憲主義と市民』（信山社、2005年）、『自衛力論の論理と歴史』（日本評論社、2012年）、編集『政府の憲法九条解釈──内閣法制局資料と解説』（信山社、2013年）。

集団的自衛権限定容認とは何か──憲法的、批判的分析
しゅうだんてきじえいけんげんていようにん　　　　　　　　　　けんぽうてき　ひはんてきぶんせき

2016年5月3日　第1版第1刷発行

著　者──浦田一郎

発行者──串崎　浩

発行所──株式会社　日本評論社

　　　　　〒170-8474 東京都豊島区南大塚 3-12-4

　　　　　電話 03-3987-8621（販売：FAX─8590）

　　　　　　　　03-3987-8592（編集）

　　　　　http://www.nippyo.co.jp/　振替　00100-3-16

印刷所──精興社

製本所──難波製本

装　丁──図工ファイブ

JCOPY 〈（社）出版者著作権管理機構 委託出版物〉

本書の無断複写は著作権法上での例外を除き禁じられています。複写される場合は、そのつど事前に、（社）出版者著作権管理機構（電話 03-3513-6969、FAX03-3513-6979、e-mail：info@jcopy.or.jp）の許諾を得てください。また、本書を代行業者等の第三者に依頼してスキャニング等の行為によりデジタル化することは、個人の家庭内の利用であっても、一切認められておりません。

検印省略　Ⓒ 2016 Ichiro Urata

ISBN978-4-535-52179-7　　　　　　　　　　　　　　　　　　　Printed in Japan

自衛力論の論理と歴史
憲法解釈と憲法改正のあいだ
浦田一郎[著]

日本国憲法の平和主義に関する政府見解の論理の変遷を国会答弁を中心に分析し、9条改憲策動への厳密な対応を考察する論文集。 ◆本体5,000円＋税

集団的自衛権容認を批判する
渡辺 治・山形英郎・浦田一郎　　　　　**別冊法学セミナー**

君島東彦・小沢隆一[著]

安倍内閣が強行する集団的自衛権の行使容認に対して、政治学、国際法学、憲法学、平和学の視点から、市民に向けて、問題点を明らかにする。 ◆本体1,400円＋税

集団的自衛権行使容認と
その先にあるもの ■新・総合特集シリーズ❻
森 英樹[編]　　　　　　　　　　　　**別冊法学セミナー**

集団的自衛権行使や安保関連法について考えるために知るべきことを、憲法学者、政治学者、国際法学者、弁護士、ジャーナリストらが解説。 ◆本体1,600円＋税

集団的自衛権容認の深層
平和憲法をなきものにする狙いは何か
纐纈 厚[著]

安倍政権が狙う「戦前レジーム」の今日的復活。平和憲法と拮抗し続ける戦後保守政権の本質を歴史的視点から考察し、憲法を礎とするこの国の方向を示す。◆本体1,800円＋税

安保関連法総批判 **別冊法学セミナー**
憲法学からの「平和安全」法制分析
森 英樹[編]　　　　　　■新・総合特集シリーズ❼

2015年9月に成立した安保関連法は、今後も同法の解釈や合憲性の検討、違憲訴訟などの動きが起こることが予想される。同法の主要な内容について憲法研究者が批判的検討を加えた本書は、安保関連法全体の理解に役に立つであろう。◆本体1,300円＋税

日本評論社
http://www.nippyo.co.jp/